스테로이드 인류

THE STEROID HUMANKIND

일러두기

1 본문의 성분, 물질, 약품 설명은 해당 용어의 원어를 병기했다. 필요시 약물 이름 옆에 상품명을 함께 기재했다.
2 번역어는 국립국어원 외래어 표기법을 따랐으며, 국내에서 관용적으로 많이 쓰이는 표현이 있는 경우 그 표현을 따랐다.
3 본문에서 참고한 문헌과 그림의 출처는 본문 끝에 별도로 표기했다.
4 본문에서 단행본은 『』, 논문·보고서는 「」, 신문·잡지·저널은 《》, 방송·영화는 〈〉로 구분했다.
5 참고문헌에서 국내서는 위의 약물을 따랐으며, 국외서는 단행본·보고서는 이탤릭체로, 저널·신문은 《》로 구분했다.

스테로이드 인류

THE STEROID HUMANKIND

기적과
죽음의
연대기

백승만 지음

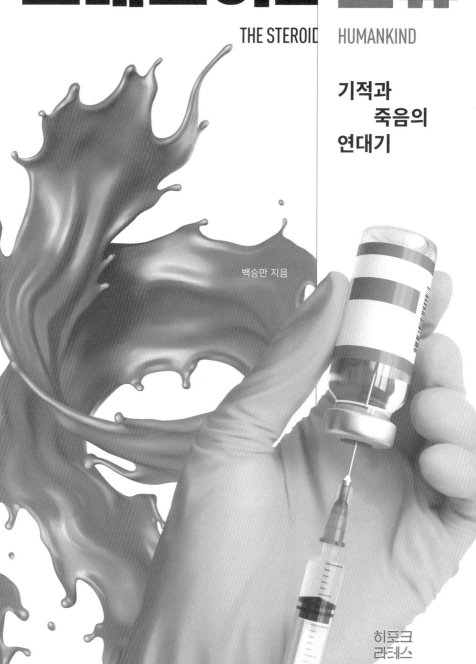

히포크
라테스

들어가며

우주여행 시대가 도래했다. 일본과 중국의 탐사선이 달에 착륙하고 민간우주선으로 우주 관광을 하는 시대다. 일론 머스크Elon Musk의 스페이스XSpaceX는 화성을 정조준하고 있다. 생각보다 가까운 시일 내에 우주는 '보는' 곳이 아니라 '가는' 곳이 될지도 모르겠다.

지금으로부터 40여 년 전 미국 항공우주국NASA도 비슷한 꿈을 꾸고 있었다. 그런데 걱정이 있었다. 로켓을 쏘고 달에 착륙시키는 것은 이미 해결한 일이었다. 진짜 문제는 우주 공간에서 사람이 오래 머물 때 그들의 건강을 예측할 수 없다는 점이었다. 처음 가는 곳에 오래 있으면 항상 위험하다. 모르는 데 함부로 가는 거 아니다.

돌이켜 보면 중세 대항해 시대가 열렸을 때 겁 없이 달려들었던 선원들은 대부분 괴혈병으로 죽었다. 지중해만 경험했던 유럽의 선원들에게 태평양은 상상조차 할 수 없을 정도로 아득한 바다였고, 그 바다 위에서 용감한 모험가들조차 정체 모를 직업병으로 죽어야만 했다. 그리고 영국의 한 군의관이 레몬즙으로 괴혈병을 예방하는 방법을 알아낸 후 영국은 바다를 지배할 수 있었다. 우주 시대에 이런 일이 일어나지 않으리란 법은 없었다. 짧게 다녀오는 관광이 아니었다. 우주를 개척하는 일이었다. 만반의 준비를 갖춰야 했다.

당시 나사는 우주인의 건강을 연구하는 센터를 설립하고 인근의 학자들과 공동 연구를 진행했다. 이 프로젝트를 통해 그들이 1983년부터 2년간 발표한 논문은 약 400편. 그중에는 꽤 의미 있는 연구 결과도 있다. 골다공증에 대한 결과도 그렇다.

무중력 상태에서는 운동하기가 어렵다. 근육이 줄면 뼈도 위험하다. 골다공증은 갱년기 여성의 질환으로 많이들 생각하지만 남성에게도 자주 나타나는 질환이다. 앞으로 다가올 대우주 시대의 골다공증은 대항해 시대의 괴혈병 못지않게 위험한 변수였다. 혹시 아는가? 골다공증을 지배하는 자가 대우주 시대를 지배하게 될지. 문자 그대로, 우주에서 해가 지지 않는 제국을 건설할지.

그들이 골다공증을 개선하기 위해 연구한 물질은 '클로미펜clomiphene'이라는 화합물이었다. 합성 여성 호르몬 조절제인데 천연 여성 호르몬에 비해 확보하기가 쉬워 당시에 많이 연구하던 물질이었다. 그래도 골다공증에 적용한 경우는 없었다. 나사와 그들의 공동 연구 팀은 쥐에 클로미펜을 먹이고 칼슘 이온을 얼마나 더 잘 흡수하는지를 측정했다. 실험 결과는 명쾌했다. 클로미펜을 먹인 쥐는 그렇지 않은 쥐보다 칼슘 이온을 더 잘 흡수했다. 골다공증 치료에 도움 될 것이 분명했다.

이후 나사에서는 여러 가지 이유로 관련 연구에서 손을 뗐다. 하지만 많은 학자들과 제약 회사는 포기하지 않고 후속 연구를 진행했다. 그리고 결국 클로미펜을 개선해 '랄록시펜raloxifene(상품명 에비스타Evista)'이라는 골다공증 치료제를 개발하는 데 성공했다. 나사가 뿌린 씨앗이 골다공증 환자에게 희망을 하나 늘려주었다. 우주 탐사가 이래서 중요하다.

그러면 골다공증 치료제의 계기가 된 클로미펜은 지금 어디에서 뭘 하고 있을까? 지금 우리는 이 약을 배란 유도제로 쓰고 있다. 난자의 방출을 돕기 때문에 난임 부부에게는 희망을 주는 셈이다. 심지어 남성에게는 단기적으로 정자 방출을 늘려주기도 하므로 비공식적이긴 하지만 남성의 불임 치료에 쓰는 의사도 있다. 구글이나 네이버에서 이미지 검색을 하면 관련 사진이 쭉 나온다. 그런데 그 이미지들 사이에 뜬금없이 근육 자랑하는 남자 사진들이 섞여 있다. 난임이랑 무슨 상관일까?

답은 조금 생뚱맞다. 클로미펜을 복용하면 근육도 늘어나기 때문이다. 여성의 몸에서 난자를 방출시키는 클로미펜이 남성의 몸에서는 남성 호르몬을 방출하게끔 한다. 그래서 근육이 필요한 선수들이 종종 쓰곤 한다. 당연히 불법이다. 가령 이종격투기 스타인 존 존스Jon Jones는 2016년 클로미펜을 복용한 사실이 적발되어 징계를 받았다. 안쓰러운 경우도 있다. 운동선수가 난임 치료를 받기 위해 클로미펜을 복용했다가 근육 강화 용도로 의심받아 징계를 받은 사례다. 먼 과거의 일이 아니다. 2022년 4월 6일 미국

메이저리그에서 일어난 일이다. 그리고 2024년 6월에도 메이저리그에서 비슷한 일이 일어나 80경기 출장 정지 징계를 받았다.

클로미펜의 복잡한 효과는 스테로이드의 다양한 면모를 보여주는 좋은 예다. 뼈를 튼튼하게 하고 난자를 배출하지만 동시에 남성의 근육을 키운다. 좋은 면만 있을 리는 없다. 눈이나 간에서 장애가 나타나 시력이 상하고 황달이 나타나는 부작용이 있다. 난소를 자극하기 때문에 난소가 커지고 드물게 난소 종양이 발생하기도 한다. 남성이 오랫동안 복용했을 때는 성불구가 올 수도 있다. 소화기계나 중추신경계 부작용도 따라오는, 생각보다 무서운 약이다.

클로미펜이 여러 가지 용도로 쓰이는 것은 이 물질의 3차원적 구조가 스테로이드의 핵심 골격과 닮았기 때문이다. 즉 일종의 유사 스테로이드다. 특히 여성 호르몬 구조와 닮아서 관련 신호를 교란하며 생리적 효과를 보인다. 그렇다면 클로미펜 같은 유사 스테로이드가 아니라 진짜 스테로이드를 복용하면 어떻게 될까?

오늘날 스테로이드라고 하면 많은 사람들이 불법 도핑이나 우락부락한 근육을 생각하지만 이것은 스테로이드가 가지는 힘의 단편일 뿐이다. 가령 중년 남성들의 희망인 탈모 치료제라든가, 젊은 여성들의 애용품인 피임약은 스테로이드를 의약품으로 사용하는 대표적인 경우다. 더 있다. 성도착증 성범죄자의 재범을 막기 위해 2011년부터 시행하고 있는 성충동 약물치료, 일명 화학적 거세는 체내 스테로이드 생산을 억제하는 방식으로 이루어진다. 스테로이드는 염증 치료에 탁월한 효과를 보여서 염증 기반 질환에도 쓰고 있는데 이 용도를 찾아낸 의사는 연구 결과를 발표한 지 2년 만에 노벨상을 받는 기염을 토했다. 이후 지속적인 개선이 이뤄져서 아토피 피부염이나 천식, 대장염, 관절염 등 다양한 병으로 고생하는 환자들에게 지금까지도 희망을 주고 있다. 살면서 스테로이드 안 써본 사람이 얼마나 될까? 오라메디 연고 한 번이라도 발라본 사람은 모두 제외된다. 일반인들만 쓰는 것도 아니다. 도널드 트럼프Donald Trump 당시 미국 대통령이 코로나19에 감염됐을 때 처방받은 덱사메타손dexamethasone은 스테로이드를 대표하는 치료제다. 스테로이드는 생각보다 우리 생활 전반에 더 널리 퍼져 있다. 그만큼 좋은 약이다.

하지만 모든 약은 독이다. 스테로이드가 이렇게 좋은 약이라면 거꾸로 위험한 약이라는 뜻이기도 하다. 일례로 과거 염증 치료 목적으로 스테로이드를 처음 투여받은 환자는 3일 만에 기적처럼 통증에서 해방됐지만 2주 후 심각한 부작용을 호소했다. 그리고 다시 2주 후에는 정신 질환 증상이 나타나 정신 병동으로 이송됐다. 이 환자는 평생 스테로이드 치료를 거부했다.

과거의 일만은 아니다. 스테로이드 부작용을 호소하는 사람들은 최근에도 꾸준히 보인다. 근육을 키우겠다고 불법적으로 스테로이드를 복용하던 사람들이 죽는 경우는 거의 매년 학계에 보고된다. 부작용 때문에 스테로이드 복용을 중단하는 사람은 훨씬 더

스테로이드 인류

많을 것이다. 중고 거래 사이트에도 심심찮게 등장하는 스테로이드는 생각보다 우리 생활 전반에 널리 퍼져 있다. 그만큼 위험한 약이다. 스테로이드를 사용하면 초반에는 근육이 생기겠지만 그 근육을 유지하기 위해서는 계속 스테로이드를 복용해야 한다. 그렇지 않으면 스테로이드 사용 이전보다 근육이 더 쪼그라든다. 그렇다고 계속 복용하면 성불구에 이르게 된다. 생각보다 무섭다.

—✳—

복잡한 용어들이 나오니 짧게라도 정리를 하고 들어갔으면 한다. 스테로이드steroid는 '스테롤sterol을 닮은 구조의 화합물들'을 통칭하는 말이다. 즉 하나의 화합물이 아니다. 따라서 활성도 독성도 다양하다. 그러면 스테롤은 뭘까? 스테롤 하면 콜레스테롤이 먼저 생각나겠지만 콜레스테롤 말고도 많다. 가령 곰팡이는 에르고스테롤ergosterol, 식물은 피토스테롤phytosterol을 만드는 등 수많은 스테롤이 세상에 존재한다. 오래전부터 알고 있던 스테롤들의 화학적 구조가 밝혀진 것은 대략 1930년대. 참고로 콜레스테롤 구조를 연구한 사람도 1928년에 노벨상을 받았다. 다만 그가 콜레스테롤의 구조를 잘못 제시한 까닭에 추가로 연구를 해야 했던 것은 함정.

그런데 어떻게 생겼는가를 알고 나니 몰랐던 것들이 보이기 시작했다. 같은 시기에 남성의 고환이나 여성의 난소에서 나오는 성호르몬들의 구조 또한 밝혀졌는데 막상 알아내고 보니 콜레스테롤의 기본 구조와 비슷했던 것이다. 당연하다. 콜레스테롤이 성호르몬으로 전환되니까. 자식이 부모 닮는 것은 당연한 이치다. '뉘집 자식'인 걸 알게 되니 한 가족으로 부르기 시작했다. 바로 스테로이드다. 남성 호르몬의 아이콘인 테스토스테론testosterone이나 여성 호르몬의 대명사인 에스트라디올estradiol, 프로게스테론progesterone 등이 여기에 속한다. 그러므로 스테로이드가 무엇이냐고 묻는다면 '스테롤처럼 생긴 물질들'이라고 말할 수밖에 없다. 원래 그렇게 정의됐으니까. 아편Opium 유사체를 오피오이드Opioid, 플라본Flavone 유사체를 플라보노이드Flavonoid라고 부르는 것과 같은 이치다.

이후 사람들은 테스토스테론 외에도 다양한 남성 호르몬들을 찾아냈다. 이 물질들을 통틀어서 안드로겐androgen이라 부른다. 학술적으로도 많이 쓰는 표현이다. 하지만 이 책에서는 통상적으로 사용하는 표현인 남성 호르몬으로 표기하고자 한다. 남성 호르몬이 거의 대부분 테스토스테론과 같은 안드로겐이므로 크게 무리는 없다.

여성 호르몬은 조금 다르다. 1920년대 에스트론estrone을 효시로 수많은 여성 호르몬들이 분리됐다. 여성 호르몬은 생체 내 역할과 구조 등에 따라 에스트로겐estrogen과 프로게스토겐progestogen 등으로 나뉜다. 따라서 여성 호르몬 중에서도 조금 더 특정해서 표현해야 할 때는 에스트로겐이나 프로게스토겐 같은 화합물군으로 표현하려 한다. 이 책에서 가능한 한 외래어 표기는 자제하겠지만 어쩔 수 없는 경우도 있으니 미리 양해를 부탁드린다.

───✕───

숫자로 말해보자. 우리가 하루에 몸속에서 만들어 내는 콜레스테롤의 양은 대략 1그램 정도. 우리가 아무리 식이 조절을 해도 고지혈증에 걸리는 이유가 여기에 있었다. 몸속에서 만들어 내니까. 그렇다고 음식 조절을 놓아버리면 안 된다. 음식에서도 0.5그램 정도를 흡수한다. 이렇게 몸에서 만들어 내고 또 흡수도 하는 이유는 콜레스테롤이 우리 몸을 구성하고 기능토록 하는 데 중요한 역할을 담당하기 때문이다. 그래서 오랜 세월에 걸쳐 이 귀한 콜레스테롤을 가능한 한 많이 확보하도록 진화해 왔다. 1964년 노벨생리의학상은 콜레스테롤이 우리 몸에서 어떻게 합성되는지를 밝혀낸 두 학자에게 수여됐는데, 여기에는 이러한 맥락이 있다.

날마다 1.5그램 정도씩 생산 또는 흡수하는 콜레스테롤 중 50밀리그램mg(0.05그램) 정도는 테스토스테론을 만드는 데 쓴다. 하루에 만들어지는 테스토스테론은 대략 6밀리그램 내외. 대충 어른 눈곱만 한 질량이다. 적다고? 스테로이드 호르몬은 많아도 독이다. 머리카락이 빠지고 전립선이 퉁퉁 부어 소변도 안 나오는데 근육만 커지고 싶다면 많아도 된다. 테스토스테론이 만들어지는 과정도 쉬운 것은 아니어서 대략 6~7단계의 세포 내 화학 반응을 거쳐야 한다. 많은 효소가 관련되어 있음은 당연한 이치. 우리 몸은 테스토스테론을 만들기 위해 꽤나 많은 관심과 에너지를 쏟는다.

들어가며

테스토스테론 생산은 남녀를 가리지 않는다. 테스토스테론이 남성 호르몬의 선두 주자인 까닭에 남성만 만드는 것으로 착각하기 쉽지만 여성도 만든다. 여성이 남성 호르몬을 만드는 이유는 무엇일까? 여성은 테스토스테론을 만든 후 몸속 효소를 이용해 체내에서 여성 호르몬으로 바꿔버린다. 이 과정은 보통 여성의 난소에서 일어나며, 결과적으로 만들어진 여성 호르몬은 난자를 방출하고 가슴을 부풀게 하는 등의 역할을 한다.

그런데 여성 호르몬은 남성의 고환이나 부신에서도 만들어진다. 즉 남자나 여자나 모두 남성 호르몬에서 여성 호르몬을 만들어 낸다. 물론 차이는 있다. 일단 생산하는 양이 다르다. 남자는 관련된 효소가 적어서 남성 호르몬에서 멈추는 경우가 많고, 여자는 배란 주기에 따라 여성 호르몬까지 가는 경우가 많다. 하는 일도 다르다. 가령 남자가 난자를 방출하지는 않는다. 해부학적으로 다르니까.

그래도 비슷한 장기에 대해 비슷한 효과를 보이는 것은 맞다. 가령 가슴을 부풀게 하는 것은 똑같다. 그래서 울퉁불퉁한 근육을 만들기 위해 스테로이드를 잔뜩 복용한 남자가 쓸데없이 튀어나온 유방으로 인해 웃통을 벗지 못하는 경우가 발생하곤 한다. 남성 호르몬이 많아지면서 결과적으로 여성 호르몬도 더 많이 생겨나기 때문이다. 심할 경우 유방암이 나타나기도 한다. 남자도 유방암 걸린다.

스테로이드는 연구자들도 껄끄러워하는 분야다. 물리적 성질이 안 좋아서 화합물 다루는 작업 자체가 번거롭다. 화합물 구조가 복잡해 반응이 어려울 뿐만 아니라 분석하기도 힘들다. 마약류보다는 덜하지만 규제가 심해 출발물질 구하는 과정에서부터 난항을 겪는 경우도 많다. 반면 성과는 빈약하다. 나 역시 뜻하지 않은 계기로 스테로이드를 다루고 있는데 같은 어려움을 겪고 있다. 동료들이 하지 말라고 말렸던 데는 다 이유가 있었던 것 같다.

심지어 스테로이드는 종류가 천차만별이다. 앞서 설명했듯이 스테로이드는 특정 화합물 하나를 가리키는 이름이 아니라 관련된 화합물들을 통틀어서 부르는 표현이다. 그만큼 구조도 다양하고 활성도 다르다. 그 활성들을 차별화해야 좋은 약이 되는데 작은 구조 변화만으로 활성이 극적으로 바뀌니 예측하기도 어렵다.

이렇게 어렵다 보니 한편으로는 또 재밌다. 역설적이지만 그렇다. 미세한 분자의 구조를 순수하게 화학적인 방법으로 변형해 예쁜 분자를 만드는 작업은 일종의 분자 조각이다. 조각가들이 칼과 끌로 예술 작품을 만든다면 나는 피펫pipette과 시약으로 그럴듯한 스테로이드 분자를 만들고 있다. 어렵긴 하지만 실험이 끝나고 하얀색 고체가 예쁘게 생겨날 때는 보람도 꽤 느낀다. 이렇게 만든 물질에서 원하는 활성이 나오면 더 뿌듯하다.

연구 못지않게 재밌는 것은 이 약이 어디에서 나왔는지를 추적하는 것이다. 다행히도 좋은 논문들이 많이 있고 때로는 잘 정리된 책들도 있어서 옛날 모습을 꽤 구체적으로 살펴볼 수 있다. 생각해 보면 스테로이드 의약품이 하늘에서 뚝 떨어지진 않았을 것 아닌가. 누군가는 개고생을 하면서 약을 만들었을 것이다. 테스토스테론을 추출하기 위해 황소의 고환을 잘라 내거나, 남성미 뿜어대는 경찰관들의 소변을 추출하는 그런 일들 말이다. 헛일한 경우도 있었다. 아무도 주목하지 않던 멕시코 마麻를 뒤져서 기적의 스테로이드를 만들었다가 남 좋은 일만 한 경우도 있었고, 독일군의 의도를 파악했다고 좋아하다가 이상한 스테로이드만 잔뜩 만든 후 난감해하는 경우도 있었다. 하지만 이런 개고생은 그 나름대로 의미를 찾아서 지금 우리 가정의 상비약 구급함이나 약국 진열대 안에 녹아들어 가 있다. 개고생이었지만 헛고생은 아니었다.

그런데 스테로이드가 생각만큼 철저한 연구 결과를 거쳐서 우리 손에 들어온 게 아니란 데 허점이 있다. 생각해 보면 당연하다. 신약 하나 만들기가 얼마나 어려운지는 주식 시장 테마주에 낚여 보지 않은 사람도 다 아는 사실이다. 하지만 스테로이드라는 기적의 물질은 지금 버젓이 약으로 사용되고 있다. 현대의 연구자들도 껄끄러워하는 물질이 어떻게 약이 될 수 있었을까? 뭔가 사연이 있었음에 틀림없다. 이런 사연들을 접하게 된다면 그리고 그 과정이 생각보다 어설펐음을 알게 된다면 스테로이드에 대한 맹목적인 믿음이나 환상도 조금은 줄어들지 않을까 싶다. 보다 냉정하게 스테로이드를 바라볼 때다. 또한 보다 차분하게 스테로이드를 알아갈 때이기도 하다.

스테로이드의 세계에 들어온 것을 환영한다.

들어가며

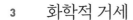

더 들어가기 남자로 변하는 여자아이

21세기
불로초

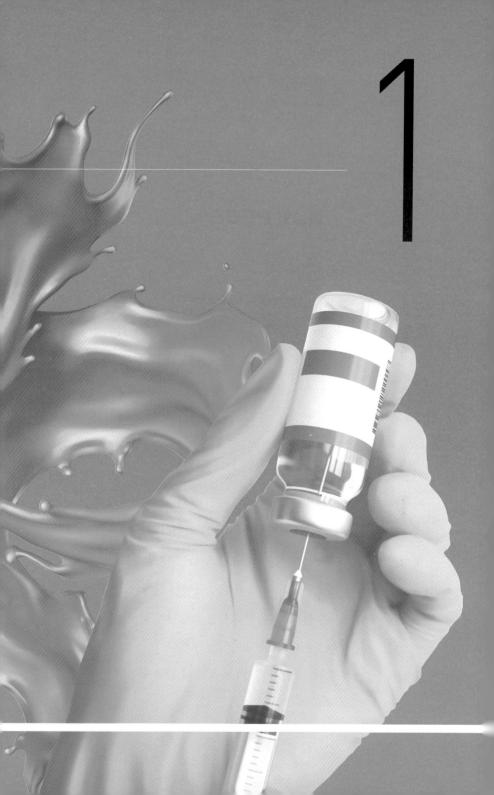

1

집념의 퍼포먼스

✳

APTX4869. 만화 〈명탐정 코난〉에서 검은 조직이 주인공 쿠도 신이치에게 먹인 약이다. 고등학생 명탐정 신이치는 어려져서 초등학생 명탐정 에도가와 코난이 된다. 30년째 활동하고 있는 코난의 첫 번째 이야기다. 만화 속 대화에 따르면 APTX는 세포사멸apoptosis에서 유래한 단어인데 세포사멸 현상은 나름 2002년 노벨상도 받은 연구 주제다. 물론 세포사멸을 조절한다고 해서 어려진다는 보장은 없다. 4869는 일본어 '셜록'과 발음이 비슷하긴 하지만 구체적인 설명이 나오지는 않는다.

어려진다면 좋을까? 누구나 한 번쯤 생각해 봄 직한 질문이다. 물론 만화는 만화일 뿐, 이런 일이 현실에서 일어나지는 않는다. 실제로 일반적인 체세포에서 줄기세포를 만들어 낸 공로로 노벨상을 받은 사람도 있고 관련 연구가 세계 곳곳에서 진행되고 있지만 실생활에서 보기는 쉽지 않다. 어려지는 과정에서 잘못하다간 암이 생길 수 있기 때문이다. 회춘이 이렇게 어렵다.

그런데 〈명탐정 코난〉이 발간되기 100년도 더 전에 공식적으로 회춘을 이야기한 사람이 있었다. 이름은 샤를-에두아르 브라운-세카르Charles-Édouard Brown-Séquard. 당시 72세의 노인이었다. 무슨 좋은 것이라도 먹은 걸까? 하지만 그렇게 간단히 넘어갈 문제가 아니었다. 유럽의 쟁쟁한 학자들이 모두 모이는 파리 생물학회장의 연단에서 나온 말이었기 때문이다. 그것도 학회에서 가장 중요한 기조연설이었다. 에펠탑이 갓 완공된 1889년 파리의 화창한 6월, 학회장의 열기 또한 뜨거워져 갔다.

본인이 젊어졌다고 주장하던 브라운-세카르는 그저 그런 노인이 아니었다. 생리학에 대한 오랜 연구를 인정받아 프랑스에서 훈장도 받은 전설이었다. 루이 파스퇴르Louis Pasteur와의 교류도 두터웠고, 프랑스와 미국을 오가며 자신만의 연구를 수행했던 훌륭한 과학자이기도 했다. 그랬던 그가 회춘을 주장한 근거는 무엇이었을까?

오늘날 모리셔스는 신혼여행이나 해외여행의 성지로 꼽힌다. 하지만 19세기 초반에는 마다가스카르보다 대륙에서 더 멀리 떨어진 작은 섬나라에 불과했다. 이 가난한 나라에서 태어난 브라운-세카르는 드넓은 인도양을 보며 아버지처럼 선원이 되어 바다를 누비는 꿈을 꿨다. 하지만 아버지가 항해 중 돌아가신 후로 그 꿈은 사라졌다. 이후 그의 꿈은 어머니가 채워주게 된다. 학자가 되는 것이었다. 어머니는 파리로 어린 아들을 데리고 가 교육열을 불태웠는데, 다행히도 브라운-세카르는 충분히 총명했다.

19세기 중반 당시는 유럽에서 과학이 태동하던 시기였다. 혈액과 세포에 대한 개념이 잡히기 시작했고, 과학이 과학적이지 못한 것을 몰아내려 하고 있었다. 일례로 18세기 막바지였던 1799년 12월, 당시 67세의 미국 초대 대통령 조지 워싱턴George Washington은 가벼운 감기에 걸린다. 이때 워싱턴의 주치의는 치료를 위해 나쁜 피를 뽑아야 한다는 종래의 경험에 의존하던 사람이었다. 워싱턴은 주치의의 시술을 받았고, 자기 몸에 흐르는 피 3분의 1가량을 뽑힌 다음 허무하게 죽었다. 마치 이 사건이 18세기 비과학의 끝이라도 되는 것처럼 19세기의 학자들은 경험에 기반한 과학으로 무장하기 시작했다. 브라운-세카르가 생물학에 심취하게 된 때도 근대 과학이 걸음마를 걷던 바로 이 시기, 19세기 중반이었다.

그가 초반에 연구한 분야는 신경계였다. 브라운-세카르는 고향인 모리셔스에서 한 농부가 사고로 한쪽 척수에 손상을 입게 되자 신체 절반이 마비되는 현상을 관찰했다. 이 현상에 붙은 이름은 그의 이름을 딴 '브라운-세카르 증후군'. 지금도 쓰이는 용어다. 이후 활발히 연구를 지속하던 브라운-세카르는 독특한 발상으로 여러 번 구설수에 오르기도 했다. 가령 위액을 뽑아내기 위해 입으로 스펀지를 넣는다든지, 콜레라를 연구하기 위해 콜레라 환자의 토사물을 직접 먹는 식이었다. 당연히 좋은 결과를 내지는 못했다. 본인만 여러 번 죽다 살아났다.

그럼에도 브라운-세카르는 버릇을 못 고치고 또다시 흥미로운 아이디어를 생각해 내게 된다. 바로 '젊은 사람의 정액을 노인에게 주입하면 노인이 젊어질 수 있지 않을까?' 하고 기대한 것이다. 이후 20년간 그는 기니피그, 개, 토끼 등 다양한 동물을 이용해 아이디어를 구현하려고 노력했다. 하지만 사람들은 별다른 관심을 보이지 않았고 그러자 좀 더 극단적인 방식을 택하게 된다.

1889년 5월 15일, 브라운-세카르는 개 한 마리를 고른 후 고환에서 혈액을 뽑았다. 그다음엔 다른 주사기로 개의 정액을 채취한 뒤 앞서 뽑은 혈액과 섞었다. 여기까지라면 그러려니 할 수 있지만 그는 한발 더 나갔다. 개의 고환을 잘라 낸 것이다. 곧이어 절제한 고환을 그릇에 담아 으깬 후 여과한 액을 앞서 섞은 혈액과 정액의 혼합액에 추가했다. 최소한의 물로 이 과정을 마무리한 후, 브라운-세카르는 이 엽기스러운 혼합액 1밀리리터mL를 다른 개체에 주입하는 것으로 실험을 마무리했다. 여기서 말하는 다른 개체는 바로 브라운-세카르 자신이었다.

실험 결과에 만족했는지, 이 실험은 그 후에도 여러 차례 이뤄졌다. 실험이 진행되면서 대상 동물이 개에서 기니피그로 바뀌었는데 그 이유에 대해서는 밝혀져 있지 않다. 2주 뒤 학회장에 나타나 자신이 회춘했다고 선언할 때 브라운-세카르는 개와 기니피그에서 얻은 혼합액 주사를 아홉 차례나 맞은 상태였다. 지금 이런 실험을 하려면 면역 거부 반응, 제대로 된 실험군과 대조군의 설정, 충분한 수의 개체 확보 등을 검토해야 한다. 동물실험 관련 법규를 제대로 준수했는지도 중요한 이슈가 된다. 하지만 130년 전에는 그런 것이 없었다. 그저 자신의 경험 하나면 충분하다고 판단했다. 그리고 이런 막무가내식 실험에 학회는 어떻게 반응해야 할지 몰랐다. 저 노인을 당장 은퇴시켜야 한다는 학자들도 있었지만 그의 용기와 실험 결과에 공감하는 사람들도 있었다.

이 72세의 노인이 학회장에서 회춘했다고 말한 근거는 다음과 같다. 주사를 맞기 직전까지만 해도 실험실에서 30분 일하면 항상 의자에 앉아 쉬어야 했다. 이 과정을 3~4시간, 때로는 2시간만 지속해도 상당히 지쳐버렸다. 6시 이후에는 아무것도 할 수 없을 정도로 녹초가 되곤 했고, 약간의 식사를 마치면 곧바로 잠자리에 들었다. 너무 지쳐서 잠도 깊이 못 잘 정도였다.

하지만 그 주사를 맞은 이후부터는 많은 것이 달라졌다. 자신의 조수가 놀랄 정도로 4~5시간을 서서 실험해도 거뜬했고, 집에 와서도 식사 후에 다른 일을 마친 후에 잠들었다. 근력도 회복해서 20여 년 전에나 들던 기구를 들 수 있게 됐다. 소변도 한 번 눌 때 길게 눴다. 같은 양의 음식과 물을 섭취했는데도 훨씬 더 시원하게 소변을 눌 수 있었다. 후일 브라운-세카르가 실험 과정을 자세히 보고한 논문에 따르면 혼합액의 주사를 멈춘 이후 회춘 효과는 사라졌으며, 다시 그 전의 평범한 노인으로 돌아왔다고 한다.

실험 과정에 여러 가지 미흡한 점이 많긴 하지만 어쨌든 그가 경험한 것은 그 자체로 존중할 필요가 있다. 물론 브라운-세카르의 실험 결과를 과학적으로 받아들이려면 여러 단계의 검증이 필요하다. 학회에 참석했던 전문가들의 의견이 찬반으로 나뉘었던 이유도 거기에 있었다. 학자들인 만큼 신중한 접근이었다. 하지만

그림1　세쿠아린 광고. 동물 에너지의 본질을 포함한다고 표현하고 있다.

학회 밖 분위기는 사뭇 달랐다.

　학회 밖에서는 샘플을 구하려는 사람들의 문의가 빗발쳤다. 이름도 생겼다. 사람들은 혈액, 정액, 고환 추출물을 섞은 이 혼합액을 '브라운-세카르의 영약Elixir of Brown-Séquard' 또는 그의 이름을 따서 '세쿠아린Sequarine'이라고 불렀다. 보통 'elixir'라고 하면 마법의 영약 정도를 의미한다. 쉽게 붙일 수 없는 이름이다. '영약' 샘플은 의사들을 통해 약 1만 명 이상의 환자들에게 투여됐는데 그들이 원하는 결과를 얻었는지에 대해서는 알려져 있지 않다. 어쨌든 세쿠아린은 광고까지 등장할 정도로 선풍적인 인기를 끌었다. 브라운-세카르는 학계에서 명성을 얻기 원했는데 죽기 5년 전 드디어 그토록 원하던 명성을 얻게 됐다.

19세기 불로초

✳

당시 사회가 브라운-세카르의 실험에 열광했던 이유는 결과가 너무 매력적이었기 때문이다. 방법이 뭐가 중요한가. 젊어진다는데. 누구나 늙고 싶지 않다는 욕망을 한 번쯤 가져보기 마련이다. 서복이 진시황의 불로초를 찾아 중국 전역을 돌아다니다가 우리나라 서귀포까지 와서 서쪽으로 돌아간 때가 2,000년 전이다. 황제처럼 거창하게 불로초를 찾아다니기 힘든 일반인들도 소설을 읽으며 네버랜드 속 피터팬과 웬디처럼 평생 나이 들지 않는 세상을 소소하게 꿈꾸곤 했다. 물론 사람들이 찾아낸 해답은 아무것도 없었지만 말이다. 그런데 집 앞에 있는 개에게서 회춘을 경험했다고 브라운-세카르가 말한 것이다. 파랑새는 가까이 있었다. 그리고 보통은 믿고 싶은 것을 믿는다.

2002년 12월 호주의 한 연구 팀이 브라운-세카르 실험을 검증했다. 지난 100여 년간 축적된 과학적 성과를 통해 이 조잡한 실험 결과가 그다지 근거 없는 것임을 충분히 알 수 있지만 그래도 다시 한번 실험을 확인할 필요는 있었다. 호주 연구 팀은 그의 논문에 나온 대로 실험을 다시 진행했다. 브라운-세카르가 개의 종류를 특정하지 않았기 때문에 각각 종이 다른 다섯 마리의 개를 선택했고, 나이는 24개월을 넘지 않도록 했다. 적절한 마취 과정을 거쳐 절제한 고환을 으깬 후 논문의 방법을 따라 혼합액으로 제조했다. 이 혼합액을 맞을 용자가 2002년에는 없었기에 혼합액

속에 존재하는 테스토스테론의 양을 측정하는 방식으로 검증을 마무리했다.

연구 팀이 측정한 테스토스테론의 농도는 터무니없이 낮은 수치였다. 혼합액 1밀리리터에 들어 있는 테스토스테론의 양은 186나노그램$_{ng}$이었다. 브라운-세카르의 실험 프로토콜이 정밀하게 남아 있지는 않지만 아마 이 정도 양에서 크게 바뀌지는 않을 것이다. 그런데 우리 몸에서는 하루에 6밀리그램 정도의 테스토스테론을 만들어 낸다. 186나노그램에 비하면 대략 3만 2,000배 정도 되는 양이다. 100여 년 전 72세 노인이 야심 차게 남성 호르몬을 주입하기 전에 그의 몸은 이미 자체적으로 3만 2,000배 이상의 호르몬을 만들고 있었던 것이다. 3만 2,000이 3만 2,001이 된다고 우리 몸에 얼마나 큰 변화를 줄까? 수학자들에게 혼날 것 같아서 첨언하자면 이런 경우 3만 2,000에 1을 더해도 3만 2,000이다. 수학적으로는 오차 범위 안의 변화를 반영하면 안 된다. 72세 노인의 몸에는 평균보다 적은 양의 테스토스테론이 흐르고 있었겠지만 그래도 혼합액이 미치는 변화가 크지 않았을 것 정도는 짐작할 수 있다. 숫자는 거짓말을 하지 않는다.

이러한 분석은 해부학 지식과도 일치한다. 브라운-세카르는 몰랐겠지만 지금은 고환 내 테스토스테론의 농도가 그렇게 높지 않음을 알고 있다. 물론 남성 테스토스테론의 95퍼센트는 고환에서 만들어진다. 하지만 이렇게 만들어진 호르몬은 곧바로 혈액이라는 최고의 물류 시스템을 통해 온몸으로 '특급 배송'된다. 공장은 순식간에 비어버린다. 브라운-세카르가 고생하며 으꼈던 개의 고환에는 정작 귀한 호르몬이 특별히 많지 않았다.

　호주 연구 팀이 실험 결과를 검증하며 내린 결론은 위약 효과placebo effect였다. 실제 약효 성분을 투여하시 않았는데도 치료를 했다는 이유만으로 몸이 좋아지는 것을 위약 효과라고 한다. 믿음은 몸을 바꾼다. 위약 효과를 배제하기 위해 수많은 임상시험 설계자들은 지금도 고심하고 있다. 이러한 과정 없이 좋다는 것만 섞어서 주사한 브라운-세카르의 실험 결과는 액면 그대로 믿을 수가 없다.

　하지만 이는 100여 년이 지난 지금에서의 평가일 뿐이다. 당시 사람들은 브라운-세카르의 용감한 연구 결과를 칭송했고, 그의 영약은 그가 죽기 전 벌써 전 세계에 퍼져나갔다. 바야흐로 '19세기 불로초 시대'가 열린 것이다.

젊음, 그 오래된 유혹

✳

브라운-세카르가 신호탄을 쏘긴 했지만 고환의 기능에 대한 연구는 이미 오래전부터 진행되고 있었다. 11세기 유럽에서는 반역죄를 저지른 중죄인을 거세형에 처하는 제도가 있었다. 이탈리아의 유명 성악가 파리넬리Farinelli가 거세한 때는 1700년대 초반이었다. 이렇게 거세한 후 특유의 여성 음색을 가진 성악가를 '카스트라토castrato'라고 부르는데 이는 거세castration에서 유래한 표현이다. 아시아에서도 별반 다르지 않았다. 중국에서는 오래전부터 환관 제도를 유지했다. 그리고 이 환관들에게는 수염이 나지 않는다는 사실도 알고 있었다. 음경을 유지한 채 고환만 제거해도 아이를 가질 수 없다는 사실 또한 알게 됐다. 사람만이 아니다. 동물 거세의 역사는 더 깊다. 거세한 동물은 온순해져서 다루기가 수월했기에 번식할 필요가 없는 일부 동물은 일부러 거세하기도 했다. 심지어 살도 잘 쪘다. 그런데 이렇게 긴 고환 연구 역사에서 나타나는 공통점은 제거다. 왜 이렇게 제거만 했던 것일까?

　고환은 동물의 주요 장기 중 유일하게 노출되어 있는 장기다. 우리 몸은 뼈까지 이용해 핵심 장기인 뇌와 심장을 보호한다. 대부분의 다른 장기들도 우리 몸 깊숙이 위치해 외상을 피하게 한다. 찰과상에 비해 외상이 위험한 이유는 출혈량이 많기 때문이기도 하지만 장기가 다칠 경우 생명에 직접적인 위협이 되기 때문이다. 이처럼 장기를 몸속 깊숙이 숨겨두는 형태의 신체 구조가 생존에 유리했을 것은 진화론적 관점에서 자명하다. 하지만 고환은 다르다. 죽을 때까지 끊임없이 정자를 생산해야 하는 고환은 체온보다 낮은 온도의 환경에서 생산성이 더 좋다. 이러한 이유로 남성의 생식기는 얇은 피부만 달랑 감싼 채 사실상 체외에 존재하고 있다. 내시경 같은 특별한 장비 없이 눈으로 관찰할 수 있는 이유다. 오래전부터 거세가 가능했던 배경이기도 하다.

　그런데 이렇게 고환을 떼어 내기만 했던 사람들이 어느 순간 떼어 낸 고환을 다른 개체에 추가하기 시작했다. 문헌에 남아 있는 가장 오래된 고환 이식 기록은 1767년까지 거슬러 간다. 주인공은 존 헌터John Hunter. 영국 국왕의 주치의로 지명될 정도로 당대 최고의 의사였으며 동시에 뛰어난 해부학자이기도 했다. 그는 영국 왕립협회 회원으로 지명된 1767년 한 가지 흥미로운 실험을 했다. 수탉의 고환을 잘라서 암탉의 복강에 이식한 것이다. 실험한 암탉을 해부했을 때 이식한 고환이 별 거부 반응 없이 암탉 체내에 붙어 있는 것도 관찰했다. 특별한 생리적 변화는 일어나지 않았고, 흥미를 잃은 헌터는 여타의 기록을 남기지 않았다. 하지만 그가 실험을 했다는 사실 자체는 남아 있어서 이 시술이 근대적인 고환 이식의 첫 사례로 인정받고 있다.

헌터가 시술 과정을 자세하게 기술하지 않았던 까닭인지 이후 고환 이식에 대한 연구는 한동안 자취를 감췄다. 다시 연구가 진행된 것은 1849년의 일이다. 독일의 생리학자인 아널드 베르톨트Arnold A. Berthold는 동물원의 큐레이터로 잠시 일하는 동안 기회를 살려 수탉의 고환을 거세했다. 변화를 관찰하며 거세한 수탉의 볏이 쪼그라드는 것을 알 수 있었다. 여기까지는 이전에도 어느 정도 알려진 사실이었다. 베르톨트는 여기에 그치지 않았다. 이번에는 거세한 수탉의 복강에 다른 수탉의 고환을 이식했다. 쪼그라들었던 수탉의 볏이 고환을 이식하자 다시 자라났다. 닭 볏의 크기 변화는 특별한 해부 기술이 없더라도 관찰할 수 있는 과학적 지표다. 어떤 형태의 실험이든 결과를 한눈에 알 수 있는 지표가 있다면 그 실험이 성공할 확률은 높아질 것이다. 베르톨트의 실험은 원초적인 수준에 머물렀지만 닭 볏의 크기라는 지표를 찾아냈다. 이 실험이 갖는 첫 번째 의의다.

두 번째 의의는 고환을 이식했을 때 나타난 다른 변화에서 찾을 수 있다. 닭 볏이 자라는 것에 그치지 않고 닭이 잠시나마 남성성을 회복하는 것이 확인됐다. 예전처럼 공격성을 보인다든가, 암탉과 교미하기 위해 다가가는 것 등으로 미루어 볼 때 수컷의 특징을 회복한 것이 분명했다. 이식한 고환이 제 역할을 제대로 수행한 것이다. 그런데 베르톨트가 고환을 이식한 장소는 수탉의 복강이었다. 신경과는 전혀 무관한 조직이다. 그렇다면 고환에서 나온 무언가가 혈관을 통해 전달되어 생리적 변화를 일으켰다고 짐작할 수 있다. 혈관을 통해 운반되어 다른 장기의 생리적 변화를 일으키는 작은 물질을 지금은 호르몬이라고 부른다. 이 호르몬이라는 단어가 학계에서 공식적으로 사용된 것은 1905년이다. 하지만 이름이 없다고 존재마저 모르는 것은 아니다. 베르톨트는 호르몬이라는 단어가 나오기 전에 호르몬의 역할을 하는 무언가를 보고했다.

베르톨트의 실험 결과 역시 학계에서 주목을 받지는 못했다. 하긴 닭 볏 크기에 관심을 가지는 사람이 얼마나 됐겠는가. 실험 결과가 쉽게 재현되지 못했던 탓도 있다. 개발한 사람에게는 간단해 보이는 시술이지만 다른 사람에게는 어려운 경우가 많다. 특정 실험 결과를 어디에서든 재현할 수 있도록, 지금은 논문을 낼 때 실험 과정 또한 가능한 한 자세하게 작성하도록 하고 있다. 논문 쓰는 사람들을 극도로 피곤하게 만드는 작업이지만 자신의 결과를 다른 사람에게 인정받기 위해서는 어쩔 수 없는 일이다. 최근에는 이런 서류 작업뿐만 아니라 동영상을 만들어 유튜브에 업로드하는 실험실도 있을 정도다. 하지만 당시에는 논문 작성 가이드라인이나 유튜브가 없었다.

그래도 1767년 헌터가 실험하던 시절과 1849년 베르톨트가 실험하던 시절은 조금 달랐다. 베르톨트가 죽은 1861년 이후 그의 실험을 연구하는 학자들이 늘어났고 관련한 아이디어를 내는 사람들 또한 많아졌다. 앞서 언급한 브라운-세카르도 여기에 속한다. 처음 아이디어를 낸 1869년 이후 20년간 사람들의 무관심 속에 수행한 연구들은 대부분 동물의 고환 이식과 관련한 연구였다. 그러다가 부피가 큰 고환 대신에 고환 내에서도 중요한 역할을 하는 '무언가'만을 추출해서 옮기는 방식으로 수술법을 바꾼 것이다. 조잡해 보이는 실험이었지만 상당한 선행 연구와 고민 끝에 이루어진 변화였다.

기적과 사기, 아슬아슬한 경계

✳

브라운-세카르가 보고한 '19세기 불로초'는 많은 변화를 가져왔다. 우선 그의 연구 결과를 상업적으로 이용하기 위해 많은 개와 기니피그의 고환이 사라졌다. 그럼에도 회춘 효과가 미미하자 학자들의 대응책은 세 가지로 나뉘었다. 첫 번째는 브라운-세카르에게 물어보는 것. 하지만 그는 놀라운 퍼포먼스를 보여준 뒤 5년 만에 죽었다. 향년 77세. 죽은 자는 말이 없다.

두 번째는 고환을 통째로 이식하는 방법이었다. 원인 물질이 무엇인지는 알 수 없지만 고환 내에 있다는 것은 충분히 유추할 수 있었다. 통째로 넣자는 논리가 마냥 터무니없는 것은 아니었다. 헌터와 베르톨트가 수탉으로 했던 실험이긴 하지만 그때와는 수준이 달랐다. 어느 정도 면역에 대한 이해도 쌓여 있었고 봉합 기술도 좋아져 있었다. 무엇보다도 그때는 막연하게 실험과 관찰만 했다면 이제는 분명한 목표가 있었다. 간절히 원하면 또 모른다. 이루어질지.

1910년대 들어서 다양한 동물들의 고환이 목표가 됐다. 학자들은 양, 쥐, 닭 같은 동물들의 고환을 다른 동물에게 이식하는 실험을 진행했다. 쉽게 예상할 수 있듯이 대부분 실패했다. 장기 이식이 그렇게 만만한 일은 아니지 않은가.

장기 이식은 크게 세 가지로 나뉜다. 자가이식, 동종이식, 이종이식이다. 자가이식은 자기 것을 보관해 뒀다가 나중에 자기에게 다시 이식하는 방법이다. 일부 조혈모세포를 옮기는 시술이 여기에 속하는데 면역 거부가 전혀 없다는 장점이 있다. 하지만 특수한 경우를 제외하면 옮길 수 있는 장기가 별로 없다. 내 장기에 문제가 생겨서 이식하려고 한다면 당연히 문제가 생긴 내 장기는 쓸 수 없다. 동종이식은 같은 종 간에 이루어지는 이식이다. 지금은 활발히 이루어지지만 면역 거부 문제는 여전한 숙제로 남아 있다. 1970년대 수많은 의사들이 동종이식을 위해 혈관을 봉합하고 면역억제제를 새로이 개발해 가며 겨우 이루어 낸 성과가 현재의 기술이다. 가장 어려운 단계가 이종이식이다. 다른 종의 장기를 가져오는 건데, 가령 돼지의 췌장을 사람에게 이식하는 것을 예로 들 수 있다. 아직도 많이 연구되고 있지만 상식적으로 생각해도 극도로 어려운 이식이다. 실제로 그렇다.

1910년대에 시도했던 방법은? 이식 중에서도 가장 어렵다는 이종이식이다. 원숭이나 개, 양의 고환을 다른 동물, 궁극적으로는 사람에게 이식하는 방법을 추구했다. 될 리가 없다. 그 당시 수준으로 도전할 수 있는 연구 주제가 아니었다. 그럼에도 이러한 장기 이식은 꾸준히 시도됐다. 어느덧 '장기요법organotherapy'이라는 그럴듯한 이름까지 붙을 정도였다. 꾸준한 실패에도 도전하는 것이 과학의 기본이긴 하지만 안 되는 건 안 되는 거다. 계속해서 무리수를 뒀던 것은 그만큼 회춘이라는 목표가 달콤했기 때문이 아닐까 싶다. 그리고 그 달콤함 때문에 학자들은 결국 사람을 대상으로 하는 고환 이식도 시도하게 된다. 논란이 된 많은 학자들 중 두 명을 특별히 언급하고 싶다.

세르주 보로노프Serge Voronoff는 러시아에서 태어나 프랑스에서 성장한 뒤 이집트에서 실력을 쌓은 외과의사였다. 1910년 파리로 귀향한 보로노프는 당시 유행하던 장기 이식을 연구하기 시작했다. 양의 난소를 다른 양의 난소로 이식하는 성공을 거둔 이후 1913년 12월 5일에는 원숭이의 갑상선을 열네 살짜리 꼬마 아이에게 이식해 세상을 떠들썩하게 했다. 하지만 보로노프가 가장 관심을 가진 분야는 결국 젊음의 회복이었다.

우선 양의 고환을 가지고 연습했다. 적당한 양에게서 고환을 잘라 낸 후 다른 양에게 이식하는 방법이었다. 이때 정밀한 혈관 봉합은 전혀 이루어지지 않았다. 보로노프는 시술이 성공적으로 끝났다고 말했는데 훗날 조사한 바에 따르면 성공의 기준이 하나도 없었다. 가령 대조군은 고사하고 수치화할 수 있는 자료 또한 하나도 없었다. 심지어 이식 후 경과가 좋지 않은 경우는 고의적으로 자료에서 누락하는 등의 방식을 사용하기도 했다. 그가 말한 성공의 근거는 존재하지 않았다. 그런데 조사 내용을 보면 보로노프는 정말로 자신의 시술이 성공했다고 믿었던 듯하다. 그리고 이런 근거 없는 믿음을 바탕으로 차츰 다음 단계로 나아갔다. 말의 고환을 노새에 이식하는 식이었다.

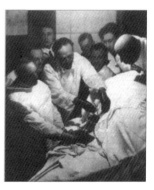

그림2 말의 고환을 노새에게 이식하는 장면. 가운데 집도하는 의사가 **보로노프**다.

그래도 궁극적인 목표는 당연히 사람이었다. 보로노프는 거침이 없었다. 1920년대 들어서는 드디어 고환 이식을 사람에게 적용했다. 원숭이 고환을 사람에게 이식하는 방법이었다. 그리고 그의 표현을 빌리자면 '성공'했다. 물론 그대로 믿으면 안 된다. 보로노프가 성공했다고 말했던 환자들의 경우 정말 고환 이식 때문에 활력을 찾은 것인지 아니면 다른 이유로 찾은 것인지 불명확하다. 당연한 말이지만, 시술의 효과를 증명하기 위해서는 여러 가지 복잡한 인자를 배제하고 변수 또한 최소한으로 줄여야 한다. 하지만 그에게 그런 것은 중요하지 않았다. 그저 몰려드는 환자들을 바라보며 행복한 비명을 지르기 바빴다. 어느덧 보로노프는 세계적인 명성을 얻었다.

근본 없는 명성이 오래갈 리 없다. 정의는 살아 있는 법. 의문을 품는 사람들과 학자들이 늘어갔고 시술을 받은 사람들이 요절하는 경우가 속출하자 당국이 조사에 나섰다. 보로노프의 연구를 후원했던 영국 정부는 1927년 조사 팀을 보내 이 결과를 검증하도록 했다. 조사 팀은 보로노프에게 장기 이식술이 성공했다고 주장하는 근거를 제시하라고 요청했고, 조잡하기 그지없던 그의 근거는 탄로 나고 말았다. 이후 장기 이식 분야에서 불명예 퇴출당한 그는 쓸쓸히 말년을 맞이해야 했다.

1,000번의 고환 이식 수술을 집도한 남자

✳

보로노프에 비견될 만한 사람으로 레오 스탠리Leo Stanley가 있다. 1,000번의 고환 이식을 집도하고 그 결과를 논문으로 발표한 의

AN ANALYSIS OF ONE THOUSAND TESTICULAR SUBSTANCE IMPLANTATIONS

L. L. STANLEY,

Resident Physician, California State Prison,

SAN QUENTIN, CALIFORNIA

그림3 1922년 《내분비학회지》에 발표된 레오 스탠리 논문의 첫 장 중 일부. 1,000건의 이식 수술이라는 표현과 본인의 소속이 적혀 있다.

사다. 엽기적인 이러한 자료는 역설적으로 후속 연구에 꽤 도움이 된다. 더군다나 그는 다른 의사들과 달리 환자들에 대한 집중 모니터링이 가능했다. 보로노프가 많은 변수로 인해 수술 결과를 제대로 평가할 수 없었던 데 비해 스탠리가 수술했던 환자들은 동일한 밥을 먹고 동일한 환경에서 잠을 잤던 것이다. 환자의 정보도 빠짐없이 파악할 수 있었다. 그리고 남들보다 수월하게 사람의 고환을 확보할 수도 있었다. 그 시대에 어떻게 이런 일이 가능했을까? 해답은 직장에 있었다. 그는 교도소에서 근무하는 의사였다.

스탠리는 1920년대 미국 캘리포니아주 샌 퀜틴San Quentin 교도소 주치의로 근무하면서 자신의 자리를 이용해 마음껏 고환을 이식했다. 양, 사슴, 염소 등의 동물에게서 얻은 고환을 사람에게 이식하는 방식을 주로 사용했지만 사람의 고환을 잘라 내 다른 사람에게 이식하는 경우도 20회나 됐다. 사람의 고환을 어떻게 얻었을까? 답은 사형수의 고환이다. 스탠리는 사형 집행에 맞춰서 고환을 잘라 낸 후 대기하고 있던 사람에게 이식했다. 아마 사형수가 충분히 많았다면 스탠리는 동물 고환을 굳이 이용하지 않았을

지도 모른다.

이식받을 사람은 어떻게 모집했을까? 교도소 재소자가 대부분 이었지만 소문을 듣고 찾아온 일반인도 여럿 있었다. 그중에는 의사나 간호사도 있었다. 그렇게 이식을 받은 사람은 모두 656명. 이식 수술 횟수를 고려하면 1,000명이 되어야 하지만 그렇지 못한 이유는 한 번 이상 이식받은 사람이 꽤 많았기 때문이다. 이식 수술을 일곱 번이나 받은 사람도 있었다. 그리고 656명 중 일곱 명의 피험자는 놀랍게도 여자였다. 성욕을 늘리려는 목적이었다.

스탠리가 수술에 참여한 환자들에게 고환 이식술의 장단점과 위험성에 대해 제대로 설명했을지는 의문스럽다. 지금 우리가 임상시험을 하고자 한다면 피험자에게 하나부터 열까지 설명하고 동의를 받아야 한다. 시대가 어느 시대인데 거짓말을 하겠는가. 물론 의사가 설계한 임상시험을 일반인이 제대로 알아듣기는 쉽지 않다. 중요한 정보를 고의로 은폐하거나 대충 설명하고 넘어간다면 일반인 입장에서 제대로 이해했다고 보기는 힘들 것이다. 이런 정보의 비대칭성을 막기 위해 지금은 임상시험을 시행하기 전에 다른 전문가들에게 임상시험 절차를 공개하고 정의롭고 현명하게 설계했는지를 평가받는다. '기관생명윤리위원회Institutional Review Board'라고 부르는 기관인데 통칭 IRB라고 부른다. IRB는 의사 외에 법조인이나 실험 윤리 전문가 등을 포함하는 경우가 많으며 임상시험의 견제구 역할을 한다. 임상시험의 첫 관문은 보통 IRB의 승인이다. 이 과정은 꽤 까다로워서, 여러 차례 반려된 후

수차례의 수정을 거쳐 통과하는 경우가 많다. 그런데 IRB가 설립되고 법적으로 강제된 것은 1970년대의 일이다. 1930년대에, 그것도 교도소에서 이와 같은 깔끔한 실험 윤리를 기대하는 것은 무리다.

결과는 어땠을까? 스탠리는 1,000건의 임상시험 결과를 마무리하며 수술이 지극히 안전하고 고통 없이 이루어졌다고 강조했다. 또한 고환 이식을 받은 사람의 3분의 2 정도가 여러 가지 면에서 건강에 도움을 받았다고 스탠리는 평가하고 있다. 천식, 관절염, 여드름, 시력, 녹내장 등에서 도움이 됐다는 것이다. 하지만 대조군이 설정되지 않은 실험에서는 앞서 언급한 것처럼 위약 효과를 배제할 수 없다. 더군다나 대부분의 증상 호전을 재소자가 다수인 환자들의 진술에만 의존했기 때문에 데이터 자체에 대한 신뢰도는 더 떨어진다.

보다 체계적으로 이루어졌던 다른 사람들의 고환 이식술 결과 또한 그다지 좋지 않았다. 고환을 막 던져 넣는다고 제대로 작동하는 것도 아닐뿐더러 제대로 이식한다고 해도 이식자의 면역 체계는 세 번째 고환을 거부할 가능성이 농후하다. 철저한 설계 없이 사람 몸에 칼 대는 게 쉬운 일이 아닐진대 말이다. 그럼에도 고환 이식술은 당대의 유명 인사들까지 시술받을 정도로 유행을 타긴 했다. 물론 그들은 회춘하지 못했다.

회춘을 원하던 사람들 중 상당수는 그 목적이 성욕에 있었다. 그러다 보니 고환 이식이 잘 되지 않자 고환 추출물에 최음제를 섞어서 파는 경우도 많았다. 성욕을 늘린다는 목적이야 이해한다고 해도 최음제를 섞어서 파는 것은 선을 넘은 행위다. 따라서 이러한 상술도 비판의 대상이 되곤 했다.

심지어는 남성 동성애자를 '치료'하는 목적으로 사용하기도 했다. 당시에는 동성애가 불법이었고 '치료'의 대상이었다. 남자가 남자를 좋아하는 것은 성호르몬이 부족하기 때문이라고 결론 내리고 부족한 남성성을 회복해 주면 이성애자가 될 것으로 예상했다. 이런 목적으로 11회의 이식 수술이 행해졌다. 이 경우에는 심지어 남성 이성애자의 고환을 적출해서 남성 동성애자에게 옮기는 방식으로 수술이 이루어졌다. 별다른 효과가 없었음은 당연한 일이다.

고환 이식술은 이후에도 꾸준히 시도되긴 했지만 갈수록 자리를 잃어갔다. 일반인들의 관심이 시들해져 갔을 뿐만 아니라 전문가들도 최신 이론으로 무장하고 나서서 조잡한 이식 수술을 비판했다. 현대 신경외과학의 아버지로도 불리는 미국의 하비 쿠싱Harvey Cushing은 고환 이식술을 일컬어 '내분비학endocrinology'이 아니라 '내분비범죄학endocri'mi'nology'이라고 규정하기도 했다. 1930년대를 지나며 고환 이식은 여러모로 설 자리를 잃어갔다. 새로운 접근법이 요구되고 있었다.

테스토스테론, 정체를 드러내다

✳

고환을 통째로 옮기는 방법이 '19세기 불로초'를 찾는 두 번째 접근법이라면 세 번째는 고환에서 실제 활성이 있는 물질을 찾아서 이 물질만 투입하는 방법이다. 고환 추출물이 효과가 있었다면 회춘을 일으키는 물질이 그 안에 있을 거라 생각하는 것이 합리적이다. 그렇다면 그 물질을 분리할 수 있지 않을까?

예전에는 한의학과 서양의학이 비슷한 양상을 띠고 있었다. 예를 들어『동의보감』에서 아편을 약재로 분류할 때 서양에서도 아편을 약으로 사용하고 있었다. 식물은 어디에서든 구할 수 있었고 채취할 때 저항하는 법이 없었다. 재배도 수월했기에 동양에서든 서양에서든 식물을 이용해 약초를 만들고 환자를 구하곤 했었다. 1700년대 말까지는 그랬다.

한의학과 서양의학이 본격적으로 다른 길을 걷게 된 시기는 1800년대 초반이다. 한의학이 약초 그 자체에 집중하고 새로운 약재나 효능을 찾기 위해 노력한 반면 서양의학은 약초의 활성 성분을 분리하는 방향으로 나아갔다. 한의학이 통합과 경험의 의학이라면 서양의학은 분석과 분리의 의학이라고 할 수 있다. 그리고 1804년 드디어 역사상 최초로 약초의 활성 성분이 분리됐다. 아편의 주성분인 모르핀이다. 이후 다양한 약초들의 활성 성분이 분리됐다. 코카인, 니코틴 등이 이에 해당한다. 이들은 모두 세상을 바꾼 생리활성 물질이다. 한의학과 서양의학 중 어느 것이 낫다고 볼 수는 없지만 어쨌든 변신을 시도했던 서양의학이 나름대로 발전해 온 것만큼은 인정해야 할 것이다.

그런데 약초는 식물이다. 사람은 식물이 아니다. 그렇다면 사람의 질병을 치료하기 위해 동물의 생리활성 성분을 추적하는 깃이 본질에 더 가깝지 않을까? 그렇게 하지 않았던 이유가 있다. 원하는 만큼 샘플을 얻기 어려웠기 때문이다. 가령 곰 쓸개가 몸에 좋다는 걸 안다고 쳐도 곰 쓸개를 어떻게 대량으로 확보하겠는가.

그런데 1900년대로 들어오면서 동물 추출물에 대한 연구도 본격적으로 이루어지기 시작했다. 비교적 적은 시료만으로도 성분을 분리할 수 있을 만큼 기술이 늘었기 때문이다. 최초로 분리된 물질은 아드레날린adrenaline. 개의 신장을 절제하고 그 위에 있는 부신이라는 조직을 추출해 분리했다. 물론 이 과정에서 많은 개들이 희생됐겠지만 곧이어 아드레날린을 화학적으로 생산하는 데 성공하면서 더 이상 개가 희생될 필요는 없어졌다. 개의 부신에서 아드레날린을 성공적으로 찾아낸 학자들은 이제 개의 고환을 주목했다. 회춘을 했다지 않는가. 개의 고환이 엘도라도El Dorado였다.

하지만 현실은 생각보다 만만치가 않았다. 이유는 앞서 설명한 내용에 있다. 목표가 되는 호르몬은 고환에서 만들어진 후 바로 혈액으로 방출된다. 엄밀히 말하면 정소testis의 리디그세포Leydig cell가 만들어 낸 테스토스테론이 혈액으로 방출되는 것이다. 그러므로 정작 공장에는 제품이 비어 있다. 학자들이 공장을 아무리

털어도 이 호르몬을 찾기 어려웠던 이유다.

학자들은 집요했다. 개가 작아서 찾지 못했다고 판단한 학자들은 더 큰 동물로 눈을 돌렸다. 소다. 소 정도 되면 고환에서 이 호르몬을 찾을 수 있을 것으로 판단했다. 처음에 한두 마리로 연구하던 스케일은 갈수록 커졌다. 1927년에는 16킬로그램가량의 고환을 소들에게서 채취한 후 20밀리그램의 활성물질을 낮은 순도나마 분리하는 데 성공했고 동물실험으로 활성 또한 증명했다. 이후 조금씩 진전을 보이던 이러한 접근법은 1935년 5월 27일 스위스의 화학자 에른스트 라케르Ernst Laqueur가 100킬로그램의 소 고환에서 10밀리그램의 순수한 물질을 분리하면서 정점을 찍었다. 대략 1억분의 1에 해당하는 생산성이지만 그게 어딘가. 세계 최초로 찾아낸 그 물질에 이름을 붙일 자격이 생겼다. 그가 붙인 이름은 테스토스테론. 우리가 잘 아는 대표적인 남성 호르몬이 맞다. 지금껏 베일에 가려져 있던 물질에 드디어 이름이 생긴 것이다.

세상에 정상으로 가는 길이 하나만 있을 리는 없다. 다른 방법으로 정상을 확인한다면 여러모로 도움 될 것이 분명하다. 가령 전혀 다른 연구진이 동일한 물질을 찾아냈다면 그 물질은 검증을 받았다고 봐도 될 것이다. 테스토스테론의 초기 발견도 그랬다.

개나 소의 고환 대신에 다른 샘플에 주목한 연구진이 있었다. 바로 소변이다. 생산 공장이 비어 있다면 흘러 들어간 곳을 찾으면 된다. 피를 분석하는 것도 좋은 방법이겠지만 대량으로 뽑는 데는 무리가 있다. 반면 소변을 얻는 데는 아무런 어려움이 없다. 또 소변은 계속해서 확보할 수 있다. 고환은 동물 한 개체에 두 개밖에 얻을 수 없다. 하지만 소변은 지속 가능한 시료다. 소변의 장점은 더 있다. 사람에게서도 얻을 수 있다. 까짓 소변인데 뭘 개나 소에게서 얻겠는가. 사람 소변이 양도 많고 모으기도 쉽다.

1931년 독일의 제약 회사 셰링Schering은 남자의 소변에서 이 물질을 추출하기로 결정했다. 많은 양의 소변이 필요하다는 것은 충분히 알고 있었다. 셰링 사는 승부수를 하나 더 던졌다. 남자 중에서도 남성성이 충만한 남자의 소변만을 엄선하기로 한 것이다. 그들이 택한 진짜 사나이는 경찰관. 이 호르몬 충만한 경찰관들에게서 소변을 따로 모은 그들은 1만 5,000리터라는 어마어마한 양의 실험 재료를 확보했다. 그런 다음 필요 없는 물질을 기초적으로 제거한 샘플을 확보한 후 그 샘플을 정밀하게 분리·분석하기 위해 전문가에게 맡기기로 했다. 그러려면 관련 물질을 분리하는 데 세계 최고 수준의 기술을 가진 전문가여야만 했다. 많은 돈과 시간을 들여서 모은 시료 그리고 그 시료를 적당히 정제해서 얻은 귀한 샘플이었다. 아무한테나 줄 수 없었다. 회사의 사활이 걸린 이 프로젝트의 성공을 위해 그들이 택한 사람은 아돌프 부테난트Adolf F. J. Butenandt였다.

부테난트가 이 실험에 있어 최고 전문가였던 데는 몇 가지 이유가 있다. 콜레스테롤과 비타민D의 관계를 연구해 노벨상까지 받은 아돌프 윈다우스Adolf Windaus의 실험실에서 공부했으니 잘 훈

스테로이드 인류

련받았을 것이 분명했다. 실제로 충분히 훌륭한 제자였고 이제는 독립한 연구자였다. 또한 부테난트 역시 독일인이었으며 1929년 여성 호르몬인 에스트론을 분리해 관련 연구의 최고 전문가로 인정받고 있었다. 심지어 젊었다. 28세. 이만한 인재가 또 어디 있겠는가.

셰링 사에서 샘플을 건네받은 부테난트는 부지런히 분리 작업을 진행해 같은 해인 1931년 안드로스테론androsterone이라는 남성 호르몬을 분리하는 데 성공했다. 인류 역사상 최초로 분리한 남성 호르몬이었다. 그런데 이 물질은 예상한 것만큼의 효과가 나지 않았다. 어쩌면 이 물질 외에 다른 물질이 남성 호르몬으로서 더 강력한 효과를 보이는 것이 아닐까? 부테난트는 다시 샘플을 확보해야 했고 지루한 정제와 분석을 진행했다.

그가 테스토스테론을 분리하고 구조를 발표한 것은 1935년 8월 24일이었다. 라케르가 최초로 테스토스테론을 발표한 시기보다 3개월 정도 늦은 시점이다. 추출에 더해, 화학적으로 합성하는 방법도 보여주었지만 그래도 최초 발견이라는 영예는 놓쳤다. 부테난트는 테스토스테론이라는 이름을 그다지 좋아하지 않았다고 알려졌다. 하지만 작명은 최초 발견자의 권한이다.

부테난트가 아깝게 2등이 되고 나서 일주일 후 3등도 결승선에 도달했다. 동메달의 주인공은 스위스의 화학자 레오폴트 루지치카Leopold Ružika. 콜레스테롤을 추출하는 과정에서 나오는 유사체를 이용해 테스토스테론을 화학적으로 합성했다. 그 또한 결승선을 향해 전혀 다른 경로로 달려왔던 것이다.

2등과 3등이라고 해서 안타까워할 필요는 없다. 2등인 부테난트와 3등인 루지치카는 1939년 노벨화학상 수상자로 선정됐다. 다만 여러 가지 이유로 두 사람 모두 그해에 수상하진 못했다. 부테난트는 히틀러가 독일인의 노벨상 수상을 금지하는 정책에 화답했다. 가문의 영광을 억울하게 놓치는 이 상황에서 그는 흔쾌히 수상 포기 서류에 서명한다. 대신 부테난트는 나치 정권 아래에서 승승장구하며 연구를 이어갔다.

루지치카는 스위스인이라서 히틀러의 명령을 들을 필요는 없었다. 하지만 전쟁 통에 스웨덴까지 갈 방법이 없었고 결국 그해 말 열리는 시상식에 불참해야만 했다. 메달과 상장은 스위스 주재 스웨덴 대사를 통해 전달받았다. 결국 1945년 12월, 제2차 세계대전이 끝나고 나서야 뒤늦은 노벨상 수상 강연을 남겼다. 여러모로 말이 많은 1939년 노벨화학상이었다.

1등인 라케르가 노벨상을 받지 못한 이유는 밝혀져 있지 않다. 다만 여러모로 짐작해 볼 수 있는 것은 1939년 노벨상이 '남성 호르몬 연구'와 같은 주제로 주어진 게 아니었다는 점이다. 부테난트는 성호르몬에 대한 연구를 인정받았는데 여기에는 그가 그 전에 발견한 에스트로겐도 포함된다. 루지치카는 스테로이드 관련 화합물의 골격 합성법에 대한 연구로 노벨상을 받았다. 그러므로 라케르가 빠진 것에 대해 표면적으로 항의할 명분은 없다.

당시 테스토스테론이 미치는 사회적 영향을 생각하면 노벨상을 수여할 법도 했다. 하지만 그렇게 되지 않았고, 거기에 대해서는 명확한 설명이 남아 있지 않다. 더군다나 노벨상은 세 명까지 공동 수상이 가능하다. 물론 세 명을 꽉 채워서 다 주는 것은 거대한 분야에 공동 연구가 성행하는 지금 시대에나 흔한 일이긴 하다. 당시에는 한 명 내지 두 명에게만 주는 경우가 많았던 것도 사실이다. 그래도 당시 멀쩡히 살아 있었고 테스토스테론에 이름까지 붙인 사람을 배제한 것에 대해서는 지금도 많은 논란이 있다.

브라운-세카르가 회춘을 선언했을 때 이렇게까지 많은 후대 학자들이 관련 연구를 하고 사람들이 열광하게 될 줄 알았을까? 고환 추출물에 대한 관심이 고환으로, 더 나아가 순수한 물질로 옮겨 가는 과정은 과학의 흐름뿐만 아니라 시대적 유행까지도 반영하고 있다. 그리고 이제 브라운-세카르가 열어젖혔던 '19세기 불로초'의 시대는 '20세기 불로초'로의 변신을 준비하고 있었다. 바야흐로 '테스토스테론'의 시대가 열렸다.

그림의 떡

✳

남성 호르몬이란 주로 남성의 성기에서 만들어진 후 세포 내 신호 전달을 통해 남성화 현상을 일으키는 호르몬을 통칭하는 말이다. 앞서 언급한 안드로스테론이나 테스토스테론 등이 여기에 속하며, 관련된 물질을 통틀어 안드로겐으로 부르기도 한다. 대표적인 물질은 테스토스테론이다. 남성 호르몬 중에서 가장 많이 만들어지는 물질이기 때문이다. 전체 남성 호르몬의 90퍼센트 이상이 테스토스테론이다.

많은 학자들과 회사들이 테스토스테론으로 돈을 벌려고 노력한 것은 당연한 일이다. 유사 이래 베일에 가려져 있던 불로의 비밀이 풀린 마당이었다. 사람들은 이 묘약을 '젊음의 약'뿐만 아니라 다양한 용도로 활용하고 싶었다. 발기부전 같은 증상은 직접적인 대상이 됐다. 앞서 잠깐 언급한 것처럼 성욕을 키우기 위해 최음제로 사용하려는 사람들도 있었다. 노화로 인한 각종 질병에도 테스토스테론을 이용할 수 있을 것으로 기대했다. 시장은 신제품을 반길 준비를 마쳤다.

공급도 마찬가지였다. 처음 이 물질을 확보했을 때는 '1억분의 1' 정도로 생산성이 낮았다. 하지만 많은 경쟁을 거쳐 다양한 합성법이 연구됐다. 그 덕분에 소의 고환이나 경찰관의 소변 같은 비효율적인 방식 외에 콜레스테롤 유사체로부터 합성하는 그럭저럭 쓸 만한 생산법을 고안해 놓았다. 이처럼 시장에서는 수요와 공급이 어느 정도 형성되고 있었다. 이럴 때 새로운 바람이 부는 법이다.

하지만 놀랍게도 '테스토스테론의 시대'는 오지 않았다. 당시 제2차 세계대전이라는 거대한 이슈가 있긴 했지만 직접적인 이유는 아니었다. 사실 전쟁 상황에서는 여러 가지 이유로 테스토스테론이 필요하기 마련이다. 하지만 제2차 세계대전에 직접적으

스테로이드 인류

로 관여한 약은 순간적으로 전투력과 집중력을 높여주는 마약류 각성제, 부상병의 감염을 막아주는 항생제, 열대 우림의 말라리아로부터 군인을 지켜주는 말라리아 치료제 등이었다. 그렇다면 1935년, 즉 전쟁이 일어나기 직전에 혜성같이 등장한 테스토스테론은 도대체 왜 전쟁에 끼지 못했을 뿐 아니라 일반인들에게도 외면받았던 걸까?

테스토스테론은 약으로 쓰기에 치명적인 단점이 있었다. 바로 흡수absorption와 대사metabolism, 배설excretion, 독성toxicity이라고 하는 기본적인 요건이 한참 부족했기 때문이다. 우선 사람들이 원했던 것은 알약 형태였는데 테스토스테론은 알약으로 복용했을 때 흡수율이 현저히 낮았다. 소장에서 흡수가 잘 안됐던 것이다. 흡수 문제를 해결하기 위해서는 주사제로 만들어 혈관에 직접 주입하면 된다. 하지만 젊어지기 위해 계속 복용해야 할 것이 자명한 이 약을 계속 혈관에 찔러서 혈관을 너덜너덜하게 만들 노인은 그렇게 많지 않았다.

우리는 흔히 약이 몸을 변화시킨다고 생각하지만 우리 몸도 가만히 있지 않고 약을 변화시킨다. 몸은 외부에서 들어온 물질을 밖으로 내보내기 위해 부지런히 화학 반응을 하는 정밀하고 거대한 공장이다. 이러한 작업은 대부분 간에서 일어난다. 대사라고 부르는 과정이다. 테스토스테론도 마찬가지다. 소량이나마 흡수되어 들어온 테스토스테론은 간이라는 출입국 관리소를 쉽게 통과하지 못한다. 즉 간이 테스토스테론을 좀 더 물에 잘 녹는 물질로 바꿔서 바로바로 몸 밖으로 배설해 버리는 것이다. 젊음을 위한 명약이 있으면 뭐 하겠는가. 우리 세포로 '1'도 가지 않는 것을. 그림의 떡이다.

물론 학자들은 여기서 포기하지 않았다. 테스토스테론의 간 대사를 억제하기 위해, 즉 있는 그대로 작동하는 약물을 개발하기 위해 여러 가지 다양한 테스토스테론 유사체를 개발했다. 테스토스테론의 세 번째 발견자인 루지치카는 자신의 논문에서 테스토스테론 유사체를 합성하는 과정도 보고했다. 이러한 물질은 테스토스테론이 한계를 보일 때 곧바로 다음 타자로 등장하곤 한다. 하지만 당시 사용했던 테스토스테론 유사체 역시 간독성이 여전했기 때문에 사용하는 데 한계가 있었다.

물론 이런다고 포기할 사람들이 아니었다. 어떻게 찾은 물질인데 이대로 포기하겠는가. 우선 테스토스테론 유사체를 더 다양하게 만들려고 했다. 그리고 테스토스테론보다 더 강력한 남성 호르몬은 없는지 다시 소변과 고환을 뒤졌다. 결국 그들은 테스토스테론 외에도 다양한 남성 호르몬을 찾아냈다. 테스토스테론이 남성 호르몬의 90퍼센트를 차지하긴 하지만 다른 물질 중에 더 강력한 남성 호르몬이 있을지도 몰랐다.

실제로 테스토스테론의 5퍼센트 정도는 더 강력한 남성 호르몬으로 바뀐다. '디하이드로테스토스테론dihydrotestosterone'이라는 긴 이름의 물질인데 줄여서 'DHT'라고 불렀다. 사람들은 DHT도 분리했고 또 합성했다. 그리고 상업적으로 이용하려 했다. 하지만

스테로이드 인류

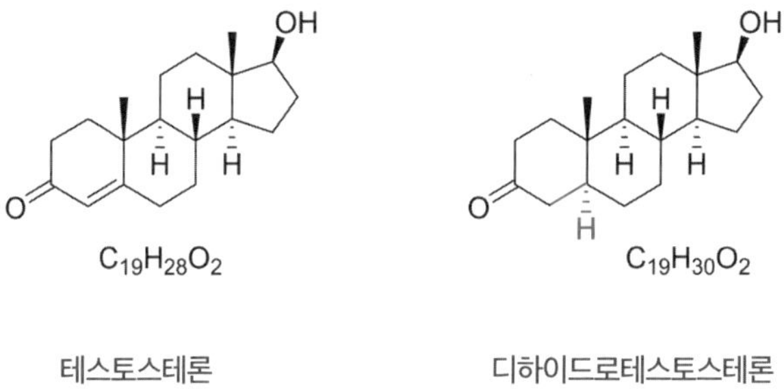

그림4 테스토스테론과 디하이드로테스토스테론의 구조. 비슷하지만 살짝 다르다.

활성이 좋다고 다 약으로 성공하지는 않는다. 앞서 테스토스테론의 경우와 유사한 한계로 인해 젊음의 영약이 되지는 못했다.

그 와중에 긍정적인 결과도 나왔다. 남성 호르몬의 근육 생성 효과가 입증된 것이다. 1930년대 이후 테스토스테론 등의 남성 호르몬을 순수하게 생산하면서 비로소 짐작만 하던 근육과 남성 호르몬의 관계를 보다 체계적으로 밝혀낼 수 있었다. 어려지는 것과 근육이 자라는 것은 다른 효과다. 청소년이라고 근육이 많은 것은 아니지 않은가. 단백질을 만들고 결과적으로 근육이 자라나는 이 효과를 단백동화 효과anabolic effect라고 부른다. 대부분의 안드로겐은 단백동화 효과도 보여주었다. 사람들은 어느덧 단백동화 안드로겐 스테로이드anabolic androgenic steroid, AAS라는 표현을 쓰기 시작했다.

사라진 근육을 되돌리는 효과는 테스토스테론이 여전히 궁극의 묘약으로 쓰일 수 있다는 점을 시사하는 대목이다. 하지만 갈 길이 멀었다. 테스토스테론의 단백동화 효과는 초기 동물실험에서 입증한 결과였다. 즉 사람에게서 효과를 볼 단계는 아니었다. 당장 약물을 안전하게 투여할 방법이 없으니 어떻게 사용해야 할지도 막막한 문제였다. 스테로이드의 근육 생성 효과는 훗날 엄청난 파장을 가져오지만 당시에는 그다지 큰 영향을 주지 못했다.

손에 황금을 쥐었는데 정작 팔지 못한다면 얼마나 답답할까. 테스토스테론을 연구하는 사람들의 심정이 그랬을 것이다. 대박 기술을 만들었는데 상용화가 어렵다. 연구자들은 애절하게 답을 찾았다. 그런데 이처럼 애절한 움직임에 대못을 박는 사건이 일어났다. 1941년, 테스토스테론이 전립선암을 악화시킨다는 충격적인 연구 결과가 보고된 것이다.

불에 기름 붓기

✳

방광 아래에 있는 밤톨 크기의 조직인 전립선은 정액을 생산하고 보호한다. 정액의 30퍼센트를 생산해서 흘려주며 정자가 여성의 몸 안에 들어갔을 때 제대로 활동할 수 있도록 산성도를 조절하는 중요한 임무를 띠고 있다. 전립선액은 살균 효과가 있어 요도를 보호하기도 한다. 여러모로 성생활에 중요한 역할을 하는 전립선은 평생 자라는 것으로도 유명한 장기다. 20대 이후로 성장 속도가 느려지긴 하지만 30대 이후에도 1년에 평균 0.4그램씩 꾸준히 커진다. 밤톨 정도의 크기는 60대쯤이면 어느덧 단감 정도의 크기로 자라난다. 사과 크기로 묘사하는 사람들도 있다. 그런데 이 정도 크기라면 문제가 생긴다. 요도가 물리적으로 짓눌리는 것이다. 그래서 소변을 제대로 누지 못한다. 소변 줄기가 약해지고 잔뇨감이 느껴지며, 밤중에도 서너 번씩 화장실을 가야 한다. 심할 경우 요폐색이 와서 자연스럽게 소변을 누는 것이 불가능해진다. 여러모로 대책이 필요한 질환이다. 이 증상이 심해지면 전립선비대증prostatic hypertrophy(전립선증식증)으로 진단한다.

전립선비대증은 대표적인 노인성 질병이다. 60대 남자의 50퍼센트 이상에서 발병하며 80대가 넘으면 수치가 더 올라간다. 100퍼센트 발병한다고 말하는 의사들도 있다. 발병한다고 해서 다 같은 정도로 힘든 것은 아니지만 정도의 차이만 있을 뿐 할아버지라면 대부분 비슷한 증상을 겪는다. 최근에는 이 '할아버지 질환'이 '아버지 질환'으로 내려왔다. 결혼 나이가 늦어진 이유도 있지만, 식습관이 서구화되면서 이 질환이 나타나는 시기가 조금씩 빨라졌기 때문이기도 하다.

전립선암은 전립선비대증과 다른 질병이다. 흔히들 전립선비대증이 암으로 악화된다고 착각하는데 실제로 큰 상관관계는 없다. 덩치 큰 사람이 암에 잘 걸리는 것은 아니지 않은가. 전립선암의 발병 원인에 대해서는 대부분의 암이 그렇듯이 명확하게 밝혀져 있지 않다.

1 21세기 블루오션

053

전립선암은 조기에 진단할 경우 치료하기가 비교적 쉬운 편이다. 하지만 조기 진단 자체가 어렵다. 특히 전립선암의 초기 증상은 전립선비대증의 초기 증상과 거의 일치해서 노화에 따른 불편함 정도로 치부하다가 어려운 상황에 맞닥뜨리곤 한다. 진단 시기를 놓치면 인근 조직인 방광이나 뼈로 전이해 손쓸 수 없는 상황을 맞기도 한다. 우리나라 남성에서 발생하는 암 중 네 번째로 빈발하는 무서운 질병이다. 1940년대 서구에서도 위험한 것은 마찬가지였다.

바로 이 전립선암이 남성 호르몬과 연관되어 있다는 실험 결과가 나온 것이다. 인류를 구원으로 이끌 히어로인 줄 알았는데 알고 보니 악당이었으니 세상이 발칵 뒤집어진 것도 이해는 된다. 이 정체를 밝혀낸 사람은 찰스 허긴스Charles B. Huggins라는 시카고의 비뇨기과 의사였다.

허긴스는 1941년 시카고 대학교에서 전립선암을 연구하고 있었다. 그가 택한 방법은 개의 전립선암을 연구하는 전략이었다. 당시 실험동물 중에서 전립선암을 겪는 동물은 개가 거의 유일했다. 개는 전립선암이 있는지를 판별하기도 쉬웠다. 눈에서 백내장 증상을 보이거나 치아가 심하게 흔들리는 경우에는 대부분 전립선암을 앓고 있었다. 백내장이나 치아 손상, 전립선암이 모두 노화에 따른 현상임을 감안하면 충분히 설득력 있는 진단 방법이다. 허긴스는 이처럼 육안으로 판별할 수 있는 전립선암 모델을 확보하고 치료 방법을 연구했다. 예나 지금이나 변하지 않는 것이 있다. 비빌 언덕이 많으면 결과도 잘 나온다는 것이다. 남들보다 수월하게 확보할 수 있는 전립선암 동물 모델을 가지고서 그는 연구에 매진했다. 언젠가는 사람의 전립선암도 치료하겠다는 원대한 꿈을 안고서 말이다.

허긴스는 개의 고환을 거세했을 때 전립선의 크기가 쪼그라드는 것을 확인했다. 전립선비대증 치료에 도움이 되는 정보다. 그렇다면 전립선암은 어떨까? 혹시 암 조직도 줄어들지 않을까? 이 가설을 확인하고자 거세했을 때 그가 예상했던 대로 전립선암 조직이 줄어드는 것을 알 수 있었다. 허긴스는 비뇨기과 의사로서 이 실험을 사람에게도 진행했다. 수술한 여덟 명의 전립선암 환자는 고환 절제 후 전립선암 조직이 대폭 줄어들었다. 고환에서 나오는 무언가가 전립선을 키우고 심할 경우 암을 악화시키는 것은 분명한 사실이었다. 그 무언가가 무엇일까?

허긴스는 거세한 여덟 명 중 세 명에게 추가로 테스토스테론을 넣어주었다. 이미 수년 전부터 세상을 떠들썩하게 했던 테스토스테론이었으니 확보하는 것도 그다지 어렵지는 않았다. 그랬더니 이 세 명 모두에게서 전립선암 조직이 다시 자라기 시작했다. 합성 여성 호르몬을 투여했을 때에는 일어나지 않았던 결과다. 전립선암은 테스토스테론 같은 남성 호르몬의 도움을 받아 증식하는 것이 분명했다. 그는 이러한 현상을 '불에 기름 붓기pour gasoline on the fire'라고 표현했다.

이 실험은 두 가지 면에서 큰 충격을 주었다. 첫 번째는 암에 대

그림5 1966년 노벨상 시상식장에서의 찰스 허긴스. 왼쪽은 스웨덴의 크리스티나 공주다.

한 실마리가 잡힌 것이었다. 당시에도 물론 암은 사회적으로 큰 문제였다. 하지만 수술이나 방사선 치료 외에는 아무런 해결책이 없었다. 또한 당시에는 암이 근본적으로 유사한 원인으로 생긴다고 추측하고 있었다. 즉 암이 생기는 조직에 따라 폐암, 간암, 신장암, 난소암, 전립선암, 피부암 등으로 나뉠 뿐 근본은 비슷하다고 여겼다. 하나의 암을 치료하는 방법이 나온다면 모든 암을 치료할 수 있을 것이라 순진하게 생각하던 시절이었다. 초기에 학자들이 백혈병을 주로 연구했던 이유도 여기에 있다. 백혈병은 피를 통해 증상을 바로 확인할 수 있다. 연구하기 쉬운 암부터 정복하면 다음 단계도 수월할 줄 알았던 것이다. 반면 허긴스는 남들이 많이 연구하던 백혈병 대신 개의 전립선 모델을 이용해서 암이 호르몬과 관련되어 있다는 증거를 보였다. 1966년 노벨상 위원회가 허긴스를 노벨생리의학상 수상자로 지명한 것은 이런 측면에서 충분히 수긍할 수 있다.

첫 번째가 학술적인 충격이라면, 두 번째는 사회적인 충격이었다. 테스토스테론이라면 회춘의 약 아닌가? 그런데 그 약이 암을 악화시킨다는 점이 입증됐다. 수십 년간 학자들이 고생해 가며 얻은 불로의 약이 사실은 수명을 단축하는 물질이었다. 진시황도 수은을 불로초로 여기며 복용했다고 한다. 그리고 죽었다. 2,000년이 지난 지금 학자들이 찾아낸 불로의 약 테스토스테론도 정작 위험한 건 매한가지였다. 배신이었다.

당장 테스토스테론 같은 남성 호르몬이 전립선암을 어떻게 악화시키는지에 대해 아무것도 모른다는 점도 아쉬운 대목이었다. 전립선암에만 국한되지 않는, 전립선비대증에도 해당하는 질문이었다. 나이가 들면 남성 호르몬이 줄어드는 것은 당연한 이치다. 이를 만회하기 위해 남성 호르몬을 넣어줘 회춘시키면 당연히 전립선비대증도 해결되어야만 했다. 그런데 정반대의 결과가 나온 것이다. 배신감을 넘어 당혹감에 빠져들 수밖에 없는 결과였다. 숱한 시행착오 끝에 찾아낸 물질, 그 한계를 극복하기 위한 학자들의 노력이 무색하게 이 물질은 태생적으로 위험한 독이었다. 사람들이 실망하고 포기하는 것도 당연한 일이었다.

그럼에도 불구하고 여전히 포기하지 않고 이 물질에 집착하는 사람들이 있었다. 중요한 것은 꺾이지 않는 마음이라고 했던가. 하지만 가끔은 사람들의 열정이 부담스러울 때도 있다. 그리고 역설적으로 이 '중꺾마'가 투영된 곳은 한없이 공정한 경쟁을 펼쳐야 하는 분야, 엘리트 스포츠였다.

이제는 근육이다

✳

1945년 4월 30일, 미국에서 많은 학자들이 스테로이드를 연구하던 그 시각 베를린의 지하 벙커에서 총성이 울렸다. 히틀러가 패배를 인정하며 권총으로 자살한 것이었다. 유럽의 전쟁은 사실상 끝이 났다. 이제 자본주의와 공산주의의 이념 대결이 시작됐다. 히틀러의 총성은 그 시작을 알리는 신호탄이었다.

아시아의 전쟁도 사실상 끝이 났다. 전쟁 초기 기세를 올리던 일본군은 1942년 미드웨이 해전에 이어 과달카날 전투로 재기 불능의 치명상을 입었다. 아시아의 전쟁은 이때 끝났다고 봐도 과언이 아니다. 이후 결사 항전을 외치며 정말로 죽을 때까지 버티던 일본 제국은 도쿄 대공습과 원자 폭탄으로 백기를 들었다. 이제 아시아에서도 자본주의와 공산주의의 대결이 시작됐다. 원자 폭탄은 그 시작을 알리는 좀 더 거창한 신호탄이었다.

냉전 체제 속에서 자국의 우월성을 알리기 위해 두 진영이 선택한 방법은 스포츠였다. 사실 스포츠는 전쟁을 경기로 바꾼 것이다. 가령 레슬링, 사격, 펜싱, 육상, 수영, 역도 등은 1896년 제1회 아테네 올림픽부터 정식으로 채택됐는데 대부분 전쟁과 관련된 종목이다. 이후에 조금씩 바뀌긴 했지만 근본은 싸움이다. 자본주의와 공산주의 진영은 스포츠의 우위를 통해 자국 체제의 우수성을 알리고 싶었다.

더군다나 소련은 제2차 세계대전 당시 베를린으로 제일 먼저

진격해 들어갔던 나라다. 독일의 우수한 과학력을 입수하는 데도 성공했다. 여기에는 독일의 호르몬 관련 연구도 포함된다. 예를 들어 독일이 자랑하던 호르몬 연구의 최고 권위자인 부테난트는 앞서 언급했듯 나치 정권하에서 승승장구하며 과학 분야 연구를 주도했다. 이러한 기술력은 이후 그대로 소련으로 넘어갔다.

스테로이드가 전립선암과 관련해 위험한 물질이긴 했지만 여러모로 용도가 있었다. 특히 근육을 생성하는 데 탁월한 효과를 보였고 이는 검증을 마친 상태였다. 근육 생성, 다른 말로 단백동화라고도 부르는 이 장점은 스테로이드 개발 초기에는 크게 부각되지 않았지만 시간이 지나면서 갈수록 부각된다.

나치가 테스토스테론을 이용해 '슈퍼솔저'를 만들려는 시도를 하지는 않았을까? 히틀러와 부테난트의 조합이라면 상상해 볼 수 있다. 하지만 실제 이런 방식의 접근을 했다는 자료나 근거는 전혀 없다. 수많은 군인들에게 지급할 수 있는 테스토스테론 또는 그 유도체를 확보하기에는 생산량이 부족했을 것이다. 그런데 냉전을 맞이한 시점에서 엘리트 체육인들에게 투여하는 것은 어떨까? 100만 명의 군인에게 줄 양은 없겠지만 올림픽에 참가할 운동선수에게 줄 정도의 양은 그다지 어렵지 않게 확보할 수 있을 것이다.

1954년 10월 오스트리아 빈에서 열린 세계 역도 선수권 대회는 상징적인 사건이 됐다. 1950년 파리 대회까지만 해도 소련은 역도에서 미국보다 뒤처져 있었다. 미국이 여섯 체급에 걸린 금메달 중 세 개의 금메달을 포함해 네 개의 메달을 따는 사이 소련은 은메달 네 개로 만족해야 했다. 훌륭한 성적이긴 하지만 미국과는 차이가 있었다. 그런데 불과 4년 만에 결과가 바뀌었다. 일곱 체급에 걸린 금메달 중 미국이 세 개의 금메달로 제자리를 지킨 사이 소련이 나머지 네 체급에서 모두 금메달을 딴 것이다. 심지어 소련은 나머지 세 체급에서도 은메달을 땄다. 최고 수준에서 한 단계 도약하는 것은 극도로 어려운 법이다. 어떻게 이런 일이 가능했을까? 어떻게 이토록 빠른 시간에 괄목상대하게 만들었을까?

이 대회에 참가한 소련 선수들에게는 특징이 있었다. 신기할 정도로 몸에 털이 많이 나 있었고, 덩치도 같은 체급에 비해 컸다. 한 20대의 소련 선수가 소변을 누기 위해 소변줄을 사용하는 모습도 이상한 광경이었다. 그리고 무엇보다 힘이 셌다. 비결은 당연히 스테로이드였다.

이후 미국도 약물로 무장하고 소련과 경쟁한 것은 주지의 사실이다. 그리고 1960년대 미소 양국이 불러일으킨 스테로이드 사용은 전 세계로 퍼져나갔다. 이런 형태의 약물을 경기력 향상 약물Performance-Enhancing Drugs, PEDs이라고 부른다. 꼭 스테로이드에만 해당하는 말은 아니다. 스테로이드 외에도 각성제나 이뇨제, 적혈구 생성인자Erythropoietin, EPO 같은 다양한 계열의 약물을 사용하곤 한다. 그래도 경기력 향상 약물의 대명사는 뭐니 뭐니 해도 스테로이드다.

스테로이드는 왜 규제해야 할까? 다 함께 금지 약물을 공평하

그림6　서울 올림픽 100미터 결승에서 세계 신기록을 세운 벤 존슨에게서 스테로이드가 검출되어 금메달이 박탈됐다. 이때 검출된 스테로이드는 스타노졸롤Stanozolol이란 물질인데, 이 물질은 2023년 7월 노인들의 한 관절 건강 보조제에서도 검출되었다. 당연히 불법이고 해당 제품은 판매 중단되었다.

게 복용하고 경쟁하면 안 될까? 그렇게 하면 테크놀로지가 승부를 좌우할 것이다. 수영 선수가 진화한 전신 수영복을 입고서 경기력을 향상하려고 했던 한동안의 움직임과 일맥상통한다. 그런데 수영뿐만 아니라 사이클 등 각종 장비를 사용하는 종목에서는 장비의 도움이 심심찮게 문제가 되곤 한다. 각자의 기량을 다투는 운동에서는 가능한 한 외적인 요소를 최대한 줄여야 하지 않을까 싶다. 여러모로 최고를 뽑는 올림픽에 어울리는 행위는 아니기 때문이다.

　부작용도 고려해야 한다. 굳이 본인이 위험을 감수하면서 약을 먹었으니 자업자득이라고 넘길 수 있을지도 모른다. 하지만 엘리트 선수의 행동은 곧바로 일반인에게 퍼지는 법이다. 그것이 옷이든 기술이든 정신이든 간에 스타의 행동은 팬들이 보고 동경한다. 스포츠계 내부만의 일은 아니다. 그러므로 운동선수의 약물 복용은 철저하게 규제되어야 한다.

그런데 어떤 부작용이 있을까?

터미네이터 키드의 최후

✳

아널드 슈워제네거Arnold Schwarzenegger는 1970년대를 풍미했던 보디빌더다. 세계 최고의 보디빌더를 뽑는 대회인 미스터 올림피아에서 일곱 번이나 우승한 것은 그가 그저 그런 선수가 아니었음을 말해준다. 이후 영화배우로 전향해 터미네이터로 활약하기도 하고 정치인으로 변신해 캘리포니아 주지사가 되기도 했다. 하지만 슈워제네거의 근본은 보디빌더에 있다. 많은 보디빌더의 롤모델로 떠오른 것은 당연한 귀결이다.

슈워제네거보다 열다섯 살 어린 안드레아스 뮌저Andreas Munzer도 그중 한 명이다. 슈워제네거와 같은 오스트리아 태생으로서 슈워제네거 키드로 자란 뮌저는 가능하면 롤모델인 슈워제네거를 따라 하려고 했다. 그를 따라 식단을 짰고, 그를 따라 운동했으며, 그를 따라 포즈를 취했다. 그리고 그를 따라 스테로이드를 복용했다. 2005년 2월 슈워제네거는 자신이 운동선수 시절 약물을 복용했다고 인정했다. 1970년대 당시는 이런 약물에 대한 규제가 없어서 모두 알음알음으로 사용하던 시절이었다. 지금의 잣대

스테로이드 인류

로 당시를 평가하기란 지극히 어렵다. 그럼에도 슈워제네거 키드들에게 약물의 힘을 간접적으로 알려준 것은 부인할 수는 없는 일이다.

뮌저는 자신의 근육을 극도로 끌어올리고 싶었다. 보디빌더들의 성수기 체지방률은 4퍼센트 내외에 그친다. 뮌저는 그 이하로 내리고 싶었다. 마지막 단계에서 내리는 것은 더 어렵다. 결국 끊임없이 식단을 조절했고 또 약물을 복용했다. 동료 보디빌더들 사이에서도 그의 약물 복용이 과하다는 수근거림이 있었다. 하지만 괜찮았다. 뮌저의 근육은 점점 더 커졌고 체지방은 점점 더 줄었다. 피부가 종잇장같이 얇아진 것이 신경 쓰이긴 했지만 결과적으로 그 밑으로 꿈틀거리는 혈관은 더 굵어 보였다. 이제 전성기를 넘긴 31세의 프로 보디빌더는 광적으로 근육에 집착했다.

불편한 것은 속 쓰림이었다. 아무리 위장약을 먹어도 해결되지 않는 속 쓰림이 수개월째 괴롭혔다. 별일이야 있으랴 했지만 속 쓰림은 커져만 갔다. 마침 대회를 7위로 마치고 다음 대회까지 시간이 있었다. 병원을 방문하자 의사는 수술을 결정했다. 다음 날 열어본 그의 뱃속은 생각보다 상태가 심각했다. 위 출혈로 인한 속 쓰림만이 문제가 아니었다. 간과 신장이 손상되어 이미 손을 쓸 수 없는 상태였다. 뮌저는 병원에 들른 지 3일 만인 1996년 3월 14일 사망했다. 사인은 다발성 장기 손상이었다.

건강미의 대명사였던 31세 보디빌더의 돌연사는 독일 방송을 장식했고, 일주일 후 사인에 대한 보다 정밀한 조사가 이어졌다.

부검 결과 위 출혈, 간 손상, 신장 손상 등 몇 가지 추가적인 이상이 드러났다. 우선 간에서 탁구공 크기의 암 덩어리가 나왔다. 심장도 문제였다. 정상인의 심장 무게는 대략 300그램이다. 사후 측정한 뮌저의 심장은 636그램이었다. 그리고 혈액에서 20여 종의 약물도 검출됐다. 주로 단백동화 스테로이드와 같은 경기력 향상 약물이었다.

그림7 안드레아스 뮌저의 생전 사진.

뮌저의 사후 증상만으로 몸속에서 무슨 일이 일어났는지 추측하긴 어렵다. 하지만 단백동화 스테로이드 과다 복용이 사망의 주요 요인으로 작용했던 만큼, 대표적인 부작용과 함께 사태를 어느 정도 짐작해 볼 수는 있다. 첫 번째는 과도하게 낮은 체지방률이다. 한 일간지의 보도에 따르면 사망 당시 그의 체지방률은 1퍼센트 이하를 기록했다고 한다. 믿기 어려운 수치다. 이런 일이 가능하긴 한 걸까? 설령 가능하다고 해도 바람직한 걸까?

단백동화 스테로이드는 근육을 만들지만 동시에 지방을 태운다. 이 정도 운동하는 사람이면 식사도 고단백 식사다. 지방이 자리 잡을 수가 없다. 그런데 사람의 세포는 지방으로 둘러싸여 있고 최소한의 지방이 있어야만 생존이 가능하다. 괜히 3대 영양소가 아니다. 피부가 얇아진 것, 위벽이 얇아지고 출혈이 나타난 것은 체지방 감소 및 세포 기능 약화와 관련되지 않았을까 짐작해 본다.

간독성은 단백동화 스테로이드가 연구되던 초기부터 지적된 문제다. 간은 우리 몸에 들어온 외부 물질을 다른 물질로 전환하는 장기다. 하지만 이 과정에서 문제가 생기기도 한다. 대사 과정을 통해 더 위험한 물질로 바뀌어 간세포가 손상을 입는다거나, 대사 되지 않는 물질을 대사 하려는 과정에서 간에 무리가 가는 형태다. 이런 위험성 있는 물질을 다량으로 복용했다는 점을 감안하면 암이 생기는 것도 납득할 만하다.

경기력 향상 약물을 복용하는 사람은 이뇨제도 함께 복용하곤 한다. 몸속 수분량을 줄이는 것이 주된 목적이지만 최근에는 복용한 약물 증거를 빨리 없애려는 목적으로도 사용한다. 어쨌든 신장에 부담을 주는 것은 동일하다. 더군다나 묀저는 쉽게 배설되지 않는 약물을 20종 가까이 복용한 터였다. 신장이 정상일 수가 없다.

심장은 근육의 관점에서 이해해야 한다. 간단히 말하면 심장근도 두꺼워진 것이다. 두꺼우면 혈액을 강하게 펌프질 하지 않을까? 그럴 수는 있지만 중요한 점은 근육이 두꺼워지면서 심장 내의 공간이 줄어든다는 것이다. 힘은 강해지는데 내부 용적이 줄어든다면 마치 수돗물 호스의 끝을 누르는 것처럼 혈압이 위태로울 정도로 높아진다.

스테로이드 복용은 심장에 한 가지 부담을 더 준다. 전해질 불균형이 심해지며 칼륨 이온K^+의 농도를 높인다. 칼륨 이온은 세포의 전기적 자극을 유지하는 데 중요한 요소다. 농도가 비정상적으로 높아지면 전기적 측면에서 심장근을 강하게 소이게 된다. 결국 스테로이드는 심장 근육과 이온 모두에 심각한 상황을 초래할 수 있고 이로 인해 사망하는 경우가 굉장히 많다. 어쨌든 뮌저는 그 전에 죽었다.

슈워제네거를 닮고 싶었던 청년의 꿈은 결국 이렇게 허무하게 끝이 났다. 그의 장례식에 당시 할리우드에서 주가를 올리고 있던 슈워제네거가 애도의 편지를 보낸 것이 그나마 유족들을 위로할 뿐이었다. 그래도 뮌저의 죽음은 반면교사로 작용해 많은 스테로이드 사용자들에게 경종을 울리는 계기가 됐다. 체내 장기의 동시다발적인 파열은 외적인 아름다움의 대가임을 명확하게 보여 준다.

그런데 아직 언급하지 않은 뮌저의 부검 결과가 하나 더 있다. 극도로 쪼그라들어 버린 그의 고환이다.

약발의 청구서

※

단백동화 스테로이드를 사용하는데 왜 고환이 쪼그라들까? 성기능 감소를 의미하는데 어떻게 된 것일까? 단백동화 스테로이드도 결국에는 성호르몬 기능을 한다고 했다. 그럼에도 불구하고 오래 복용할 경우에는 성기능이 퇴화하는 것으로 알려져 있다. 심할 경우 불임이 된다. 남성미의 상징으로 근육을 키우지만 정작 성기능이 사라져 버리는 이 역설은 많은 약물 복용 운동선수들을 고민하게 만드는 부작용이다.

테스토스테론을 가정해 보자. 우리 몸에서 하루에 약 6밀리그램씩 만들면서 동시에 테스토스테론을 한 번에 100밀리그램씩 주사로 투여한다고 하면, 우리 몸의 테스토스테론 농도가 지나치게 높아진다. 처음 며칠간은 성기능이 활발해질 것이다. 테스토스테론은 성욕을 높이는 효과도 있다. 용도에 맞게 쓸 경우 발기도 지속시킬 수 있다. 용도에 맞게 쓸 경우에는 말이다.

하지만 테스토스테론을 계속해서 복용하면 뇌에서 상황을 인지하고 개입한다. 우리 몸은 변화를 감지하고 변화에 저항하는 경향이 있다. 호르몬이라고 예외는 아니다. 호르몬이 너무 많다고 판단되면 센서가 작동해 뇌에 신호를 보낸다. 그러면 뇌는 호르몬 생산량을 줄인다. 테스토스테론도 마찬가지다. 자기가 아무리 대단하다고 해도 뇌의 명령을 거스를 수는 없지 않겠는가.

문제는 테스토스테론의 체내 합성과 정자 생산이 연동되어 있다는 점이다. 뇌에서 테스토스테론 생산을 줄이라는 명령을 내리면서 자연스럽게 관련 생체 내 과정도 느려진다. 정자 생산도 이 과정 중의 하나다. 따라서 뇌에서 테스토스테론 생산을 중지하는 순간 정자 생산도 덩달아 멈춘다. 정자로서는 억울할 법하지만 어쩔 도리가 없다. 일종의 단체 기합이다. 외부에서 들어온 테스토스테론이 얄미울 뿐이다.

이런 부작용을 막기 위해 단백동화 스테로이드를 복용하면서 추가로 다른 호르몬을 주입하곤 한다. '생식샘자극호르몬gonadotropin'이라는 호르몬이다. 뇌에서 정자 생산과 남성 호르몬 합성을 명령하는 호르몬이다. 근육은 만들어야겠고 정자 고갈도 막아야 하니 이때 사용하는 땜질 처방인 셈이다. 시간이 지나면 생식샘자극호르몬의 방출도 멈춘다. 역시 뇌에서 이 생식샘자극호르몬이 너무 많음을 인지하는 것이다. 이때는 그 상위 단계의 호르몬인 '생식샘자극호르몬 분비호르몬Gonadotropin Releasing Hormone, GnRH'을 넣어주는 경우도 있다. 위로 위로 계속 올라간다. 참 딱하다.

호세 칸세코Jose Canseco라는 야구 선수가 있다. 메이저리그의 약물 파동을 수면 위로 끌어올린 장본인이다. 1980년대 후반에 전성기를 보내면서 홈런도 도루도 잘하는 선수로 명성을 떨쳤다. 하지만 정작 전 세계적인 유명세를 탄 것은 은퇴한 이후의 행적 때문이다. 칸세코는 2002년 은퇴할 즈음에 당시 야구계 스타 선수의 상당수가 경기력 향상 약물을 복용한다고 주장했다. 이들 중에는 메이저리그 중흥을 이끌었던 홈런 타자들이 포함됐기에 야구 팬들도 호기심을 가지게 됐다. 처음엔 그저 관심을 끌기 위한 언론 플레이로만 생각했던 팬들도 그가 지목한 선수들의 성적이 급격히 좋아지던 시점에 몸이 급격히 불어난 것을 떠올리며 의심을 품게 됐다.

이후 그의 주장은 사실로 드러났다. 2005년에 있었던 스타 선수들의 의회 청문회나 2007년의 「미첼 보고서Mitchell Report」 등 연이어 터진 사건들은 의심을 확신으로 만들었다. 참고로 미첼 보고서는 메이저리그의 약물 실태를 정리한 최종 보고서인데 놀랍게도 인터넷에서 특별한 회원 가입 없이 자유롭게 열람할 수 있다.

그런데 정작 이렇게 야구계를 들쑤셔 놓은 칸세코는 은퇴 후 야구와 별 상관 없는 삶을 살았다. 여러모로 고충이 많은 삶이다. 이혼과 위자료로 빈털터리가 되기도 했고, 돌발 행동들로 인한 밉상 이미지 탓에 출간했던 책 판매가 부진하기도 했다. 야구 지도자로도 잠시 활동했지만 그 역시 성공적이지는 못했다.

그러던 2008년 멕시코에서 미국으로 들어오던 칸세코가 국경에서 체포된다. 불법 약물 소지 때문이었다. 그가 소지하고 있던 약은 바로 생식샘자극호르몬. 정자 생산을 위해 마지못해 맞는 호르몬으로 앞서 소개한 바로 그 물질이다. 이 호르몬을 본인이 맞기 위해 가져왔는지, 팔기 위해 가져왔는지는 알려져 있지 않다. 하지만 근육 생성 목적으로 스테로이드를 복용한 사람들의 씁쓸한 말로를 보여주고 있다는 점은 확실하다.

단백동화 스테로이드를 맞고, 생식샘자극호르몬을 맞고, 다시 상위 호르몬을 맞으며 궁여지책으로 살면 어떻게 될까? 약물 복용 운동선수들이 모두 아이를 갖지 못했거나 고환이 퇴화한 것은 아니다. 하지만 약물 부작용은 확률적으로 일어나는 문제이기 때

1 | 21세기 불로초

문에 누군가에게는 반드시 닥칠 수밖에 없다. 자신이 인생의 주인공이기 때문에 절대 맞닥뜨리지 않을 거라 생각하지 않길 바란다.

스타의 약물 복용이 위험한 것은 팬들이 따라 하기 때문이다. 약물도 마찬가지다. 메이저리그뿐만 아니라 많은 종목의 운동선수들이 약물에 영혼을 팔고 승승장구하는 것을 보면서 단백동화 스테로이드는 일반인에게 넘어온다. 물론 일반인은 도핑 검사를 받지 않는다. 하지만 부작용은 똑같다. 단백동화 스테로이드를 복용해서 근육을 키우는 사람을 보통 '로이더roider'라고 부른다. 스타든 로이더든 부적절한 약물을 사용하는 것은 위험한 행동일 뿐이다. 약은 독이다.

뮌저의 죽음을 떠올리지 않더라도 로이더들이 겪는 어려움이 있다. 통칭 '지노gyno'라고 부르는 부작용이다. 단백동화 스테로이드가 많아지면 결과적으로 에스트로겐과 같은 여성 호르몬으로 전환된다. 그래서 남성에게 여성의 특징을 가져온다. 가장 대표적인 부작용이 여성처럼 유방이 나오는 것이다. 사실 남성의 유방은 이제 흔적 기관에 가깝지만 그래도 에스트로겐이 있다면 어느 정도 발달할 수 있다. 가슴이 작은 여성에게 에스트로겐 분비가 늘어나는 임신기에 가슴이 나오는 현상과 비슷하다. 남성의 유방이 비대해져서 여성처럼 발달하는 증상을 문자 그대로 여성형 유방 또는 여유증gynecomastia'이라고 부른다. 지노는 이 단어를 줄여서 부르는 속칭이다. 남성미를 추구하는 로이더들에게 정작 몸을 숨기게 만드는 현상이 나타나는 것은 여러모로 역설적이다.

그럼에도 불구하고 로이더들은 약을 포기하지 않는다. 단백동화 스테로이드라고 해도 다 같은 활성을 나타내는 것은 아니기에 여러 종류의 약을 함께 사용한다. '스택stack' 한다고 표현하는데 위험한 것은 매한가지다. 나름 부작용을 최소화하기 위해 다른 기전의 약을 병행하기도 한다. 가령 뒤에 설명할 에스트로겐 조절제를 일정 기간 복용하는 방식이다. 이런 행태를 '사이클링'이라고도 부른다. 위험한 것은 매한가지다. 사실 더 위험하다. 하나라도 삐끗하는 순간 연쇄적으로 위험하게 마련인데 보통 한 가지 이상 삐끗하기 때문이다. 한 달에 30~100만 원가량 드는 경제적인 부담은 덤이다. 그리고 당연히 불법이다. 2022년부터 법이 바뀌어 판매자는 물론 구매자도 처벌받는다. 약을 포기해야 할 이유들밖에 없다.

그래도 로이더들은 약을 포기하지 않는다. 이유는 단순하다. 일단 근육이 잘 생긴다. 그리고 약을 복용하고 효과가 나면서 운동을 더 열심히 하게 된다. 나름 긍정적인 면도 없지는 않다. 게임 레벨 오르면 게임 열심히 하는 것과 비슷하지 않을까. 즉각적인 보상에 따른 만족감은 다시 약물 복용으로 돌아오게 한다. 로이더들도 약이 위험하다는 것은 알고 있다. 그래서 많은 이들이 초기 효과를 본 뒤 어느 정도 궤도에 오르면 약을 그만둘 예정이라고 말하곤 한다. 하지만 약으로 만든 근육은 약이 없을 때는 사라져 버린다. 앞서 언급했듯이 단백동화 스테로이드를 복용하게 되면 우리 몸은 자연스럽게 관련 물질 생산을 중단한다. 약을 끊으면 몸이 다시 변화를 인지하고 자체적으로 생산해 낼 것 같지만 시간이 걸린다. 결국 약을 끊는 순간 근육은 약물 사용 이전보다 더 줄어들 수밖에 없다. 이렇게 신기루처럼 사라지는 근육을 보며 로이더들은 다시 약을 찾게 된다.

1950년대 학자들이 남성 호르몬의 단백동화 기능과 성기능을 구분하게 된 것은 순수하게 근육 강화 효과를 측정할 수 있는 방법이 나왔기 때문이다. 실험동물의 근육량을 재는 것은 무척 어렵다. 실험동물의 생활 근육이 자라서다. 결국 운동으로 키울 수 없는 근육이 있어야 하는데 학자들이 이걸 찾아냈다. 바로 항문거근이었다. 항문올림근이라고도 부르는 이 근육은 괄약근의 일종으로서 골반 내에 위치해 있다. 우리 몸 깊숙이 자리 잡고 있으면서 항문의 움직임을 조절하는 이 근육은 기본적인 생활만으로는 키우기가 무척 어렵다. 그래서 학자들은 단백동화 스테로이드를 투여한 후 실험동물의 항문거근이 얼마나 커졌는지를 재면서 근육 강화 효과를 측정하곤 했다.

그런데 지금은 항문 근육도 운동으로 단련하는 세상이다. 실험동물이야 해당 사항 없겠지만, 현대인들은 여러 가지 운동으로 엉덩이도 신경 쓰고 있다. 항문거근을 단련할 수 있다고 광고하는 블로그도 제법 있는데 근거가 있는지는 지켜봐야 할 일이다. 그래도 항문 주변의 여러 근육은 분명히 단련의 대상이다. 약만 발전하는 것이 아니다. 운동법도 발전한다. 운동할 거면 운동을 해야

스테로이드 인류

지 왜 약을 먹을까. 약에 의존해서 커지는 근육에 자부심 가질 필요 없다. '약발'일 뿐이다. 게다가 값비싼 청구서가 따라오는 그런 약발이다.

육상의 여신과 야구의 신

✳

약발을 위해 영혼을 판 사람은 여전히 많다. 앞서 언급한 보디빌더나 직업 운동선수들은 끊임없이 유혹의 대상이 되곤 한다. 쉽게 갈 수 있는 길이 있다. 한번 도달하면 상상할 수 없는 거액의 연봉과 명예가 따라온다. 아등바등 운동할 필요 없이 몇 차례 주사로 가능한, 경기력 향상 약물의 손길은 너무나도 치명적이다. 물론 이러한 유혹에는 항상 단점이 있다. 두 가지다. 몸에 좋지 않다는 점, 그리고 발각되면 끝이라는 점.

영혼을 판 선수들이 약간의 부작용을 감수하는 건 그렇다 쳐도 발각되는 건 심각한 문제다. 모든 것을 잃을 수 있다. 이렇게 들통나는 위험을 막기 위해 새로운 물질을 개발하는 나쁜 사람들이 있다. 선수 뒤에서 약물을 팔아대며 수익을 올리는 사람들이다. 과학자뿐만 아니라 경영자나 훈련 트레이너 같은 사람들도 이런 일에 연루되곤 한다. 2003년 전 세계를 발칵 뒤집어 놓은 '발코Bay Area Laboratory Co-operative, BALCO' 스캔들이 여기에 해당한다.

빅터 콘테Victor Conte Jr.는 1970년대 밴드 베이스 연주자로 활동

그림8 빅터 콘테가 그의 밴드와 함께 발표한 앨범. 첫째 줄 가운데에 있는 사람이 콘테다.

하던 사람이었다. 다양한 밴드에서 연주했는데 그중에서 가장 오래 활동한 밴드는 'Pure Food and Drug Act'라는 그룹이었다. 지극히 '식약처스러운' 이름의 이 밴드는 나름 인기를 끌었지만 콘테는 30대 중반에 접어든 1984년 음악 활동을 그만두고 사업을 하기 시작했다. 그가 세운 회사는 발코라는 이름의 회사였다. 운동선수들의 혈액과 소변을 분석하고 그에 맞는 영양 성분을 공급하는 형태의 수익 구조를 가진 회사였다. 그런데 이 회사는 공급하지 말았어야 할 것을 공급하는 무리수를 두었다. 경기력 향상 약물이었다.

콘테가 활동한 그룹의 이름인 Pure Food and Drug Act는 미국에서 1906년에 제정한 법이다. 우리말로는 '순정식품의약품법'으로 번역하곤 하는데, 이름에서 짐작할 수 있듯 순수한 식품 또는 의약품을 공급하라는 취지에서 만든 규제책이다. 이전에는 의약품 병에 라벨을 붙이지 않은 채로 팔거나 라벨과 다른 물질을 넣어서 파는, 지금으로서는 말도 안 되는 행위가 가능했었다. 식품도 조악하기 그지없는 환경에서 만들어 파는 경우가 많았다. 그래서 사회적으로 논란이 됐고 1906년에 이를 규제하는 법률이 통과된 것이다. 이 법률은 이후 미국 식품의약품안전처US Food and Drug

Administration, USFDA의 활동 근거가 됐다.

콘테는 자신이 몸담았던 그룹의 이름과는 정반대되는 행동을 했다. 허가받지 않은 물질을 만들어 운동선수들에게 주입한 것이다. 운동선수들은 발코에서 제공하는 정체불명의 주사를 맞고서 놀라운 성취를 이룩했다. 2000년 시드니 올림픽 육상 단거리 3관왕에 빛나는 메리언 존스Marion L. Jones나 한때 100미터 세계 최고 기록을 세웠던 그의 남편 팀 몽고메리Tim Montgomery 같은 스타들이 그랬다.

콘테의 인터뷰에 따르면 그는 2000년 시드니 올림픽을 한 달여 앞둔 시점부터 존스에게 경기력 향상 약물을 공급했다. 여기에는 다양한 약물이 포함되어 있었는데 각종 성장호르몬 외에 특수한 물질이 하나 더 있었다. '클리어The Clear'라는 별명으로 불리던 이 물질은 각종 도핑 테스트를 완벽하게 피할 수 있는 물질이었다. 이후 존스는 레이더에 걸리지 않는 스텔스 폭격기처럼 올림픽을 폭격했다. 육상의 꽃이라고 할 수 있는 100미터에서 우승했고 연이어 200미터와 1,600미터 계주에서도 우승했다. 멀리뛰기와 400미터 계주에서 딴 동메달까지 합치면 무려 다섯 개의 메달을 쓸어 담았다. 도핑 검사도 아무 문제 없이 통과한 그녀는 전 세계 여자 육상의 여신으로 등극했다.

발코와 존스 사이의 연결고리는 존스의 코치인 트레버 그레이엄Trevor Graham이었다. 1988년 서울 올림픽에 자메이카 대표 팀의 일원으로 출전한 그는 단거리 강국의 일원답게 팀을 1,600미터 계주 결승까지 끌고 올라갔고 팀은 은메달을 획득했다.

그레이엄은 이후 코치로 활동하기 시작했으며 어느덧 미국 대표 팀에서 활동하기에 이른다. 그레이엄이 예전부터 약물을 사용했는지에 대해서는 밝혀진 바가 없다. 하지만 1990년대 후반 그는 자신의 선수들에게 약물을 권했는데 그중 한 명이 존스였다. 원래부터 뛰어난 스프린터였던 존스는 이후 차원이 다른 선수가 되어 육상계를 제패했다.

거듭된 약물 사용에 부담을 느꼈던 것일까. 2003년 그레이엄은 미국 반도핑기구US Anti-Doping Agency, USADA에 자신이 사용한 주사기와 사용법을 익명으로 보내며 긴 어둠의 시간에 마침표를 찍었다. 얼마 뒤 실명을 공개한 후 약물을 투여한 사례와 선수들에 대해 언급했고, 존스를 비롯한 많은 선수들이 불명예 퇴진을 해야 했다. 이 물질을 공급한 회사 발코에 대해 대대적인 조사가 시작된 것은 당연한 일이었다. 그런데 조사관들은 발코의 장부에서 뜻밖의 이름을 찾아냈다. 바로 야구의 신이라고 불리던 타자, 배리 본즈Barry L. Bonds였다.

배리 본즈가 누구인가. 빠른 발과 센스 넘치는 수비, 정교한 타격으로 메이저리그 최고의 만능 플레이어로 평가받던 선수였다. 메이저리그 통산 최다 홈런을 기록한 괴물이자 통산 최다 MVP를 수상한 전설이기도 했다. 그를 설명할 때는 베이브 루스Babe Ruth와 같은 전설적인 선수들이 소환되곤 했다. 여러모로 그는 야구의 신이었다.

그런데 그런 본즈가 약물 복용 의혹을 받고 있었다. 딱 봐도 이상하긴 했다. 빠른 발과 파워를 겸비한 선수였는데 1999년 시즌을 앞두고는 빠른 발과는 거리가 한참 먼 거구의 타자가 돼 있었다. 단기간에 저렇게 몸집을 키울 수 있을까? 실력도 갈수록 좋아졌다. 남들이 보통 정점에서 내려갈 30대 중반의 나이에 성적이 급반등했다. 특히 파워가 그랬다. 메이저리그 한 시즌 최다인 71호 홈런을 박찬호 선수에게 기록했을 때인 2001년, 본즈의 나이는 37세였다. 이전까지 기록한 최다 홈런은 49개였는데, 그해에는 무려 73개의 홈런을 기록했다. 갑자기 이렇게 파워가 좋아질 수 있을까?

증거 없으면 무죄다. 그 전까지는 도핑 검사에서 발각된 적이 없었다. 그런데 2003년 말 뜻밖의 장소에서 증거가 나왔다. 발코를 뒤지던 조사관들이 발코의 비밀 장부에서 그의 이름을 찾아낸 것이다. 본즈가 사용한 약물은 존스가 사용한 것과 같은 약물인 클리어. 도핑 검사에 적발된 적이 없었던 이유는 최첨단의 약을 사용했기 때문이었다.

본즈는 이 사실을 당연히 부인했다. 관련 청문회에서는 주사를 맞긴 했지만 스테로이드인지 몰랐다고 증언했다. 야구인들이 본즈에 대해 실망하게 된 계기다. 어쨌든 무언가를 맞았다는 말이 잖은가. 야구인들은 그에게 더 이상 지지를 보내지 않았다. 본즈는 기자단 투표를 통해 결정되는 명예의 전당 입성에 끝내 실패했다.

존스와 본즈가 투여한 약물 클리어는 어떤 물질일까? 육상 코치 그레이엄의 제보가 없었다면 영원히 몰랐을 수도 있는 이 물질에 대한 연구가 2004년에 본격적으로 이루어졌다. 미국 UCLA 연구 팀에서는 반도핑기구에서 넘겨받은 샘플을 분리·정제하여 주성분을 확보했다. 이 물질은 알려진 물질이 아니었다. 당연한 일이다. 알려진 물질이라면 도핑 검사에서 벌써 검출됐을 것이다. 죄를 묻기 위해서는 명확한 사실로 기소해야 한다. 무엇을 썼는지 실체적 진실을 모르는 채로 기소할 수는 없다. 이제 연구 팀에서 이 미지의 물질을 분석해서 그 정체를 규명해야 할 차례였다.

범인은 이 안에 있다

✳

눈에 보이지도 않는 물질을 분석하려면 어떻게 해야 할까? 아주 좋은 현미경을 개발하면 될까? 하지만 분자 구조를 눈으로 확인할 수 있는 현미경은 없다. 예외적인 경우에만 가능하며, 보통 그런 결과들은 《사이언스Science》나 《네이처Nature》에 보고될 정도다. 일반적인 상황은 아니다. 당연히 클리어에도 적용할 수 없었다.

결국 여러 가지 분석 자료를 바탕으로 결론지을 수밖에 없었다. 코끼리를 눈으로 직접 확인하지 않더라도 몸무게나 껍질, 다리나 코 등의 특징을 통해 코끼리라고 결론짓는 것과 비슷하다.

가장 큰 단서는 이 물질의 효과. 근육을 이토록 강화했다면 그리고 작은 분자량의 화합물이라면 단백동화 스테로이드일 가능성이 컸다. 실제로 스테로이드로 범위를 좁히고 다른 분광학적 자료를 통해 확인해 보니 어느 정도 가닥이 잡혔다. 적외선이나 핵자기공명 분석 자료 등으로 판단했을 때 가장 가까운 물질은 스테로이드의 일종인 게스트리논_{gestrinone}이었다.

물론 게스트리논 그 자체였을 리는 없었다. 게스트리논이었다면 데이터베이스에 있는 물질이므로, 간단한 비교·대조를 통해 도핑 검사에서 확인할 수 있었을 것이다. 클리어는 그렇지 않았다. 클리어는 지금까지 세상에 없던 물질이었다. 효과도 의심스러웠다. 게스트리논은 효과가 다양해서 쉽게 쓰기 힘든 물질이다. 여성 호르몬 조절제로서 자궁내막염에 사용할 수는 있지만 실제로 사용하는 경우가 많지 않다. 더군다나 당시 단속 팀에서 확인하고자 한 물질은 근육 강화제였다. 게스트리논에 근육을 강화하는 효과가 약간 있긴 하지만 그다지 강한 것은 아니다. 심지어 일부 장기에 대해서는 남성 호르몬 차단제로 작용하는 복잡한 기전의 물질이다. 이런 애매하고 위험한 물질을 사용했을 가능성은 적었다. 게스트리논과 유사하지만 다른 물질임이 분명했다. 그 차이를 알기 위해선 다른 자료가 더 필요했다. 그래도 많이 좁혔다. 범인은 게스트리논과 관련되어 있었다.

연구 팀에서 확인한 두 번째 분석 자료는 질량이었다. 화합물의 질량을 분자량이라고 부른다. 그리고 어떤 물질이든지 간에 분자량은 알 수 있다. 이 물질의 분자량은 312. 중요한 정보다. 하지만 아직 갈 길이 멀다. 이 세상에 312의 분자량을 가지는 물질은 무궁무진하다. 가령 탄소의 원자량은 12, 수소의 원자량은 1이다. 그러므로 탄소 하나가 없는 대신 수소 12개가 늘어나면 분자량은 동일하다.[*]

그런데 소수점 이하로 내려가면 이야기가 달라진다. 탄소의 원자량은 12.011인데 동위원소가 일정 부분 섞여 있기 때문이다. 수소의 원자량은 1.008이다. 탄소 원자 1개의 질량과 수소 원자 12개의 질량이 달라지는 단계로 내려오게 된다. 그만큼 특정 질량에 대한 조합은 제한적일 수밖에 없다. 물론 아주 정밀한 저울이 있을 때 이야기다.

고분해능 질량분석기는 이런 측면에서 충분히 정밀한 저울이다. 이 저울로 클리어의 질량을 측정한 결과, 분자량은 312.2080이었다. 약간의 오차를 감안하더라도 나올 수 있는 조합은 $C_{21}H_{28}O_2$밖에 없다. 물론 검증은 필요하다. 탄소 개수를 측정할 수 있는 장치가 있다. 이 장치를 통해 확인한 탄소의 개수는 21개가 맞았다. 그렇다면 이 물질의 조성식은 탄소 21개, 수소 28개, 산소 2개가 틀림없었다.

물론 탄소 21개, 수소 28개, 산소 2개로 이루어진 조합 역시 무궁무진하다. 탄소와 산소, 수소가 어떤 방향으로 결합했는지에 따

[*]   원자량은 원자 한 개의 질량을 나타내며, 분자량은 분자를 구성하는 원자량을 모두 합한 값이다.

라 완전히 다른 물질이 된다. 이
원소들의 결합 방향을 알아내
지 못하면 화합물의 정체를 규
명하지 못한다는 사실에는 변
함이 없었다. 그러면 검사가 기
소할 수 없고 정의는 구현되지
않는다.

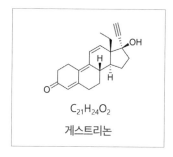

$C_{21}H_{24}O_2$

게스트리논

그림9 게스트리논의 구조와 조성식

　이때 도움을 주는 것은 첫 번째 단서, 즉 게스트리논이다. 게스트리논의 분자 조성식은 그림에도 나와 있듯이 $C_{21}H_{24}O_2$다. 반면 미지 시료의 분자 조성식은 $C_{21}H_{28}O_2$. 정확히 수소 원자 4개만큼의 차이가 있다. 그렇다면 수소 원자 4개가 새로이 도입된 다른 물질이 아닐까? 약간의 추리를 곁들이자면, 게스트리논에 수소 원자 4개를 도입하는 것은 화학적으로 아주 쉬운 방법이다. 약간의 설비만으로도 할 수 있는 반응이라면 그다지 전문적이지 않은 회사인 발코에서도 수행할 수 있지 않았을까? 이러한 화학적 통찰을 가지고 연구 팀은 범인을 추적해 나갔다. 발코에서 했을 것으로 의심되는 수소화 반응을 진행한 것이다. 이렇게 해서 만든 새로운 물질이 클리어의 분광학적 자료와 일치한다면 이 물질의 구조를 명백하게 밝혀낼 수 있을 것이다.

　이러한 가정하에 연구 팀이 자체적으로 합성한 물질은 클리어와 분자량뿐만 아니라 다른 분광학적 자료가 모두 일치했다. 미지 물질의 구조가 밝혀지는 순간이었다. 아직 학계

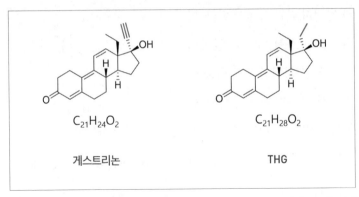

$C_{21}H_{24}O_2$

게스트리논

$C_{21}H_{28}O_2$

THG

그림10 게스트리논과 클리어의 주성분 THG의 구조. 범인은 THG였다. 구조를 보면 푸른색 부분만 살짝 바뀐 것을 알 수 있다.

에 보고되지 않았던 이 물질에 연구 팀은 테트라히드로게스트리논Tetrahydrogestrinone, THG이라는 이름을 붙였다. 이 결과는 2004년에 발표됐는데 관련 연구에서 기념비적인 성과로 평가받고 있다.

추후 밝혀진 바에 따르면 발코의 대표였던 콘테는 단백동화 스테로이드 합성에 일가견이 있던 유기화학자 패트릭 아널드Patrick Arnold를 고용해 게스트리논에서 THG를 만들게 했다. 그리고 이 물질의 근육 강화 효과가 뛰어난 것을 관찰한 후 육상이나 야구 트레이너들을 통해 선수들에게 배급했다. 이제 THG는 더 이상 베일에 가려진 물질도, 도핑 검사를 통과할 수 있는 물질도 아닌 평범한 물질이 됐다. 항상 그렇다. 비밀이란 것은 알고 나면 별것 없는 법이다.

하지만 숙련된 유기화학자, 틈새를 잘 파고드는 경영자, 능력

스테로이드 인류

있는 코치가 나쁜 마음으로 결탁할 때 어떠한 변화를 가져오는지에 대해서는 여전히 생각해 볼 필요가 있다. 그다지 특별하지 않은 조합으로 이들은 세상을 떠들썩하게 만들었다. 그리고 별 볼일 없는 화합물에 생명을 불어넣어 당대 최고의 선수를 역대 최고의 선수로 만드는, 희대의 퍼포먼스를 보여주었다. 세상에는 게스트리논처럼 사람들이 주목하지 않는 스테로이드가 여전히 많다. 이 물질을 살짝 변형해서 새로운 물질을 만든다면 과연 우리는 제때 찾아낼 수 있을까. THG 사태에는 그레이엄의 제보가 결정적이었다. 다른 물질은 제보 없이 사용되고 있을지도 모른다. 열 보초가 한 도둑 못 잡는 법이다.

디자이너 스테로이드

✳

THG와 같은 물질을 디자이너 스테로이드designer steroid라고 부른다. 기존에 있던 스테로이드의 구조를 살짝 변형해 단속을 피하게끔 하는 물질이다. 도핑 검사 팀에서는 새로운 분자량이나 신호가 뜨더라도 우리 몸속에 있는 다른 물질이려니 하면서 넘어갈 수밖에 없다. 도핑 검사에서는 기존 물질과 비교해서 경기력 향상 약물을 확인하는데 새로운 물질에는 이 방식을 적용할 수 없다. 설령 새로운 물질을 찾아냈다고 해도 그 구조를 파악하는 것은 여전히 어려운 일이다. 어떻게 바꿨는지는 바꾼 사람만이 안다. 그것을 역추적해서 탐정 놀이하듯이 밝혀내는 것은 개인적으로는 재미있는 일이긴 하지만 지극히 고되고 어려운 일임에 틀림없다.

THG 외에도 디자이너 스테로이드는 많다. 단속하기 어렵기 때문이다. 그래도 허점은 존재한다. 첫 번째는 판매 경로다. 어둠의 경로로 판매하는 물질이다 보니 판매가 어렵다. 당장 THG와 같은 물질을 만들 수 있는 사람은 여럿 있겠지만 그들을 믿고 물질을 구매하는 사람은 많지 않을 것이다. 운동선수와 과학자 사이에 끈끈한 믿음이 있어야 할 텐데 이런 믿음을 가진 관계는 그렇게 많지 않을 것이다.

문제는 수익성으로도 연결된다. 많이 팔아야 이익이 남는다. 그런데 믿고 팔 만한 사람이 많지 않다. 이래저래 입소문을 타서 많이 판다고 해도 꼬리가 길면 잡힌다. 관계된 사람이 많을수록 비밀이 샐 우려도 많다. 그중에는 양심선언을 하는 사람, 수익 분배에 불만을 품은 사람, 개인적인 이유로 관계가 틀어지는 사람 등 여러 이탈자가 나올 수 있다. 이들 모두를 영원히 관리할 수는 없다. THG가 발각된 것도 결국은 내부자의 고발 때문이었다.

판매 경로, 수익성 같은 이슈 외에 단속 기관의 노력도 크게 작용한다. 미지의 물질을 분석하는 방법이나 시스템은 갈수록 발전하고 있다. 각종 기자재나 인력이 갈수록 확충되고 있는데, 이처럼 방비 태세가 첨단화된 계기는 크게 두 가지다. 첫 번째는 지금 이야기하는 경기력 향상 약물을 단속하기 위한 도핑 방지 시스템의 발전이다. 그리고 두 번째는 발기부전 치료제다. 발기부전 치

스테로이드 인류

료제 특허가 만료되기 전에는 가격이 비쌌기 때문에 중국에서 저가의 '짝퉁' 발기부전 치료제가 불법으로 들어오는 경우가 많았다. 이러한 제품에서는 제대로 된 성분 외에 나쁜 물질이 혼입되는 사례가 많았는데 이를 부정물질이라고 부른다. 제대로 못 만들어서 부정물질이 섞이면 차라리 다행이다. 진짜 심각한 문제는 고의로 다른 물질을 섞는 것이다. 발기부전 치료제의 경우 단속을 피하는 동시에 높은 효과를 보이기 위해 유사한 구조의 물질을 전문적으로 합성해 섞어버리는 경우가 많았다. 이런 물질은 복용자의 건강을 심각하게 위협하곤 한다. 약은 언제나 위험하니까.

이런 제품의 성분을 꾸준히 모니터링하고 혼입물을 분석하는 과정에서 자연스럽게 관계 기관의 수준도 높아졌다. 중국과 인접해 있는 우리나라의 경우도 마찬가지다. 우리나라의 부정물질 단속 수준은 상당히 높은 편이어서 다른 선진국에서 벤치마킹하는 사례가 있을 정도다. 우리가 자부심을 가져도 될 분야가 하나 늘었다.

단속을 피하려는 자들 역시 진화한다. 혈중 테스토스테론 수치를 검사하는 과정에서는 테스토스테론이 외부에서 단백동화 목적으로 주입한 것인지, 체내에서 원래 만든 테스토스테론인지를 구별하기가 어렵다. 과거 이 허점을 노려 운동선수가 발뺌하는 경우가 있었다. 그런데 지금은 불가능하다. 몸에서 자체적으로 테스토스테론을 만드는 과정에서 필연적으로 나오는 부산물이 있다. 이 부산물과 테스토스테론의 비율을 재면 알 수 있다. 밖에서 정제해서 넣어주는 테스토스테론에는 이 부산물이 없으므로 절대적인 양과 상대적인 비율을 재면 적발할 수 있다.

그런데 외부에서 부산물도 함께 넣어주면 어떻게 될까? 어차피 화합물이고 체내에서 특별히 위험한 역할을 하는 것도 아니니 도핑 은폐 목적으로 넣어주는 전략이다. 실제 이 같은 방법으로 테스토스테론과 부산물을 적절하게 배합해서 판 회사가 있다. 앞서 THG를 팔았던 바로 그 회사, 발코다. 이 혼합물에는 '크림The Cream'이라는 예쁜 별명이 붙었고, 크림을 구매한 선수들은 라커룸에서 공공연하게 제품을 바르곤 했었다. 나쁜 사람들이 머리도 좋으면 참 피곤하다.

그런데 이것도 적발했다. 테스토스테론의 탄소 동위원소 비율을 확인하는 방식이었다. 우리가 자체적으로 만드는 테스토스테론은 외부에서 넣어주는 테스토스테론과 탄소 동위원소 함량이 미세하게나마 다르다. 이 정밀한 차이를 측정하는 기술이 개발되어 세계반도핑기구World Anti-Doping Agency, WADA에서 벌써 활용하고 있다. 기발한 발상으로 만들어 판매했던 발코 사의 크림도 결국 적발되어 세상을 떠들썩하게 하고 사라졌다. 아무리 머리 굴리고 단속을 피하려고 해도 결국은 다 잡히게 되어 있다. 한 예능 프로그램에서 본 표현을 언급하고 싶다. "나쁜 짓 하지 마라. 전부 다 너보다 똑똑하다."

그 뒤로 어떻게 됐을까

✳

THG를 판매해 수익을 얻은 사람들 중 주동자로 볼 수 있는 콘테는 수사 과정에서 협조하는 대가로 형량이 줄어들었다. 외국에서 심심찮게 적용하는 사전형량조정제도plea bargain, 쉽게 말해 사법 거래 덕분이다. 결국 전 세계를 떠들썩하게 한 것 치고는 비교적 가벼운 형량인 4개월의 실형과 4개월의 보호관찰 처분을 받았다. 그 후 콘테는 또 다른 사업을 시작했다. 미네랄을 섞어서 건강 보조 식품으로 파는 일이다. 이 사업은 아무런 불법적 요소 없이 지금까지 순항하고 있다.

약물을 사용한 선수들은 어떻게 됐을까? 육상 선수로 이름을 날렸던 존스는 6개월간 감옥에서 복역한 후에 출소했다. 그것도 불법 약물 복용에 관한 죄가 아니라 발코를 수사하는 과정에서 했던 거짓 증언 때문이었다. 출소 후에 그녀는 농구 선수로 활동하기도 했으며 별다른 문제 없이 살고 있다. 물론 약물 복용 이후의 기록이나 수상 실적은 모두 취소됐다. 본즈도 잘 살아가고 있다. 스테로이드 시대의 아이콘이 됐다거나 명예의 전당 입회가 좌절되는 등의 아픔도 있었지만 법적인 문제에서는 결국 자유로웠다. 발코 수사와 관련한 재판에서 위증 혐의로 기소됐지만 결국 무죄 판결을 받은 것이다. 여기서 말하는 무죄가 약물을 복용하지 않았음을 뜻하는 것은 아니다. 모르고 투여했다는 본즈의 발언이 사실로 인정됐을 뿐이다. 물론 판결을 그대로 믿는 사람은 많지 않다.

알고 투여했을 것으로 짐작하지만 이를 증명하지 못했다고 보는 경우가 조금 더 일반적이다. 전 세계를 뒤흔든 자들의 결말치고는 약간 모자란 감도 있고 울컥한 기분도 들지만, 어쨌든 처벌은 그 나름의 영역이다. 과학자는 과학으로 말한다.

테스토스테론에 대한 과학 이야기와 후일담으로 이 장을 마무리하려 한다. 20세기 불로초라는 화려한 과거와 전립선암의 주범이라는 상반된 평가를 받았지만, 지금 시대에 테스토스테론은 꽤 귀한 대접을 받고 있다. 배경은 수명 연장이다. 앞서 잠깐 언급했듯이 나이 들수록 체내 테스토스테론의 생산량은 줄어든다. 과거에는 그다지 문제되지 않았다. 평균 수명이 짧았으니까. 이제는 다르다. 100세 시대다. 그러다 보니 줄어든 테스토스테론 때문에 노년의 남성들 위주로 여러 증상이 나타난다. 성기능이 떨어지고 발기부전도 경험한다. 쉽게 피로해지고 근육량도 줄어든다. 우울감도 따라온다. 후기발현성선기능저하증Late-Onset Hypogonadism, LOH이나 남성호르몬 결핍증후군Testosterone Deficiency Syndrome, TDS이라고 부르는 증상이다. 보다 쉬운 표현을 쓰자면, 바로 남성 갱년기다.

남성 갱년기를 치료하기 위해서는 어떻게 해야 할까? 우선 어느 정도는 받아들일 필요가 있다. 나이 드는 것을 어떻게 하겠는가. 하지만 일상 생활에 심각한 불편을 초래한다거나 건강상의 위협이 될 경우라면 적절하게 관리할 필요가 있다. 대표적인 방법이 테스토스테론 보충이다. 전문적으로는 안드로겐 보강 요법이라고 부른다.

테스토스테론을 과거 약으로 쓸 수 없었던 이유는 흡수와 배설, 독성 등이 주된 이유였다. 하지만 지금은 그때와 좀 다르다. 100년이 지나지 않았는가. 사람들은 그럭저럭 방법을 찾아냈다. 예를 들어, 테스토스테론 방출 임플란트를 몸에 삽입하는 방식이다. 심장에 판막도 끼워 넣는 세상이다. 지방층에 테스토스테론 임플란트 하나 삽입하는 게 어려울 이유는 없다. 임플란트는 체내에 있기 때문에 테스토스테론 흡수 문제에서 비교적 자유롭다. 또한 서서히 방출하므로 농도도 일정하게 유지할 수 있다. 전통적인 문제였던 흡수와 배설이 해결되었다. 물론 불편함은 있다. 정기적으로 임플란트를 갈아야 하고 혈액 검사도 해야 한다.

임플란트가 불편하다면 파스처럼 사용하는 패치제도 있다. 처음에는 고환의 털을 밀고 패치를 붙이는 번거롭고 민망한 방식이었지만 이제는 많이 개선되어 겨드랑이에 붙이는 정도로 충분하다. 그것도 불편하다면 코에 스프레이 형태로 뿌리는 형태도 있다. 심지어 먹는 형태도 개발되었다. 지방과 함께 복용할 경우 어느 정도 흡수율이 올라가는 것을 알게 되었다. 지방에 섞여 흡수되는 형태다. 그래서 이런 형태의 약을 먹어야 할 때는 고지방식을 권한다. 다만 남성 갱년기를 겪고 있는 환자는 고지혈증을 앓고 있는 경우도 많기 때문에 가급적 이런 형태의 제제는 권하지 않는 편이다. 어느 형태든 간에 번거롭긴 마찬가지다. 그래도 테스토스테론이 적어서 불편을 겪는 사람들이라면 한 번쯤 생각해 볼 만한 방법이다.

문제는 의학적으로 필요하지 않는데도 이러한 처방을 요구하는 사람들이다. 예를 들어 발기부전 치료를 위해서 처방받고자 하는 사람들이 있다. 이런 사람들은 검사를 거쳐서 테스토스테론 부족이 발기부전의 원인으로 나올 때만 받을 수 있다. 그렇지 않고 그저 정력을 위해서 테스토스테론을 사용한다면 역효과만 날 수 있다. 대표적인 역효과는 적혈구 과다 생성이다. 젊음을 회복하여 적혈구가 많이 만들어지겠지만 피의 양은 그만큼 따라가지 못해 혈관이 끈적해진다. 혈관 질환이 따라오게 되는데 나이 든 사람들에게는 치명적일 수 있다. 또 수면 무호흡증이 나타나면서 코골이가 심해진다. 이런 부작용보다도 심각하게 위험한 이유는 불임을 유발한다는 점이다. 그래서 가임기의 젊은 남성에게는 안드로겐 보충 요법을 잘 권하지 않는다. 테스토스테론의 흡수와 배설 문제는 어느 정도 해결했지만, 독성 문제까지 해결되지는 않았음을 염두에 두었으면 한다.

남성 호르몬 검사 절차는 꽤 간단하다. 비뇨기과에 가서 혈액 검사로 결과를 확인할 수 있다. 혈중 테스토스테론 농도를 확인하므로 어렵지 않다. 정상 범위는 3~9나노그램/밀리리터 ng/mL다. 이 값보다 낮다면 테스토스테론 보충을 고려해 볼 수 있다. 다만 이 남성 호르몬을 보충받기 위해서는 추가 검사가 필요하다. 전립선암이 있는지 확인해야 하기 때문이다. 앞서 언급했듯이 전립선암이 있을 경우 테스토스테론을 추가하는 행위는 불에 기름을 붓는 행동과 별반 다르지 않다. 전립선암이 급속도로 악화된다. 따라서 보다 정밀한 검사를 거쳐 투여를 결정한다. 참고로 테스토스테론을 투여한다고 해서 없던 전립선암이 발병하진 않으니 큰 걱정하지 않길 바란다.

아프면 약 먹어야 한다. 본인에게 필요한 약이 바로 불로초다.

뉴욕 코넬 대학교에서 내분비학을 연구하던 줄리안 임페라토-맥긴리Julianne Imperato-McGinley 교수는 도미니카공화국으로 가고 있었다. 그녀가 중남미의 수많은 휴양지들을 뒤로 한 채 향하고 있는 곳은 도미니카공화국 내에서도 외부와 단절되어 있는 지역 라스 살리나스Las Salinas. 이유는 단 하나. 소문을 확인하기 위해서였다. 바로 여자가 남자로 바뀐다는 소문이었다.

'괴베도세즈Güevedoces'는 라스 살리나스에서 사용하는 단어였다. 그 지역 언어로 '열두 살의 성기'라는 뜻이다. 어린 여자아이가 12세 무렵부터 남자아이로 바뀌는 신기한 현상을 일컫는 단어였다. 전 세계에서 유사한 예를 찾기 힘든 케이스가 이 외딴 지역에서 자주 관찰된다는 소문이 뉴욕에까지 전해지고 있었다. 임페라토-맥긴리 교수가 확인하고자 했던 것도 바로 이 소문의 진위 여부였다. 호르몬을 전공한 내분비학자로서 그녀는 이 현상에 호기심을 가졌다. 때는 1974년이었다.

소문은 사실이었다. 무려 24명의 사례를 확인했는데, 한 가족에서 나타나는 경우도 많았기 때문에 가족 수로는 13가족이었다. 아무래도 유전적인 요인이 있는 것이 분명했다. 확률적으로는

90가구당 1가구. 이 지역에 뭔가 있다. 그게 뭘까? 열정 넘치는 이 내분비학자는 이후 이곳에 머물면서 관련 연구를 진행하게 된다.

그녀가 찾아낸 이 기이한 현상의 직접적 원인은 남자 어린이들의 남성 호르몬 이상이었다. 남성 호르몬은 제 기능을 하지 못했고, 결과적으로 남자 어린이의 성기가 제대로 발달하지 않았다. 오히려 여자 어린이의 성기가 약간 관찰됐기 때문에 이 어린이들은 자연스럽게 여아로 분류됐다. 여자 이름이 붙여졌고, 여아로 길러졌으며, 주로 인형 선물을 받으며 자라곤 했다. 시간이 지나 2차 성징이 나타나게 될 즈음인 12세부터는 남성 호르몬이 제 역할을 하기 시작하면서 늦게나마 남자아이로 성장했다. 충분히 납득할 만한 설명이다.

그래도 의문은 있었다. 임페라토-맥긴리 교수가 이 아이들의 혈액에서 테스토스테론 수치를 쟀을 때 일반적인 다른 아이들과 큰 차이가 없었던 것이다. 남성 호르몬이 제 기능을 하지 못하는데 테스토스테론 농도는 비슷하다? 그렇다면 별로 주목하지 않았던 다른 남성 호르몬과 관련돼 있을 가능성이 높다. 이러한 가설하에 연구진은 결정적 원인이 되는 물질을 찾아냈다. 바로 디하이드로테스토스테론, 앞서 언급했던 DHT였다. 괴베도세즈에 해당하는 아이들에게서 이 호르몬 수치는 다른 아이들의 3분의 1 정도로 낮게 나타났다. DHT가 테스토스테론보다 안드로겐으로서 더 강하게 작동한다는 것은 이미 알려진 사실이었다. 그렇다면 DHT의 농도가 중요한 단서임에 분명했다. 그런데 이 아이들에게

서 DHT는 왜 적게 생겼을까? 이 기이한 현상의 근본적인 원인을
알아야 했다.

연구 팀이 주목한 더 근본적인 단서는 유전적인 특성이었다. 괴
베도세즈는 한 가족 안에서 함께 일어나는 경우가 많았다. 고립된
지역일수록 희귀한 유전자가 자주 발현되곤 한다. 그렇다면 유전
자에 답이 있을 가능성이 농후했다. 실제로 연구 팀은 후속 연구
를 통해 이 아이들에게서 특정 유전자가 결핍되어 있는 것을 확인
했다. 테스토스테론을 DHT로 변화시키는 효소를 담당하는 유전
자였다. 이 효소는 '스테로이드 5α-환원효소steroid 5α-reductase'라는
복잡한 이름을 가지고 있는데 이 책에서는 편의상 '환원효소'로
줄여서 부르려 한다.

사실 이 환원효소 자체는 이미 알려져 있었다. DHT도 이미 알
려져 있었다. 그런데 이 둘의 컬래버가 도미니카공화국에서 남아
를 여아로 둔갑시키는 역할을 하고 있었다는 사실은 충분히 놀랄
만했다. 그리고 진짜 놀라운 이유는 따로 있었다. 괴베도세즈인
아이가 자라서 성인 남자가 됐을 때 건강상 특별한 문제가 없었다
는 점이다. 그렇다면 이 환원효소는 조금 억제해도 큰 문제가 없
을 것 같다.

괴베도세즈에 주목해야 할 이유가 하나 더 있었다. 나이가 들
어 노년의 남자가 됐을 때 전립선비대증이 적게 나타난다는 점이
었다. 전립선비대증은 할아버지가 됐을 때 피할 수 없는 숙명과도
같은 질병이다. 그런데 특정 유전자가 없는 도미니카공화국의 몇

몇 할아버지들은 이런 숙명 같은 질병에서 비교적 자유로웠다. 더군다나 이 효소를 조금 억제해도 건강상에 별문제가 없다. 그렇다면 이를 억제해 전립선비대증을 완화할 수 있지 않을까? 흥미로운 가설에 제약 회사가 주목한 것은 당연한 일이다. 제약 회사는 곧바로 이 효소의 특징을 파악하고 다른 구조의 화합물들을 만들기 시작했다. 테스토스테론으로 이루다 만 신약 개발의 고지가 다시 눈에 보이기 시작했다.

1980년대 중반 개발된 피나스테리드finasteride는 이러한 노력의 산물이다. 피나스테리드는 테스토스테론의 구조를 살짝 바꾼 물질이다. 환원효소는 이 물질의 구조가 테스토스테론과 비슷하기 때문에 일단 근처로 데려와 환원 반응을 시작할 것이다. 하지만 정작 테스토스테론과는 구조가 미묘하게 다르기 때문에 효소가 하는 반응을 완벽하게 마무리할 수는 없다. 그러면 효소는 잘못 짚었다며 피나스테리드를 그냥 보내줘야 하는데 정작 피나스테리드는 효소를 쿨하게 보내주지 않는다. 환원효소와 강하게 결합*할 수 있는 치명적인 구조를 추가로 가지고 있기 때문이다. 물론 학자들이 효소와 결합하도록 설계해 놓은 구조다. 그래서 어지간해서는 효소와 떨어지지 않는다. 반응하지 않으면서 떨어지지도 않는 이상한 구조에 낚여버린 환원효소는 마치 톱니바퀴에 돌덩이가 끼인 것처럼 멈춰 설 수밖에 없다. 즉 효소의 활성이 멈추

* 엄밀히 말하면 환원효소와 함께 환원 작업을 수행하는 조효소cofactor와 직접적으로 결합한다. 어쨌든 환원효소와 조효소는 운명 공동체여서 관련 프로세스가 멈춘다.

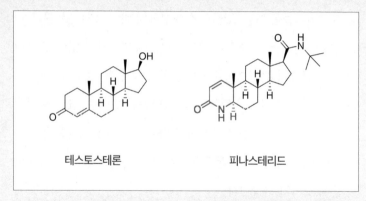

테스토스테론   피나스테리드

그림11　테스토스테론과 피나스테리드의 구조. 푸른색으로 표시한 구조 차이 때문에 테스토스테론에 작용해야 할 환원효소가 피나스테리드와 결합해서 기능을 멈춘다.

는 것이다. 촉매 역할을 하는 효소가 더 이상 제 기능을 하지 못하므로 멀쩡한 테스토스테론도 DHT로 전환되지 못한다. 물론 전립선이 비대해지는 일도 없다. 특별한 유전적 이상 없이 간단히 화합물을 복용하는 것만으로 효과를 낼 수 있다. 우리는 이런 물질을 약이라고 부른다. 피나스테리드는 1992년 최초로 승인된 전립선비대증 치료제다.

　DHT가 전립선을 키우는 진화적인 이유는 무엇일까? 우리 몸은 생존 경쟁에 유리하도록 진화해 왔다. 그렇다면 전립선이 비대해지는 것이 과연 번식이나 생존 경쟁에 유리한 면이 있을까? 물론 전립선은 정액을 만들고 정자가 여성의 질 내에서 활동할 수 있는 환경을 만들어 준다. 적어도 생식의 관점에서 전립선이 적당히 커지는 것은 유리하다고 할 수 있다. 하지만 적당해야 한다. 넘치면 미치지 못함과 같다.

지금은 평균 수명이 40세인 시대가 아니다. 100세까지 사는 사람이 특별하지 않을 정도의 시대인데 전립선은 이런 세상의 변화를 보지 못하고 평생 커져만 간다. 진화는 느리다. 그에 비해 사회는 눈부시게 빠른 속도로 변화하고 있다. 장수의 역설 속에서 남자들은 진화의 허점에 빠져버리고 말았다. 그리고 1992년부터 피나스테리드가 이것을 해결해 주고 있다. 고마울 따름이다. 그런데 피나스테리드는 1997년 더욱더 고마운 일을 해낸다. 바로 탈모 치료제로 변신한 것이다.

피나스테리드가 억제하는 환원효소가 전립선에만 존재하는 것은 아니다. 사람들은 이 환원효소가 또 다른 곳에도 자리하고 있음을 발견했다. 바로 두피에 있는 모낭 세포였다. 모낭 세포에 존재하는 이 환원효소는 머리카락을 솜털처럼 가늘게 하는 역할을 하고 있었다. 머리카락이 빠지는 것을 원하는 사람이 얼마나 될지는 모르겠지만 이 환원효소는 묵묵히 머리카락을 가늘게 만들고 있었다. 그렇게 모낭에서 조금씩 조금씩 빼내고 있었다.

해당 효소를 억제하는 효과 때문에 피나스테리드는 임상시험을 거쳐 1997년부터 탈모 치료에도 사용되고 있다. 완전히 같은 물질이 다른 용도로 사용되는 경우를 신약 재창출drug repositioning이라고 한다. 약물의 흡수나 분포, 대사, 배설 등의 기본적인 특징이 이미 합격을 받은 약은 다른 목적으로도 사용하기 편할 것이다. 똑똑한 물질 하나 만들어서 여기저기 사용하는 경우다. 그리고 실제로 사람들에게 도움이 많이 된다. 가수로 데뷔해 연기도 하고 예능에도 나오는 아이돌처럼 피나스테리드는 사람들에게 다방면으로 힘이 되고 있다.

　브라운-세카르가 쏘아 올린 회춘의 영약은 변신에 변신을 거듭해 어느덧 탈모 치료제가 됐다. 탈모 치료제는 어쨌든 젊어지고자 하는 사람들이 복용하는 약이다. 21세기 불로초라고 지칭하기에는 모자란 감이 없지 않아 있지만 그래도 완전히 틀린 말은 아니다. 브라운-세카르가 무덤에서 나와 이런 상황을 본다면 자기가 맞았다고 좋아할지도 모르겠다. 다만 피나스테리드에도 성욕 감퇴나 발기부전, 우울감 등의 부작용이 있는 만큼 너무 맹신하지 말았으면 한다. 절제되지 않는 젊음은 생각보다 위험하다.

스태튼아드 읽는 밤의

신에 도전한 물질

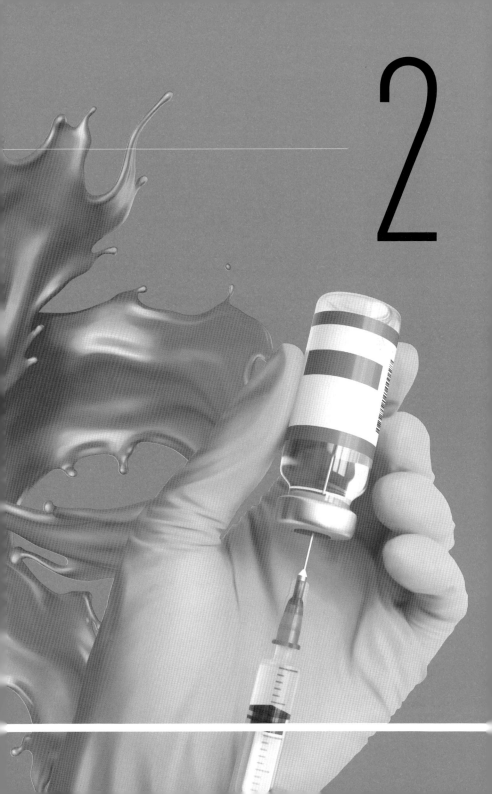

경력직 사원의 난관

✳

조지 로젠크란츠George Rosenkranz라는 학자가 있다. 1916년 헝가리 부다페스트에서 유대인으로 태어난 그는 24세가 되던 해에 취리히연방 공과대학교에서 박사 학위를 받았다. 지도 교수는 1년 전인 1939년 노벨화학상을 받을 정도로 뛰어난 화학자, 레오폴트 루지치카였다. 앞서 설명했듯 테스토스테론을 합성한 바로 그 인물이다. 로젠크란츠도 충분히 명석한 학생이었다. 따라서 이 학생의 장래를 걱정하는 이들은 별로 없었다. 적어도 나치가 집권하기 전까지는 그랬다.

1941년, 스승인 루지치카는 언제 유대인 수용소로 끌려갈지 모르는 뛰어난 제자 로젠크란츠를 대서양 너머 남미 에콰도르의 대학교수로 보내기로 한다. 노벨상 수상자의 추천서와 재능 있는 젊은 학자의 조합은 지금도 강력하다. 어지간한 명문 대학의 교수 자리에도 밀어 넣을 수 있다. 그 시절 에콰도르도 마찬가지였다. 당시로서는 화학의 불모지였지만 어쨌든 나치가 없는 곳이라는 게 더 중요했다. 로젠크란츠 역시 나날이 승승장구하는 나치 독일을 생생히 목격하고 있었기에 탈출을 실행했다.

당시는 취리히에서 에콰도르로 가는 항공 노선이 없던 시절이었다. 그가 선택한 중간 경유지는 쿠바의 수도 하바나. 이후 에콰도르로 가는 배를 탈 예정이었다. 그곳에 도착해서 전쟁이 끝나기만 기다리면 됐다. 전쟁이 언제 끝날지는 모르지만 지도 교수의 추천서는 여전히 영향력이 있을 터였고 그 역시 젊을 것이었다. 로젠크란츠는 쿠바의 해안가에서 행복한 미래를 상상하고 있었다. 적어도 일본이 진주만을 습격하기 전까지는 그랬다.

1941년 12월 7일 일본 해군의 진주만 기습 공격은 많은 것을 바꿔놓았다. 2,403명의 사망자를 보면서 미국은 즉각적인 응전을 결정했고 인근 해역은 모두 잠겼다. 로젠크란츠가 타기로 되어 있던 배도 결항됐다. 하루라도 빨리 에콰도르로 넘어가 직장 생활을 하고 싶었던 로젠크란츠는 갑자기 미아가 돼버렸다. 유럽의 전쟁터를 피해 남미로 왔는데 태평양이 전쟁터로 바뀌다니. 그리고 대서양 바다까지 막히다니. 안 풀려도 이렇게 안 풀릴 수가 있을까. 중간 경유지인 하바나에서 로젠크란츠는 하루라도 빨리 전쟁이 끝나기를 기다렸다. 그리고 4년이 흘렀다.

4년이면 인생이 충분히 바뀔 수 있는 시간이다. 로젠크란츠에게도 그랬다. 우선 결혼을 했다. 역시 나치를 피해 오스트리아에서 탈출한 유대인 여성 에디트 슈타인Edith Stein을 만나 사랑의 싹을 틔웠다. 될 사람은 되나 보다. 결혼에 비할 바는 아니지만 또 하나의 변화가 있었다. 직장을 얻은 것이다. 하바나에서도 화학자를 필요로 하는 곳은 있었다. 기술이 있으면 어디서든 먹고산다고 했던가. 로젠크란츠가 그랬다. 쿠바에서의 기다림이 길어지자 에콰도르행을 미뤄둔 채 쿠바에서 일을 찾았다. 결혼도 한 마당에 마냥 일 없이 지낼 수는 없었다. 그리고 현지 화학 회사에 취업한 후 그럭저럭 괜찮은 물질들을 만들어 성과를 인정받았다. 당시 쿠바의 화학 수준은 유럽의 정통 화학자에게는 그다지 어렵지 않은 수준이었기에 주머니 속 송곳처럼 실력을 발휘할 수 있었다.

그러던 차에 이 우수한 화학자를 필요로 하는 다른 회사가 생겼다. 멕시코의 화학 회사인 신텍스Syntex라는 곳이었다. 당시로서는 만들어진 지 2년도 채 되지 않은 작은 회사였다. 그럼에도 이 회사는 세계 최고의 기술을 보유하고 있었는데 바로 스테로이드를 생산해 내는 기술이었다. 프로게스테론이라는 스테로이드는 신텍스를 제외하면 전 세계 어느 곳에서도 1킬로그램도 채 가지지 못한 물질이었다. 신텍스 사는 이 물질을 3킬로그램 넘게 가지고 있었고, 필요하면 얼마든지 더 생산해 낼 수 있는 능력도 갖추고 있었다. 전 세계가 필요로 하는 물질의 95퍼센트 이상을 공급할 수 있는 능력, 초격차의 일류 기술을 확보하고 있는 신생 스타트업이 바로 신텍스 사였다. 그 신텍스 사에서 능력 있는 화학자를 필요로 하고 있었기에 로젠크란츠도 흥미를 보였다. 유럽과 미국의 주류 과학계에서 멀리 떨어진 멕시코에서 세계 최고의 기술을 확보한 회사가 존재하는 것은 분명 흔치 않은 일이었다. 로젠크란츠는 전쟁의 끝에서 유럽으로 돌아가는 대신, 본인이 자리 잡은 신대륙 변방에 남기로 했다. 마법과 같은 신기술에 관심이 있었기 때문이다.

그런데 그가 입사한 신텍스 사에는 한 가지 문제가 있었다. 바로 그 마법과 같은 신기술이 사라진 것이었다.

전임자의 만행

✳

수많은 사람들이 이직을 꿈꾸고 또 이직을 한다. 그들 중에는 전 직장이라면 치를 떨며 평판이건 뭐건 신경 안 쓰고 복수하겠다는 사람도 있다. 그들이 꿈꾸는 한마디가 있다. "저 내일부터 안 나와요." 뒷수습은 당신들 몫이라며 인수인계 없이 쿨하게 떠나는 모습을 저마다 그려본다. 하지만 이 속 시원한 한마디를 실제로 행하는 사람은 그렇게 많지 않을 것이다.

러셀 마커Russell E. Marker는 달랐다. 이 괴짜 화학자는 전 직장을 인수인계 없이 떠나는 것에 그치지 않고 더 심한 뒤끝을 남겼다. 자신이 일하면서 쌓은 기록들을 밤중에 몰래 폐기하고 사용했던 시약들의 이름표까지 다 떼어 내버린 것이다. 일한 지 2년도 채 안 돼 모든 흔적을 지워버리고 떠나버린 쿨한 모습에 지금 우리는 감탄하지만 당시 신텍스 사의 동료들은 달랐을 것이다. 그리고 그의 후임자인 로젠크란츠도 막막하기는 마찬가지였을 것이다.

마커는 관련 역사에서 유례없을 정도의 괴짜 과학자다. 미국 메릴랜드 대학교 화학과 대학원 재학 중의 일화는 유명하다. 박사 학위 수료에 필요한 모든 결과를 내놓고도 지도 교수의 만류를 뿌리친 채 자퇴한 것이다. 수업만 몇 개 더 들으면 됐는데 말이다. 그러고 나서 들어간 석유화학 회사에서도 성과를 내고 인정받으면서 잘 다니고 있었는데 관심이 없어졌다면서 2년 만에 그만둔다. 참고로 그때 그가 해결한 문제는 휘발유의 품질과 관련한 주제였는데 해당 연구는 지금 휘발유 품질 분류의 표준이라고 할 수 있는 옥탄가의 기초가 됐다.

이후에는 록펠러 연구소에 연구원으로 들어간다. 여기에서는 그나마 좀 오래 있었다. 6년. 30여 편의 논문을 발표하고 좋은 평가를 받았다. 하지만 역시 흥미를 끌기엔 부족했는지 연구원을 그만두고 펜실베이니아 주립대학교로 자리를 옮긴다. 그리고 1936년 당시 전 세계적으로 뜨거운 관심을 모으던 화합물인 프로게스테론을 합성하고자 계획을 세운다. 목표를 야무지게도 세웠다.

그런데 그걸 해냈다. 꿈이 이루어졌다. 독자적인 연구 끝에 멕시코에서 생산되는 마Cabeza de negro에서 원료를 확보하고 그 원료를 이용해 프로게스테론을 합성하는 방법을 찾아낸 것이다. 쉽지는 않았다. 1942년 원료물질을 확보하기 위해 멕시코로 갔을 때 대사관이 그에게 미국으로 돌아가라고 권고했을 정도로 당시 멕시코는 미국인에게 위험한 땅이었다. 또 마커는 스페인어를 하지 못했다. 그리고 원료 추출을 위한 식물학 관련 지식이 전무했다.

현지인에게 이야기해서 필요한
식물을 채취해 달라고 하고, 우여
곡절 끝에 확보한 뒤에는 미국으
로 가져가기 위해 현지 경찰에게
뇌물을 주기도 해야 했다. 하지만
원료 20킬로그램을 확보한 후에
는 일사천리로 연구를 진행해 펜
실베이니아의 연구실에서 소량

그림12　러셀 마커가 원료로 활용
할 멕시코 마의 뿌리를 바라보고
있다.

의 프로게스테론을 확보하는 데 성공했다.

　그렇다고 해서 그 후로 술술 풀린 것도 아니다. 일단 미국 제약
회사에서 마커가 생산한 소량의 프로게스테론과 그 기술에 관심
을 보이지 않았다. 미국인들에게 멕시코는 사업 환경이 좋은 나
라가 아니었기 때문이다. 당시 멕시코에서는 화학 실험실에 환기
시설이 없어 야외에서 실험하는 것이 관행이었다. 미국 제약 회
사에게는 당혹스럽기 짝이 없는 수준이었다. 그러자 마커는 멕시
코로 돌아와 원료물질인 멕시코 마를 대량으로 확보한다. 이번에
는 10톤. 지난번처럼 미국으로 옮길 수 없는 규모였기에 추출하
는 사람을 고용해 멕시코 현지에서 주성분을 추출하고 순수한 원
료물질을 확보해 미국으로 가져갔다. 자신이 소속된 펜실베이니
아의 실험실에서 연구하면 법적인 문제가 발생할 수 있었다. 궁여
지책으로 친구에게 부탁해 뉴욕의 다른 실험실에서 프로게스테
론을 대량으로 합성했다. 3킬로그램이었다. 당시 돈으로 2억 원

그림13　마커가 프로게스테론 3킬로그램
을 생산할 당시 사용한 멕시코 마의 뿌리.

이 넘는 가치의 엄청난 양이었다.

그러고는 이 물질을 가지고 다시 멕시코로 내려갔다. 이제는 본인이 회사를 직접 차릴 생각이었다. 그렇다곤 하나 현지 사정도 고려할 필요가 있었다. 마커는 전화번호부를 펼쳐 관련 제약 회사에 제안을 하기 시작했다. 의약품 수입에 주력하던 멕시코의 작은 제약 회사 경영진이던 에메릭 소믈로Emeric Somlo와 페데리코 레만Federico A. Lehmann이 화답했다. 소믈로는 헝가리계 이민자로서 자본을 댈 수 있었고, 레만은 약물학자로서 프로게스테론의 가치를 정확하게 파악했다. 세 명은 순식간에 새로운 회사를 만들었다. 회사 이름은 합성synthesis과 멕시코Mexico에서 이름을 딴 신텍스Syntex. 단순 작업을 도와줄 현지 사람들도 채용했다. 그래도 화학자는 마커 혼자였다. 상관없었다. 기술이 있으니까. 1944년 3월이었다. 마커는 신텍스에서 계획대로 프로게스테론을 마음껏 만들었다. 그리고 1945년 5월, 마커가 회사를 홀연히 떠나버렸다.

어떤 이유가 있었는지는 밝혀져 있지 않다. 마커는 회사 지분 40퍼센트를 정리했는데 아마 회사가 잘 안될 것으로 생각했던 듯하다. 그렇게 생각하는 것도 무리는 아니었다. 합성 기술이라고는 마커 혼자만이 독점했고 조수들에게도 공유하지 않았던 터였다.

원천기술이 담긴 노트와 시약에 관한 정보를 모조리 삭제하고 자신과 관련한 모든 것을 지워버린 채 떠났기에 신텍스 사는 '폭망'할 가능성이 컸다.

로젠크란츠가 합류한 것은 마커가 회사를 떠난 직후였다. 신텍스 사의 경영진은 부랴부랴 화학자를 찾았고, 쿠바에서 일하던 화학자가 구세주처럼 나타났다. 로젠크란츠는 신텍스 사의 화학 부문 최고책임자가 됐다. 하지만 정작 그에게는 두 명의 화학자와 10여 명의 단순 작업자가 배정됐을 뿐이었다. 회사의 운명 그리고 스테로이드 관련 산업의 사활은 로젠크란츠가 마커의 기술을 재현해 프로게스테론을 만들어 내느냐에 전적으로 달려 있었다.

프로게스테론

✳

프로게스테론은 난소의 황체corpus luteum에서 나오는 호르몬으로서 생리와 임신에 관여하는 물질이다. 고등학교 교과 과정에도 나오는 내용이다. 하지만 이것만으로는 설명이 부족하다. 일단 생각보다 오래된 물질이다. 레그니에 드 그라프Regner de Graaf라는 네덜란드의 학자는 소의 생식기를 연구하면서 정관, 나팔관 등을 해부했는데 난소에 있는 노란 조직, 황체에도 관심을 가졌다. 황체에 대한 연구를 수행한 후에는 이 조직이 임신과 관련 있는 것으로 발표했다. 다만 드 그라프가 이 연구를 발표했던 때는 1672년,

아이작 뉴턴Isaac Newton이 아직 만유인력 법칙을 발표하기도 전이었다. 과학적 발견이 당대의 지식수준을 뛰어넘기는 어려운 법. 어떠한 과정을 거쳐 임신이 조절되는지에 대한 해답을 얻기까지는 200년을 더 기다려야 했다.

그렇다고 해서 200년 동안 발전이 없었던 것은 아니다. 실마리는 축산업계였다. 젖소가 우유를 만들어 내는 과정은 출산과 임신의 반복이다. 젖소는 포유류哺乳類다. 출산하면 갓 태어난 송아지를 위해 젖이 나온다. 이때 목장 주인은 가능한 한 빨리 송아지가 젖을 떼게 한다. 그리고 송아지가 먹지 않는 우유를 짜서 시장에 내다 판다. 그러므로 목장주 입장에서는 소가 임신을 자주 해야 우유를 많이 생산해 내고 그만큼 수익률도 올라간다. 그래서 임신시키는 노하우가 중요했다. 당시 목장주가 경험적으로 알고 있었던 것은 소의 자궁 근처에 있는 노르스름한 조직이 임신에 중요한 역할을 한다는 사실이었다. 우리가 말 그대로 황체라고 부르는 조직이다.

1898년, 프랑스와 폴란드의 과학자 두 명이 황체에서 분비되어 나오는 물질이 임신을 유지하는 데 중요한 역할을 한다고 거의 동시에 발표했다. 다만 이 물질이 순수하게 분리되고 구조가 밝혀져 정체가 드러나기까지는 다시 30년을 기다려야 했다. 중요성은 알고 있었으니 연구도 활발했다. 1928년에는 불임을 유도한 토끼에게 투여해 임신시키는 데 성공할 정도였다.

워낙 많은 학자들이 이 물질을 연구했기 때문에 이름도 다양하게 붙어 있었다. 논문을 내면 하루 만에 세상에 공개되는 지금 같은 시절이 아니었음을 기억하자. 당시에는 연구자들이 주도권을 잡기 위해 제각각 자신이 붙인 이름을 밀어붙이고 있었다. 코포틴corportin, 루테인lutein, 루테오스테론luteosterone 등 영향력 있는 이름만 해도 여럿이었다. 규격화가 필요했다. 관련 학자들이 1935년 런던에 모여 이름을 통일했다. 그리고 아무도 쓰지 않던 프로게스테론progesterone으로 이름을 정했다.

프로게스테론은 스타가 됐다. 생명을 조절하는 물질이다. 신이 아닌 다음에야 어떻게 생명을 조절할 수 있단 말인가. 그런데 작은 화합물 하나가 그것을 가능하게 했다. 때로는 임신을 도왔고 때로는 임신을 막았다. 어떤 기전으로 이렇게 상반된 결과가 나오는지는 알 수 없었지만 연구할 가치는 차고 넘쳤다.

그런데 결정적인 문제가 있었다. 화합물 구하기가 너무 힘들었다. 물질을 확보하는 기술이야 알려져 있었지만 그 방법은 어렵기 짝이 없었다. 임신한 여성의 소변을 받아서 그 소변에서 추출하는 것이었다. 모으기도 어렵거니와 분리하기는 더 어렵다. 가령 스테로이드 추출 및 분리 전문가인 아돌프 부테난트는 프로게스테론도 분리한 것으로 유명한데, 항상 그랬듯이 10밀리그램 내외에 불과한 미량의 프로게스테론을 확보하기 위해 임신한 여성의 소변을 수십 톤이나 모아야만 했다. 시간이 흐르며 개선되긴 했지만 상업성이 떨어지는 것은 변함없었다. 당시 문헌에 따르면 1그램을 100만 원에 살 수 있었다. 그로부터 80년이 지난 현재 금 1그램 가격이 10만 원을 조금 넘는다. 더 중요한 사실은 그 이상의 양은 돈을 주고도 살 수 없을 정도로 확보하기가 어려웠다는 점이다.

화학적으로 합성을 하는 것은 안 될까? 프로게스테론은 탄소가 21개이고 분자량이 300 내외인 비교적 작은 물질이다. 하지만 그건 지금의 화학 수준에서나 쉽게 할 수 있는 이야기일 뿐, 1930~1940년대 기술로는 만들기 어려운 물질임에 틀림없었다. 만들기만 한다면 대박 날 것이 분명한 아이템이고 또 원천기술이었다.

그 기술을 러셀 마커가 만들었다. 그리고 없애버렸다.

혁신의 끝

✳

마커가 호기롭게 회사를 박차고 나간 데는 믿는 구석이 있었기 때문이다. 우선 특허 문제가 없었다. 신기술에는 20년간 독점적인 이익이 보장된다. 자신이 혼자서 개발한 기술인 만큼, 특허를 신청했다면 그 권리를 보호받았겠지만, 정작 그는 그러지 않았다. 처음에는 제약 회사와 함께 특허 출원을 타진하기도 했지만, 별다른 관심을 보이지 않자 과감하게 특허 신청을 하지 않았다. 따라서 비법만 알면 누구나 만들 수 있는 상황이었다. 물론 마커만큼 비법을 잘 알고 있는 사람은 세상에 없다. 자신 있으면 굳이 특허 신청 안 하는 사람들도 있다. 지금도 마찬가지다. 따라서 그가 신텍스 사를 떠나 다른 회사에서 같은 기술로 프로게스테론을 생산한다고 해도 별다른 문제가 없는 상황이었다.

마커는 신텍스 사에서 본인의 흔적을 완벽하게 지운 후 멕시코의 다른 회사로 옮겨 같은 방법으로 프로게스테론을 만들려고 했다. 기술이 있는데 안 될 게 뭐가 있겠는가. 하지만 잘 안됐다. 여러 가지 이유가 있었다. 우선 모든 것이 새로웠기 때문에 사람들을 처음부터 훈련시켜야 했고 원료 구입 루트도 다시 확보해야 했다. 운도 없었다. 회사 인부 중 한 명이 외부인에게 습격당하는 일이 발생하면서 작업이 일정 기간 지연되는 불상사도 있었다. 그러나 가장 큰 이유는 따로 있었다. 바로 로젠크란츠였다. 그는 마커가 지운 흔적을 완벽하게 복구했다. 마커가 떠난 지 5개월 만에 신텍스 사는 아무렇지 않게 프로게스테론을 생산해 낼 수 있었다. 나 없으면 회사가 안 돌아갈 것 같지만 보통은 잘 돌아간다. 신텍스 사도 그랬다.

물론 마커의 합성법은 엄청난 혁신이었다. 신의 물질로 불리던 프로게스테론을 만들었으니까. 화학자들은 프로게스테론을 합성하기 위해 쉽게 구할 수 있는 작은 물질들을 화학적으로 이어 붙여 만들려고 했다. 하지만 눈에 보이지도 않는 분자들을 원하는 모양으로 조각하는 것은 지극히 어려운 일이다. 1940년대에는 화학 수준도 낮았기에 당대 최고의 화학자들도 어려움을 겪고 있었다.

마커가 해낸 일은 발상을 바꾼 것이다. 사람이 만들기 어려운 물질을 생물체는 이미 만들어 내고 있지 않은가. 그렇다면 생물체에서 유사한 물질을 찾아 그 물질을 살짝 바꾸면 되지 않을까 하고 생각한 것이다. 처음부터 작은 화학 물질에서 합성하는 전략을 '전全합성'이라고 한다. 반면 복잡한 천연물에서 출발해 약간의 변형만으로 원하는 물질을 합성하는 전략을 '반半합성'이라고 부른다. 두 과정 모두 실제 화학에서 중요하게 생각하는 전략이다. 마커가 택한 방법은 반합성 전략이었다.

물론 반합성이라고 쉬운 것은 아니다. 적절한 출발물질을 찾아내야 한다. 동물에서 프로게스테론 또는 그와 유사한 물질을 찾기는 어려웠다. 이미 많은 학자들이 실패한 방법이다. 설령 좋은 물질을 찾아낸다고 해도 문제가 있다. 화합물이 많이 필요할수록 동물도 많이 죽여야 한다는 말인데 윤리적으로 까다로운 일이다. 그뿐 아니라 동물이 빨리 자라지 않는다는 현실적인 문제도 있다.

그런데 식물도 스테로이드를 만들어 낸다. 앞서 언급했듯이 마커는 오랜 검토 끝에 멕시코산 마에서 디오스게닌diosgenin이라는 물질을 대량으로 추출했다. 이 물질은 프로게스테론보다도 훨씬 복잡한 화합물이다. 하지만 간단한 다섯 단계의 화학 반응을 통해 디오스게닌의 필요 없는 부분을 잘라 내고 프로게스테론으로 전환할 수 있었다. 모두가 작은 물질을 크게 만들려고 할 때 마커는 쉽게 확보할 수 있는 더 큰 물질을 찾아내 작게 만들었다.

하지만 발상의 전환이 대단한 것이지 기술 자체가 어려운 것은 아니었다. 화학자들이 항상 하는 일이 '출발물질'에 '합성 전략'을

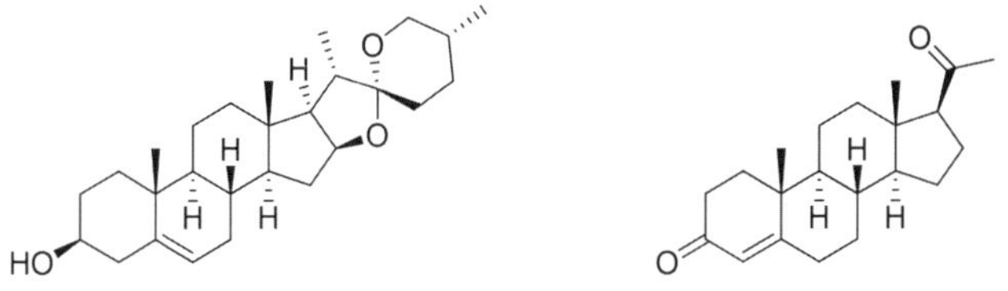

그림14 디오스게닌과 프로게스테론의 구조. 마커는 식물에서 디오스게닌을 대량으로 추출한 후 필요 없는 구조를 제거하는 방식으로 프로게스테론을 완성했다. 밑도 끝도 없이 합성하기보다 자연의 힘을 빌리는 게 훨씬 효과적이다.

세워서 '최종물질'로 전환하는 작업이다. 밑도 끝도 없이 최종물질만 만들어 내라고 하면 어렵다. 실제로 프로게스테론을 아무도 못 만들어 내지 않았던가. 하지만 출발물질이라는 정보가 추가되면 불가능한 것도 아니다. 그리고 이미 마커가 디오스게닌이라는 '출발물질'에서 프로게스테론이라는 '최종물질'을 만드는 것을 보여주었다. 노트를 불태우고 시약병을 섞어버렸다고 해서 이 정보까지 사라지는 것은 아니다. 엄밀히 말해 정보가 완벽히 사라진 것도 아니었다. 마커는 그의 프로게스테론 합성 경로를 어느 정도는 학회지에 논문으로 발표해 둔 상황이었다. 따라서 로젠크란츠 같은 정통 화학자에게 실험노트와 같은 노하우가 없어진 정도는, 프로게스테론의 '합성 전략'이라는 사라진 해답을 추적하는 데 그리 높은 장벽이 되지 못했다.

　얼마 지나지 않아 프로게스테론의 가격은 1그램당 1만 원 정도

그림15　1970년대 러셀 마커와 그가
거래한 은세공품.

까지 내려왔다. 기존 가격의 100분의 1 수준으로 내려온 이유는 신텍스 사 외에 다른 회사들도 유사한 방법으로 프로게스테론 공급을 시작했기 때문이었다. 어쨌든 신텍스 사가 비교 우위에 있었지만 무턱대고 가격을 높일 수는 없는 상황이었다. 그렇게 '보이지 않는 손'의 원리에 따라 내려간 가격으로 많은 연구진들이 프로게스테론과 관련한 연구를 부담 없이 할 수 있게 됐다.

경쟁에서 뒤처진 것을 체감한 마커는 50세 생일을 앞두고 은퇴를 선언했다. 그리고 항상 그랬듯이 다른 분야로 나아갔다. 은퇴한 후에는 18세기 로코코 양식의 은 장식품 세공에 전념했다고 한다. 그가 여가로 마음의 평화를 찾았는지 혹은 계속 재미를 느꼈는지는 확인할 수 없다. 은퇴 이후 마커의 활동은 세상에 알려진 바가 많지 않다.

패기 넘치는 신입 사원

✳

로젠크란츠는 프로게스테론 생산을 정상 궤도로 올려놓은 후 새로운 목표가 생겼다. 프로게스테론보다 더 좋은 물질을 만드는 일이었다. 누군가의 뒤를 따라가는 일에는 더 이상 흥미가 없었다. 다른 물질을 만들고 싶었다. 그렇게 하려면 혼자로는 부족했다. 재능 있는 화학자가 필요했다.

칼 제라시Carl Djerassi가 그렇게 신텍스 사에 입사했다. 입사했을 때의 나이는 고작 26세에 불과했지만 그 역시 산전수전 다 겪은 사람이었다. 오스트리아 빈에서 유복한 의사 부부의 아들로 태어났지만 얼마 지나지 않아 부모가 이혼했다. 아버지는 고향인 불가리아의 수도 소피아로 돌아갔고, 제라시는 어머니와 함께 오스트리아에서 유년기를 보낸다. 하지만 1938년 15세가 됐을 때 나치 독일이 군사적으로 팽창해 가기 시작했다. 국경을 맞댄 나라가 위협적으로 변해가는 걸 본 제라시와 어머니는 방법을 찾아야만 했다. 그들도 유대인이기 때문이었다. 이때 손을 내민 사람은 제라시의 아버지. 이혼한 후에도 꾸준히 교류해 온 아버지는 독일의 위협에서 비교적 안전한 불가리아로 둘을 데려올 계획을 세운다. 하지만 법적으로 남남이 된 상황에서 불가리아 국경을 통과하기는 어수선한 당시에 쉽지 않은 일이었다. 결국 그들이 택한 방법은 재혼이었다. 서류상의 결혼이긴 해도 결혼은 결혼이다. 가족을 데리고 오겠다는데 막을 나라는 없다. 불가리아로 들어온 뒤 이틀이 지나 그들은 다시 전처럼 이혼했다.

제라시와 어머니는 불가리아에서 1년을 지낸 후 미국으로 향했다. 가진 것 하나 없이 미국으로 왔지만 비슷한 처지의 난민들과 함께 생활할 수 있었다. 그리고 제라시가 미국에서 장학금

그림16 1950년 신텍스 사에서 동료들과 함께 연구를 진행하던 칼 제라시의 모습.

을 받으면서 생활이 어느 정도 순탄해지기 시작했다. 제라시는 당시 한창 발전하던 화학에 재미를 느껴 대학원에 진학했다. 22세가 되던 1945년에는 남성 호르몬을 여성 호르몬으로 전환하는 화학적 방법에 대한 연구로 위스콘신-매디슨 대학교에서 박사 학위를 받는다. 직후 4년간은 제약 회사에서 경험을 쌓았다. 그의 이력은 스테로이드로 약을 만들려는 신텍스 사 입장에서 아주 매력적이었을 것이다.

제라시는 신텍스 사 연구소의 부소장으로 임명되어 연구 팀을 지휘했다. 소장은 로젠크란츠였다. 제라시가 입사했을 때인 1949년에는 그럭저럭 연구 체계가 개선되어 있었고 또 다른 도약을 할 만한 여력이 갖춰져 있었다. 두 명의 천재 화학자 로젠크란츠와 제라시는 새로운 캐시카우cash cow를 만들고 싶었다. 그들은 연구원을 고용하고 설비를 확충해 본격적인 작업에 나섰다.

처음으로 시도한 물질은 코르티손cortisone이었다. 코르티손은 신장 위에 붙어 있는 조직인 부신에서 나오는 물질이다. 주로 소의 장기를 이용해 추출하곤 했는데 수요를 감당하지 못해 가격이 천정부지로 올라가고 있는 상황이었다. 화학적 합성을 통해서는 36단계를 거쳐야 겨우 만들 수 있었다. 보통 열 단계를 넘어가면 비용이 너무 올라 상업성이 떨어진다. 지금도 그런데 당시 36단계라면 답이 안 나오는 상황이었을 것이다. 프로게스테론을 다섯 단계 만에 합성한 신텍스 사로서는 한 번쯤 도전해 볼 만한 프로젝트였다.

결과적으로 제라시의 접근법은 성공적이었다. 그들은 세계에서 가장 효율적인 코르티손 합성법을 개발해 세계를 놀라게 했다. 하지만 이 성공은 그리 오래가지 못했다. '코르티손 전쟁'이라고 부르는 이 이야기 그리고 신텍스 사의 성공과 좌절에 관한 내용은 책의 후반부에서 더 자세히 다루려 한다. 지금은 제라시가 그다음에 개발한 피임약 이야기를 먼저 했으면 한다.

신의 영역

✳

프로게스테론은 배아를 보호하는 역할을 한다. 배란 과정에서 난포가 난자를 평균 28일마다 하나씩 방출하면 난포는 자연스레 황체가 된다. 황체는 떠나버린 난자가 정자와 만나는 것을 지켜보며 지속적으로 프로게스테론을 분비한다. 초기 수정란은 프로게스테론 덕분에 두꺼워진 자궁벽에 안전하게 착상하고 열심히 세포 분열을 한다. 황체는 배아의 든든한 후견인이고 프로게스테론 분비를 통해 이를 실행한다.

착상이 일어나도 이 후견인은 후원을 끊지 않는다. 프로게스테론을 계속 분비한다. 두 번째 임신을 막기 위해서다. 쌍둥이라면 어쩔 수 없지만 두 명 이상의 태아가 자라기에 자궁은 좁고 때로는 위험하다. 따라서 프로게스테론은 이미 자궁에 자리 잡고 있는 태아를 안전하게 지키기 위해 다음 수정을 막는다. 임신 기간 중에 새로운 난자가 난포에서 방출되는 과정 자체를 원천적으로 봉쇄하는 것이다. 난자의 분비부터 착상, 유지까지 모든 것을 신경 쓰는 프로게스테론은 모성애를 제대로 보여주는 호르몬이다.

그렇다면 프로게스테론을 먹어서 인위적으로 프로게스테론 농도를 높이면 어떻게 될까? 임신하지 않았는데도 임신한 것처럼 우리 몸을 속여 계획에 없던 임신을 막을 수 있지 않을까? 난자가 안 나온다면 임신을 막을 수 있을 것이다. 즉 피임약을 만들 수 있을지 모른다. 마침 신텍스 사의 활약으로 프로게스테론의 가격도 내려간 상황이지 않은가.

하지만 프로게스테론을 약으로 먹기에는 결정적인 문제점이 있었다. 입으로 먹었을 때는 흡수가 되지 않는다는 점이었다. 주사로 몸에 넣어주면 되지 않을까? 이 경우에는 소화관 내 흡수 장벽을 우회하기 때문에 흡수 문제가 해결되겠지만 피임을 위해 날마다 주사를 맞을 사람이 얼마나 되겠는가. 설령 주사로 넣어준다고 해도 체내에서 프로게스테론을 배설하는 속도가 너무 빨랐다. 우리 몸은 외부에서 들어온 물질을 독으로 간주하고 간을 통해 배출하려 한다. 그것이 몸에 좋은 약이라고 해도 마찬가지다. 이럴 때 보면 간은 쓸데없이 성실하지만, 이런 성실함 덕분에 인류가 지금까지 살아남은 것도 사실이다.

제라시를 중심으로 한 신텍스 사 연구 팀은 프로게스테론의 흡수와 배설 문제를 해결할 수 있는 더 좋은 물질을 만들고 싶었다. 화학의 핵심은 물질을 바꾸는 것이다. 좋은 출발물질이 있다면 더 좋은 결과물을 얻을 수 있을 것이다. 요리사들이 좋은 재료를 구하기 위해 새벽부터 시장을 찾는 것과 비슷하다. 이런 측면에서 신텍스 사 연구 팀은 최고의 조건을 가지고 있었다. 전 세계에서 프로게스테론을 가장 잘 만드는 회사가 바로 신텍스 사였기 때문이다.

신을 넘어선 영역

✳

신텍스 사가 본격적으로 피임약에 대한 연구를 시작하기 6년 전인 1944년, 펜실베이니아 대학교에서 프로게스테론 유사체를 합성해서 학회에 보고한 적이 있었다. 복잡한 화학명이 붙어 있긴 한데 여기서는 그냥 펜실베이니아 유사체로 불렀으면 한다. 이 물질의 활성 자체는 우수했다. 연구팀의 발표에 따르면 프로게스테론보다 우수한 활성을 보였다. 피임약으로서의 가능성이 있었다. 하지만 여전히 의문을 남겼다. 왜냐하면 펜실베이니아 유사체에 대한 6년 전의 실험이 오직 토끼 두 마리만으로 이루어진 동물실험이었기 때문이다. 발표한 효과는 그중 한 마리에서만 나온 결과

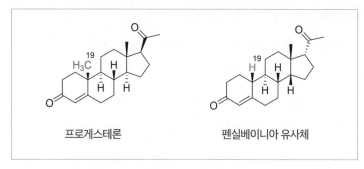

프로게스테론

펜실베이니아 유사체

그림17　프로게스테론 관련 물질들의 구조. 사람들은 19번 위치의 탄소를 수소로 바꾼 펜실베이니아 유사체의 활성을 검증하고 싶어 했다.

였다. 아무리 실험 설계를 대충한다고 해도 동물 한 마리의 변화만으로 약효를 결론짓는 건 상식적으로 납득이 안 된다. 통계적으로도 의미가 없는 2분의 1 확률 아닌가. 그럼에도 불구하고 이 결과가 논문으로 발표될 수 있었던 이유는 화합물을 만들기가 너무나도 어려웠고, 학계에서도 이 사실을 알고 있었기 때문이다. 펜실베이니아 연구 팀은 결과를 재현하기 위해 화합물을 다시 처음부터 대량으로 합성하는 중이었다. 즉 6년간 화합물 합성을 반복하고 있었다. 목표는 하나. 1944년에 실험했던 것처럼, 19번 위치(그림17)의 탄소를 수소로 바꿨을 때 이 물질이 우수한 프로게스테론 유사체로 작용할 수 있는지를 확인하는 일이었다.

　이때 혜성처럼 나타난 것이 신텍스 사다. 1950년 신텍스 사의 스테로이드 화합물 합성 수준은 시대를 앞서가는 오버테크놀로지over-technology였다. 신텍스 사는 합성을 시작한 지 4개월도 안 돼 관련 유사체를 생산 완료하고 동물실험까지 수행했다. 그리

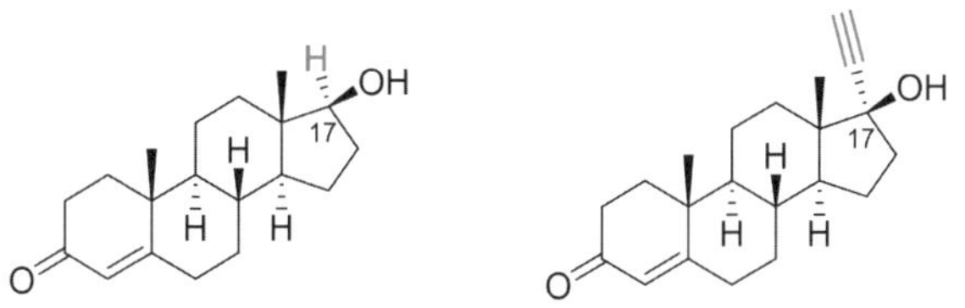

테스토스테론　　　테스토스테론-삼중결합 유도체

그림18　**테스토스테론과 테스토스테론-삼중결합 유도체의 구조. 이 작은 변화 하나만으로 여성 호르몬과 유사한 효과가 생겨났다.**

고 사람들의 예상처럼, 19번 자리의 탄소를 수소로 바꿨을 때 프로게스테론보다 원하는 활성이 4~8배 증가한다는 사실을 확인했다. 1944년 펜실베이니아 유사체는 정말로 활성이 있는 물질이었다.

활성도 중요하지만 가장 필요한 혁신은 경구 투여가 가능하도록, 즉 입으로 먹을 수 있도록 구조를 바꾸는 일이었다. 이 목표에 대한 실마리는 제2차 세계대전 직전 독일 셰링 사의 연구에서 찾을 수 있었다. 1938년 이 제약 회사에서는 테스토스테론의 구조를 다음(그림18)과 같이 바꿔보았다. 그리고 화학적으로 삼중결합을 테스토스테론에 도입했을 때 경구 투여 활성이 올라감은 물론 여성 호르몬으로서 작용하는 성질이 생겨난다는 결과도 발표했다. 여성 호르몬으로 작용한다면 프로게스테론과 유사한 효과도 기대할 만했다. 더군다나 알약으로 먹을 수 있는 가능성도 발견했다. 금상첨화다. 하지만 셰링 사는 흔적만 남긴 채 후속 연구를 진

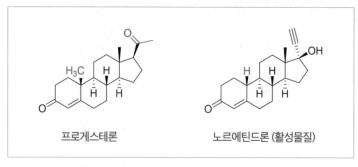

그림19　프로게스테론과 활성물질의 구조 비교

행하지 않고 있었다. 전쟁이 발발했기 때문이다. 그리고 1950년
은 패전으로 초토화된 독일에 신약을 개발할 만한 인프라가 다시
구축되기 전이었다.

　제라시가 이끌던 연구 팀은 이 단서들을 조합했다. 19번 자리
에 탄소가 없다면 원하는 활성이 더 좋아진다. 17번 자리에 삼중
결합을 도입하면 경구 투여 활성이 올라간다. 그리고 피임 효과도
기대할 수 있었다. 힌트들을 합치면 다음(그림19)과 같은 화합물이
나온다. 물론 합성할 자신감이 있었기에 가능한 분자 설계였다.
그리고 설계를 현실화할 역량도 있었다. 신텍스 사에서는 이 물질
을 순식간에 합성해 낸다. 그리고 동물실험을 의뢰한 결과 입으로
먹였을 때도 프로게스테론보다 뛰어난 활성이 나타나는 것을 확
인했다. 꿈이 기술을 만나 현실이 됐다.

　신텍스 사에서는 이 물질에 이름을 붙여 의미를 부여했다. 노르
에틴드론norethyndrone이라는 이름이었다. 역사에 남은 이름이다.

실제 피임 효과를 내는 활성물질이기도 하다. 제라시가 이처럼 피임 활성물질을 만들어 낸 때는 코르티손 합성을 완료한 지 불과 4개월이 지난 시점이었다. 원래 이렇게 좋은 물질이 뚝딱 나오지 않는다. 제라시의 탁월함을 엿볼 수 있는 대목이다. 이때 제라시의 나이가 27세였다. 천재는 천재다.

다만 제라시는 이때 한 가지 실수를 한다. 노르에틴드론의 성공에 도취된 나머지 비슷한 구조의 물질에 대해서 연구를 진행하지 않은 것이다. 노르에틴드론과 비슷하게 생긴 물질은 활성도 비슷할 가능성이 크다. 이 물질들은 모두 피임약으로서의 잠재력을 가진다. 따라서 신약 개발을 하는 사람들은 활성물질이 나오면 유사한 구조를 가능한 한 많이 합성해 활성을 파악하고 특허로 권리를 보호하려 한다. 제라시는 그러지 않았다. 다른 연구 팀이 따라오지 못할 것으로 자만한 것인지, 아니면 그냥 무신경했던 것인지 알 수는 없지만 이런 제라시의 무심함은 훗날 큰 파장을 몰고 온다.

어쨌든 1950년 10월, 신텍스 사는 흥분에 빠져 있었다. 손대는 족족 성공했다. 프로게스테론도 만들었고, 피임약 성분이 될 만한 물질도 만들었다. 하지만 프로게스테론처럼 원재료로 파는 물질과 달리 피임약은 소비자에게 직접 가는 의약품이어야 했다. 기업 대 기업이 아니라 기업 대 소비자로 사업을 하려면 해야 할 일이 완전히 달라진다. 창립한 지 6년 남짓 된 스타트업 회사로서는 버거운 일이 아닐 수 없었다.

또한 중요한 과정이 남아 있었다. 신텍스 사에서 합성한 활성물질이 좋은 물질임은 분명했다. 하지만 좋은 물질이 바로 약이 되는 것은 절대 아니다. 약이 되기 위해서는 약물학자를 통해 활성과 독성을 확인해야 하고 약제학자를 통해 알약이나 캡슐 등 적절한 제형을 찾아야 한다. 임상시험을 통해 사람에 대한 효과도 검증해야 한다. 그리고 팔아야 한다. 제라시가 만들고자 하는 약은 피임약이었다. 당시 교황청에서는 피임과 관련한 연구를 강력하게 규탄하고 불매 운동을 예고하던 중이었다. 신의 영역에 도달하기 위해서는 이런 사회적인 논란도 감수해야 했다. 이 모든 것을 감내하기에 신텍스 사는 작은 회사였다. 원료 공급을 전문으로 하는 화학 회사였을 뿐 제약 회사가 아니기도 했다. 신텍스 사에는 자신들이 만든 화합물에 주목해 줄 누군가가 필요했다. 자신들이 만든 꿈과 현실을 미래로 인도해 줄 그런 개척자 말이다.

어머니가 되지 않을 권리

*

더 이상 아이를 낳고 싶지 않았던 여성이 있었다. 이름은 새디 작스Sadie Sachs. 아이는 자신과 남편 제이크 사이에 낳은 세 명으로 충분했다. 하지만 28세의 젊은 아내는 원치 않던 임신을 다시 했다. 그녀의 선택은 낙태. 다른 사람들의 도움 없이 혼자서 불법 낙태를 했다. 그러다 일이 커졌다. 출혈이 일어났고 감염까지 일어나 죽기 직전의 상태로 의사와 만났다. 치료를 통해 어느 정도 몸을 회복한 후 의사에게 좋은 피임법에 대해 간절하게 물어보았다. 아이를 더 낳으면 죽을지도 모른다고 호소했다. 하지만 의사는 퉁명스럽게 대답했다. "남편더러 지붕에서 자라고 해요Tell Jake to sleep on the roof." 작스는 실질적인 조언을 얻지 못한 채 일상으로 돌아가야만 했다.

제이크에게서 전화가 온 것은 세 달 뒤였다. 아내 작스가 다시 임신을 했고 혼자서 불법 낙태를 하다가 과다 출혈을 일으켰다는 다급한 내용이었다. 의료진이 달려갔지만 아내는 이미 혼수상태에 빠져 있었고 10분 뒤 사망하고 만다. 1912년 가을, 새디 작스는 그렇게 죽었다.

이 모든 비극을 지켜본 간호사가 있었다. 이름은 마거릿 생어Margaret Sanger. 생어의 어머니도 평생 열여덟 번 임신했다. 아이를 아무리 좋아한다고 해도 열여덟 번이나 임신하길 바라는 사람은 많지 않을 것이다. 생어의 어머니도 그랬다. 그녀의 어머니는 평생 임신(출산 11회, 유산 7회)만 거듭하다가 죽었다. 49세에 죽었다는 사실을 고려하면 마냥 근거 없는 말은 아닐 것이다.

생어는 임신을 조절하고 싶었다. 섹스와 임신을 구분할 수는 없는 걸까? 많은 여성들이 임신과 출산, 육아로 지쳐가고 있었다. 그중 상당수는 의도하지 않은 임신이었다. 임신을 선택할 수 있다면 훨씬 더 많은 여성들이 자유롭게 자신의 인생을 계획하고 살수 있을 것이 분명했다. 남성은 콘돔을 이용해 어느 정도 선택할

그림20 **콤스톡법을 풍자한 1888년 만평. 콤스톡으로 묘사된 사람이 화가의 그림에 간섭하고 있다.**

수 있었다. 하지만 여성에게는 이런 선택권이 없었다. 피임약은 없었지만 적당한 피임 기구 등은 당시에도 있었다. 하지만 그런 노하우가 전달되지 않던 시절이었다.

작스가 의사에게 물었던 것도 피임에 관한 노하우였다. 임신하고 싶지 않은데 어떻게 해야 하는지에 관한 이야기였다. 산부인과 의사라면 노하우를 알려줄 법도 했지만 그러지 않았다. 그런데 의사에게도 할 말은 있었다. 피임에 관한 이야기는 어떤 식으로도 입에 담지 못하게 법으로 규정해 놓았기 때문이다. 콤스톡법Comstock Act이었다.

콤스톡법은 독실한 청교도 신자이자 정치가인 앤서니 콤스톡Anthony Comstock이 만든 법이다. 콤스톡은 1873년 미국 사회를 보다 독실하고 순결하게 만들어야 한다면서 성행위와 관련된 모든 정보를 외설스러운 것으로 규정했다. 그리고 다른 사람에게 그러한 정보를 공개하지 못하도록 하는 법을 추진했다. 이 법에 따르면 편지나 전단지는 물론이고 의사의 상담까지도 제한해야 했는데 놀랍게도 실제 법으로 제정됐다. 이후 미국 사회에서 성과 관련된 이야기는 사라졌다. 콤스톡법에 따라 폐기한 음란 자료는 무려 160톤에 달했다. 피임과 관련한 노하우 역시 어느 누구에게

스테로이드 인류

도 전수되지 못했고, 피임 기구에 대한 광고 또한 금지됐다.

콤스톡은 자신의 법이 실제로 잘 이행되는지 감시하기까지 했다. 의사에게 사람을 보내 피임과 관련한 조언을 부탁하게끔 한 것이다. 여기에 넘어가 조언을 건넨 의사는 다음 날 콤스톡법을 앞세운 경찰에게 체포당했다. 이 법을 위반하면 1~10년의 징역형에 처하도록 되어 있었다. 지금은 법으로 엄격하게 금지되어 있는 함정 수사다. 하지만 당시는 그게 통하던 시절이었다. 콤스톡법은 50여 년간 미국 사회를 지배하는데, 이 정도면 한 세대의 지식을 단절시키기에 충분한 시간이었다. 실제로 이 기간 동안 3,760명이 처벌받았고 15명이 자살했다. 새디 작스의 답변을 거부한 의사 또한 이런 상황에서 피임에 관한 이야기를 하기는 어려웠을 것이다. 법은 지켜야 한다. 더군다나 감시원이 시퍼렇게 눈을 뜨고 활동하는 상황이라면 더욱 그렇다.

하지만 콤스톡법은 악법이었다. 당시 자료에 따르면 매년 200만 건의 불법 낙태가 이루어지고 있었다. 쉽게 짐작할 수 있듯 대부분 치명적인 결과를 초래했다. 2만 5,000명의 임신부가 출산 중에 사망했다는 통계가 자료로 남아 있기도 하다. 콤스톡법에도 예외는 있었다. 질병을 예방하거나 치료할 목적으로는 성과 관련된 이야기를 할 수 있도록 했다. 단 남성 또는 성병과 관련된 이슈에만 적용됐다. 여성의 임신과 관련된 이슈에는 적용되지 않았다. 명백한 악법이다. 그리고 잘못된 법에는 반발하는 사람이 나오기 마련이다. 생어처럼 말이다.

2 신에 도전한 분질

생어가 오래전부터 콤스톡법을 폐지하고 싶어 하긴 했지만 그것은 작은 소망일 뿐이었다. 하지만 작스 부인의 비극을 목도하는 순간 그 소망은 자신의 목표가 됐다. 생어는 여성에게 권리를 주고 싶었다. 생어는 이것을 '어머니가 되지 않을 권리'라고 불렀다.

악법은 악법일 뿐이다

✳

피임법을 널리 알려주고 싶었지만 정작 생어도 아는 것이 별로 없었다. 오랜 기간 간호사로 일했던 생어는 당시 의사들도 아는 것이 별로 없다는 것을 간파하고 있었다. 장기간의 악법이 이렇게 무섭다. 그녀는 병원을 그만두고 프랑스로 떠났다. 프랑스는 당시 놀랍게도 출생률이 3대째 감소하고 있는 나라였다. 그녀는 프랑스에게서 노하우를 배우고 싶었다.

무작정 찾아간 프랑스였지만 그럭저럭 성과는 있었다. 실제 효과가 있는지는 알 수 없었지만 지역이나 가문에서 내려오는 노하우를 이것저것 들을 수 있었다. 또한 콤스톡법 없이 자유롭게 이야기하는 자체가 얼마나 소중한지도 느낄 수 있었다. 1914년 미국으로 돌아온 그녀는 곧바로 8페이지짜리 신문을 매월 발간하기 시작했다. 제목은 《여성 저항The Woman Rebel》. 주로 위생이나 출산, 다자녀 가구의 어려움 등을 다루었는데 콤스톡법에 저촉되는 주제를 의도적으로 피한 것을 보면 두려움을 느꼈던 듯하다.

하지만 법원에서는 콤스톡법을 융통성 없이 적용해 이 신문을 불법으로 규정하고 판매를 금지했다.

생어는 고민에 빠졌다. 더 강하게 나갈 것인지 아니면 수그러들 것인지를 결정할 순간이었다. 그리고 그녀는 자신이 정작 하고 싶었던 피임에 관한 이야기는 아직 한 글자도 하지 못했음을 깨달았다. 이윽고 가진 돈을 전부 털어 〈가족 제한Family Limitation〉이라는 제목의, 피임과 관련한 정보로 가득 찬 팸플릿을 만들어 배부했다. 10만 부를 발행했는데 이후 그녀의 센세이셔널한 팸플릿은 1,000만 부 이상 복사되어 유통됐다.

그림21 1914년 생어가 발간한 《여성 저항》 중 일부.

당연히 콤스톡법 위반이었고 생어는 해외로 도피했다. 영국으로 가서는 보다 적극적으로 유럽의 활동가들과 협력했다. 생어의 팸플릿은 해외에서도 화제가 됐던 터였기에, 관련 활동가들에게도 환대를 받았다. 생어는 유럽 여러 나라를 돌면서 각 나라의 기구와 습관을 익혔고 피임법에 대해 전문가가 됐다. 그러고 나서 미국으로 돌아왔다. 2년이 지난 1916년이었다.

죽음의 위기를 넘긴 주인공처럼 강해져서 돌아온 생어는 더 이상 콤스톡법이 두렵지 않았다. 오히려 정면으로 조준했다. 그러기 위해서는 쉬쉬하고 있는 콤스톡법을 공론화하는 게 먼저였다. 그

그림22 1916년 자신의 클리닉에서 연행되는 생어.

녀가 선택한 것은 네덜란드에서 최초로 운영하고 있던 '피임 클리닉'. 여성들에게 직접적으로 도움을 주기 위한 목적도 있었다.

1916년 10월 16일, 뉴욕 브루클린 앰보이가Amboy street 46번지는 아침부터 대성황을 이뤘다. 첫날 피임 클리닉이 문을 열기 전부터 장사진을 치며 기다리고 있던 사람들은 생어를 반갑게 맞이했고 많은 정보를 얻어 갔다. 생어는 적절한 정보를 주고 필요한 경우 직접 수입해 온 피임용 패드를 소개하기도 했다. 진료비는 여성 1인당 10센트 정도. 말할 것도 없이 폭발적 반응이 일었다. 물론 열흘 뒤에 일어난 일 또한 당연한 수순이었다. 그녀는 콤스톡법 위반으로 체포됐다.

보석금을 지불한 뒤 풀려난 생어는 다음 날 언제 잡혀갔냐는 듯 클리닉에서 하던 일을 그대로 했다. 그리고 다시 체포됐다. 그녀를 돕던 생어의 여동생 에셀 번Ethel Byrne도 함께 체포됐는데 먼저 재판을 받은 번에게는 30일간의 노역형이 선고됐다. 그녀는 형의 부당성을 주장하며 단식 농성에 들어갔다. 지금 같으면 단식을 하더라도 물과 소금 정도는 생리적인 이유로 먹곤 한다. 하지만 단식이 흔치 않던 시절이라 그런지 번은 아무것도 먹지 않는 극단적 단식을 185시간 동안 이어갔다. 결국 실신하긴 했으나 다행히 죽지는 않았다. 이러한 일련의 저항과 체포와 농성은 언론의 지대한 관심을 끌었다. 제1차 세계대전이 진행 중이었고 종전 협상도 이어지고 있었는데 신문의 1면 뉴스가 생어와 번의 투쟁 소식으로 장식됐다. 더 이상 사람들이 콤스톡법을 쉬쉬하지 않게 된 것이다. 그리고 운명의 그날이 왔다. 생어의 재판이 열린 것이다.

생어에게도 30일간의 노역형이 선고됐다. 관련 문헌에 따르면 이 양형은 생어의 예상보다 훨씬 가벼운 것이었다고 하는데, 재판부도 여론을 의식하지 않았을까 생각해 본다. 의외로 그녀는 노역형을 거부하지 않았다. 사실 거부할 기회가 없었다. 노역 작업장에서 그녀가 일하러 오는 것을 먼저 거부했기 때문이다. 생어는 유치장에서 30일간 조용하게 머무른 후 출소한다. 바깥에는 지지자들로 가득 차 있었고 그녀의 무사 귀환을 사실상의 승리로 여기며 축하했다. 1917년 2월의 일이었다.

1년 뒤 뉴욕의 한 판사가 콤스톡법의 예외 조항, 즉 질병의 치료와 예방 목적으로 성과 관련된 정보를 '남성에게만' 전달할 수 있게 한 조항을 '여성에게도' 적용하라고 판결했다. 판결에 따라 생어는 더 이상 체포당할 걱정 없이 자유롭게 활동할 수 있었다. 사실상 콤스톡법이 무력화된 것이다. 이후 시대에 뒤처진 이 악법은 자연스럽게 사문화되었다.

부잣집 며느리의 우여곡절

✳

또 한 명의 여걸이 있다. 캐서린 매코믹Katharine Dexter McCormick이다. 결혼 전 이름은 캐서린 덱스터. 유복한 집안에서 태어나기도 했지만 본인 스스로도 노력해 1904년 29세의 나이로 MIT에서 생물학으로 학사 학위를 받은 재원이었다. 당시는 여성이 대학을 가는 것도 쉽지 않던 시절이었다. 그래도 그녀는 계속 공부를 하고 싶었다. 의사가 되고 싶었다.

하지만 그녀는 의사가 되지 않았다. 대신 결혼을 선택했다. 상대는 스탠리 매코믹Stanley R. McCormick. 프린스턴 대학교를 우등으로 졸업하고 운동에도 탁월한 능력을 보인 한 살 위 청년이었다. 거기에다 젠틀하고 영리한 스탠리는 캐서린의 마음을 순식간에 사로잡았고 둘은 평생을 함께하기로 한다. 실제로도 그랬다.

반전은 스탠리 매코믹의 아버지, 즉 캐서린의 시아버지였다. 이름은 사이러스 매코믹Cyrus McCormick. 19세기 중반 기계식 곡물 수확기를 개발해 미국 농민의 일손을 덜어준 인물이다. 일각에서는 링컨이 노예 해방의 아버지라면 사이러스 매코믹은 농민 해방의 아버지라 평가할 정도로 미국 사회에 커다란 변화를 가져왔다.

사이러스 매코믹의 기계식 수확기는 농민의 일손을 덜어준다는 면에서 획기적이었을 뿐만 아니라 판매 전략 면에서도 혁명을 일으켰다. 1831년 22세의 그가 만든 수확기는 사람들에게 좋은 평가를 받았다. 하지만 당시 가난한 농민들이 쉽사리 구입할 수 있는 가격이 아니었다. 결국 돈을 모아 구매해야 했는데 그렇게 기다리는 동안 경쟁자들이 소문을 듣고 비슷하게 만들어 판매하는 상황이 연출되기도 했다. 그러자 사이러스 매코믹은 판매 전략을 바꾼다. 바로 할부 판매였다. 지금은 비싼 물건을 할부로 사는 일이 이상하지 않지만 당시에는 무조건 일시불이었다. 할부 판매라는 방식이 가난하지만 일정한 소득을 올리고 있던 농민들에게 먹히면서 미국의 들판은 사이러스 매코믹의 기계식 수확기로 가득 차기 시작했다. 기술자가 영업까지 잘하면 사기 캐릭터다.

기계식 수확기는 많은 변화를 불러왔다. 우선 수확기가 본격적으로 보급되면서 농장의 일자리가 줄었다. 그만큼의 사람들은 도시로 가서 공장을 찾았다. 미국이 비교적 늦게 건국했음에도 빠르게 산업화에 들어선 배경이기도 하다. 두 번째 변화로 우리나라에 끼친 간접적 영향을 꼽고 싶다. 수확기로 수확을 하면 곡물을 묶을 끈이 필요하다. 이전과는 비교할 수도 없이 질긴 끈이 필요했는데, 이때 떠오른 최고의 끈이 멕시코에서 재배되는 헤네켄Henequen이라는 식물의 껍질이었다. 플라스틱이 개발되기 전임을 염두하길 바란다. 멕시코에서는 미국의 수요에 맞춰 많은 농장에서 헤네켄을 길렀는데 이 질기고 거친 작물을 재배할 인력이 필요했다. 노예제가 폐지됐기 때문에 멕시코의 농장에서 선택한 것은 해외 노동자였다. 1904년 100명이 넘는 조선인들은 인천에서 배를 타고 태평양을 건너 머나먼 멕시코에서 불리한 계약서에 서명해야 했다. 이 계약 노동자들은 조선이 망하면서 돌아갈 나라

그림23　1904년 스위스 외곽의 한 성에서 치러진 캐서린 매코믹과 스탠리 매코믹의 결혼식.

없이 현지에 정착하는 비운을 겪기도 했다.

　세 번째 변화는 사이러스 매코믹이 미국에서 손꼽히는 부자가 되었다는 것이다. 그리고 이 억만장자가 낳은 아들이 바로 스탠리 매코믹이었다. 그냥 아들도 아닌 막내아들, 그것도 65세에 낳은 억만장자의 늦둥이 막내아들이었다. 캐서린이 결혼한 바로 그 남자다. 젊고 스위트한 슈퍼리치 새신랑 스탠리 매코믹과 능력 있고 아름다운 새색시 캐서린 매코믹의 결혼 생활이 시작됐다. 하지만 행복은 그리 오래가지 않았다. 새신랑에게 조현병 증상이 나타난 것이다.

　스탠리 매코믹의 조현병은 결혼한 지 2년도 되지 않은 1906년부터 시작됐다. 망상과 환각에 사로잡혀 병원을 전전하던 1908년 공식적으로 조현병으로 진단받고 줄곧 요양원에 입원해야만 했다. 당시에는 조현병 치료제가 없었다. 예나 지금이나 많은 조현병 환자들이 어렵게 살아간다. 하지만 1950년대 초반 조현병 치료제 개발 이전에는 더욱 열악한 삶을 살 수밖에 없었다. 평생을 요양원에 갇혀서 산 것이다. 증상이 없어질 때까지 면담과 요양을 이어가는데, 조현병은 그렇게 해서 치료되는 병이 아니다. 스탠리는 1947년 고인이 될 때까지 평생을 조현병으로 고생하며 살

스테로이드 인류

았다.

스탠리의 공식적인 보호자는 당연히 아내 캐서린 매코믹이었다. 결혼한 지 2년 만에 엄청난 재산을 사실상 홀로 소유하게 된 새 며느리를 시댁 식구들이 고깝게 여기며 긴 법적 분쟁이 이어지기도 했다. 그래도 아내가 보호자인 것은 틀림없는 사실이었다. 둘 사이에는 아이도 없었다. 남편의 조현병 증상이 나타난 후 일부러 아이를 갖지 않은 것이다. 생물학을 공부한 캐서린은 조현병이 유전된다고 생각했다. 멘델의 유전 법칙이 발표된 해가 1866년이었고, 이 법칙이 한동안 묻혀 있다 재발견되어 제대로 평가받은 해가 1900년이었다. 그리고 캐서린이 공부한 MIT는 최신 생물학을 잘 가르치는 충분히 좋은 학교였다. 그녀는 자신이 아이를 낳으면 그 아이도 조현병으로 고생할 것이 두려웠다. 실제로 사이러스 매코믹의 일곱 자식 중 막내인 스탠리 매코믹 외에도 둘째인 메리 매코믹Mary V. McCormick이 조현병을 앓았다. 조현병과 유전의 관계는 지금도 연구되고 있는 주제지만, 당시 그녀가 두려워한 것도 충분히 이해된다.

그림24 여성 참정권 깃발을 들고 있는 1913년의 캐서린 매코믹. 'suffrage'는 투표권 또는 참정권을 뜻하는 단어다.

미망인인 듯 미망인 아닌, 하지만 돈만큼은 끝내주게 많은 캐서린은 학업도 가정생활도 사실상 끊긴 상황에서 다시 사회로 나왔다. 그러고는 여성 운동을 시작했다. 그녀가 가장 활발하게 활동한 분야는 여성 참정권 운동이었다. 그렇게 10년 넘게 사회 운동을 하던 캐서린 매코믹은 자신보다 떠들썩하게 여성의 권리를 주장하던 생어를 만났다. 1917년, 생어가 교도소에서 풀려나와 활발히 활동하던 시기였다.

2인 3각

✳

마거릿 생어와 캐서린 매코믹이 지향하는 바는 사실 일맥상통했다. 여성의 권리를 신장하는 것이었다. 구체적인 방법에서는 피임법의 활성화와 참정권의 확보로 나뉘었지만 둘이 함께할 수 있다는 사실은 명확하게 인지하고 있었다. 뉴욕의 한 회의에서 만나게 된 생어와 매코믹은 금세 의기투합했고 평생 함께 활동했다.

둘은 서로에게 부족한 것을 채워주기도 했다. 생어는 활동가로서 누구보다 적극적으로 대중 앞에 나섰지만 금전적으로는 한계가 있었다. 반면 매코믹은 평생 돈 걱정할 일이 없는 사람이었다. 활동가와 후원가로서 이상적인 관계일 수밖에 없었다.

1920년대 이후 콤스톡법이 사실상 유명무실해졌으므로 생어는 어느 정도 목표를 이룬 셈이었다. 이제 그녀는 여성들이 효과적으로 피임할 수 있도록 피임용 패드를 수입해 제공하고 피임을 적극적으로 홍보하는 일에 매진하고 있었다. 미국에서 여성이 투표권을 행사한 것도 비슷한 시기인 1920년이었다. 여기에는 제1차 세계대전으로 남성들이 징집되면서 후방에서 여성들이 산업 현장에 뛰어든 영향도 있었다. 가정에 있던 여성들이 사회로 나오면서 권리를 요구하는 것은 마땅한 일이었다. 매코믹의 소원도 이루어졌다.

하지만 둘은 만족하지 않았다. 남성에게는 콘돔이라는 효율적이고 간편한 피임 수단이 있다. 반면 여성은 피임을 위해 번거로운 패드를 사용해야 한다. 남성에 비해 여성의 피임 수단이 훨씬 불편하다. 질 속으로 직접 삽입해야 하기 때문이다. 따라서 수많은 여성들이 상대 남성의 콘돔에 의존해서 피임해야 했다. 상대가 콘돔을 원하지 않으면 임신을 받아들여야만 한다. 불편하기 짝이 없는 피임용 패드나 남성의 의지에 기댈 수밖에 없는 걸까? 여성에게 조금 더 간편하고 적극적인 피임 방법은 없는 걸까?

그들은 피임약을 꿈꿨다. 먹기만 해도 피임이 되는 약을 만들 순 없을까? 그러다가도 약을 안 먹으면 임신을 할 수 있는 그런 약이라면 더 좋다. 전구처럼 마음대로 스위치를 끄고 켤 수 있는 그런 약. 엄마가 되지 않을 권리를 넘어 원하는 시기에 엄마가 될 수 있는 그런 약이 있다면 참 좋을 것이다. 두 사람은 더 높은 곳을 바라보았다. 하지만 두 사람 모두 이제 예순을 넘긴 할머니였다. 과연 그들이 죽기 전에 꿈이 이루어질 수 있을까?

나이보다 더 큰 문제는 약에 대해 아무것도 모른다는 사실이었다. 약을 만들려면 굉장히 큰돈이 든다는 것도 난관이었다. 매코믹이 자산을 관리하긴 했지만 어쨌든 남편 스탠리가 살아 있었고, 이를 빌미로 시댁에서는 매코믹이 돈을 사용하는 것에 법적 시비를 걸고 있었다. 예를 들어 연구 단체에 후원을 하더라도 피임약 연구가 아닌 조현병 연구에만 후원을 하도록 압박하는 식이었다.

그러던 1947년 캐서린 매코믹의 남편 스탠리 매코믹이 세상을 떠났다. 40년을 조현병으로 고생하다 마침내 영원한 평화를 찾은 것이다. 그리고 모든 자산을 아내 캐서린에게 남긴다는 유서가 작성돼 있었다. 이제 시댁의 족쇄는 사라졌다. 그녀는 백지 수표를 들고 생어와 함께 미국 대륙을 뒤지며 피임약을 만들어 줄 제약 회사를 찾았다. 하지만 그들이 만난 회사들은 하나같이 관심을 보이지 않았다. 괜히 피임약을 출시했다가 종교계를 중심으로 불매 운동이라도 벌어지면 뒷감당을 어떻게 하란 말인가. 모두가 두 할머니의 제안을 거들떠보지도 않았다.

제약 회사의 무관심에 지친 그들은 이제 과학자를 찾기 시작했다. 실력은 있지만 연구비가 부족한 약물학자. 그리고 피임약이라는 민감한 이슈에 용감하게 도전할 수 있는 패기가 있는 그런 과학자가 필요했다. 그런데 그런 과학자가 있을까? 보통 실력이 있으면 연구비는 따라온다. 생어와 매코믹이 찾는 조건은 양립하기 힘든 명제였다. 그들은 유니콘 또는 이단아 같은 학자를 찾고 있었다. 그런데 그런 사람이 나타났다. 그레고리 핑커스Gregory G. Pincus였다.

3인 4각

✳

핑커스는 1903년 미국에서 태어난 유대인이다. 앞서 언급한 유대인들과는 다르게 나치의 핍박을 직접 받지는 않았다. 하지만 주류 미국 사회에서 다소간 소외됐다는 점에서는 힘들게 살았다. 인종별 쿼터라는 좁은 관문을 통과해 하버드 대학교에서 생물학을 공부하거나 그 후 모교에서 교수로 활동한 걸 보면 그 역시 악착같이 살았음을 짐작할 수 있다. 열심히 사는 사람은 또 대접을 하는 나라가 미국이다. 그렇게 핑커스는 주류 과학계의 흐름을 타고 있었다.

1934년 그는 과학계를 강타하는 연구 결과를 발표했다. 바로 체외 수정. 토끼의 정자와 난자를 자궁이 아닌 시험관에서 수정시킨 것이다. 그리고 한발 더 나아가 이 수정란을 암컷 토끼에 이식해 출산하는 데까지 성공했다. 인류 역사상 최초로 행해진 체외수정이었다. 언론에서는 이 결과에 열광했고 핑커스는 스타가 됐다. 체외 수정으로 시험관 아기가 태어나는 것도 가시화됐다.

하지만 사람과 관련한 실험에는 종교계의 반발이 따랐다. 체외 수정 기술은 이론적으로 사람에게 적용하는 것이 가능했다. 하지만 기술 문제가 아닌 다른 여러 가지 문제, 예를 들어 윤리 문제에 직면하곤 했다. 최초의 시험관 아기가 태어난 것은 그로부터 약 40년이 지난 1978년이었다. 1930년대에 기술이 있었음에도 불구하고 40년을 더 기다려야 했던 것은 그때가 그만큼 보수적이었기

2 신에 도전한 물질

때문이다.

그러나 1936년의 핑커스는 거침이 없었다. 2년 전의 성공에 도취된 그는 직접 출산만 하지 않으면 무엇이든 가능하다고 생각했는지, 난자에 여러 가지 화합물을 투여하면서 정자 없이 수정이 가능하다는 결과를 들고나왔다. 단성생식Parthenogenesis이라고 하는 개념인데 정자 없이 배아를 만들어 출산이 가능하다는 주장이다. 하지만 곧바로 많은 반발을 샀다. 우선 종교계에서 반발했다. 생명을 조작하지 말라는 경고를 내렸다. 언론인들도 자극적인 기사를 쓰면서 여론을 좋지 않은 쪽으로 몰아갔다. 사진에 찍힌 핑커스의 모습이 『프랑켄슈타인』의 괴물을 연상시킨다는 원색적인 비난도 쏟아졌다.

그뿐만 아니라 과학계에서도 반발했다. 다른 곳에서 그 결과를 재현할 수 없었던 것이다. 누구나 같은 조건을 줬을 때 같은 결과가 나와야 의미가 있다. 과학에만 해당하는 이야기가 아니다. 어쨌든 다른 과학자들은 핑커스의 결과를 재현할 수 없었고 그는 궁지에 몰렸다. 급기야 하버드 대학교는 핑커스와 재계약을 하지 않았다. 핑커스는 결국 쫓겨나듯 학교를 나와야만 했다.

대신 친구의 도움을 받아 인근의 작은 대학교로 자리를 옮겨 연구를 계속했다. 하지만 상황은 이전과 판이하게 달랐다. 하버드 대학교에서 당연하게 누리던 연구 지원 팀도 없었고 연구비도 부족했다. 돈을 아껴 시약을 사더라도 시약병에 붙일 라벨이 부족해 일일이 냄새를 맡으면서 확인하곤 했다. 동물 수정에 관한 한 미

스테로이드 인류

국에서 손꼽히는 전문가였지만 현실은 달랐다. 그는 지쳐가고 있었다.

이때 손을 내민 사람이 생어였다. 때는 1950년 12월. 핑커스가 열악한 연구 환경에, 생어가 제약 회사의 무심함에 지쳐가고 있던 시기였다. 생어는 핑커스에게 자신의 바람을 이야기했다. 알약 형태의 피임약을 만들어서 원할 때만 피임할 수 있는 세상을 꿈꾼다고. 그리고 그런 약을 당신이 만들어 줄 수 있겠냐고 단도직입적으로 물어보았다. 이 질문에 핑커스가 그렇다고 대답하면서 그들의 기묘한 동맹이 시작됐다.

핑커스가 받은 숙제는 약을 만드는 것이었다. 그것도 이제 일흔 줄에 접어든 생어와 매코믹이 죽기 전에 만들어야 했다. 그는 생물학자였지 약을 만드는 사람이 아니었다. 그래도 화합물이 필요하다는 사실은 분명했다. 어떤 화합물이 필요한지도 명확했다. 자신이 하버드에서 연구할 때부터 자주 사용했던 프로게스테론 같은 물질이 필요했다.

1952년 핑커스는 토끼에게 프로게스테론을 주입했다. 이후 관찰을 통해 배란기가 지났음에도 배란하지 않는 것을 확인했다. 건강상 특별한 문제도 없었다. 프로게스테론 주입을 멈추자 배란을 재개했다. 그들이 원하는 피임약의 실마리가 프로게스테론에 있음은 확실했다.

다만 프로게스테론을 알약 형태로 만들었을 때 흡수되지 않거나 빠르게 배설되어 사실상 효과가 없다는 것도 알고 있었다. 핑커스는 화합물을 찾기 시작했다. 동물실험은 금방 할 수 있었다. 프로게스테론과 유사한 활성을 가지되 체내에서 흡수되는 성질이 뛰어나 알약으로 먹을 수 있는 물질, 그런 것이 필요했다. 그런데 세상에 누가 그런 물질을 만들어 팔까? 프로게스테론만 해도 충분히 귀한 물질인데 그런 물질의 유도체를 생산해 가지고 있는 사람이 도대체 있기나 한 걸까?

주변 화학자들에게 수소문하고 화학 논문들을 뒤지면서 핑커스는 뜻밖에 황홀한 구조를 목격한다. 자신이 꿈에 그리던 구조의 화합물들을 누군가가 만들어 놓은 것이 아닌가. 바로 신텍스 사였다. 제라시가 프로게스테론을 넘어 더 뛰어난 물질을 만들겠다는 일념으로 만든 그 물질들이었다. 그 가치를 핑커스가 알아본 것이다.

핑커스는 곧바로 연구 팀과 함께 그 화합물들을 확보했다. 합성팀에 의뢰해 만들기도 했고, 구매할 수 있는 물질은 그냥 사버렸다. 가격은 높았지만 돈은 문제가 되지 않았다. 생어가 이끄는 미국 산아제한협회에서 비용을 지불했다. 더 필요하다면 매코믹이 다시 연구비를 지불할 예정이었다. 이제 핑커스는 문구류를 살 수 있을까 걱정하던 연구자에서 미국에서 가장 많은 예산을 집행하는 연구자가 되어 있었다. 그는 어느덧 전 세계 200여 종의 스테로이드를 확보했고 이 화합물들로 동물실험을 진행했다.

핑커스가 200여 종의 화합물에서 최종적으로 찾아낸 물질은 노르에티노드렐norethylnodrel이란 물질이다. 앞서 제라시가 만들

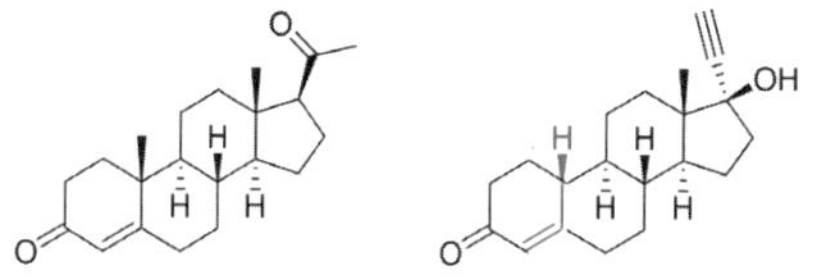

그림25 **프로게스테론과 노르에틴드론, 노르에티노드렐의 구조.** 닮았지만 미세하게 다르다.

었던 물질인 노르에틴드론과 비슷한 이름의 이 물질은 구조 또한 비슷하다. 활성도 비슷하다. 그럴 수밖에 없다. 노르에티노드렐이 몸 안에서 노르에틴드론으로 전환되기 때문이다. 몸속에서 활성 형태로 전환되는 약을 우리는 전구약물prodrug이라 부른다. 노르에티노드렐은 노르에틴드론의 전구약물이다.

　제라시의 신텍스 연구 팀이 관련 구조에 대해 광범위하게 연구를 했다면 이 전구약물 노르에티노드렐에 대한 권리도 신텍스 사가 가지고 있었을 것이다. 하지만 제라시는 노르에틴드론 외의 다른 물질에 대해서는 별로 연구를 하지 않았던 터였다. 당연히 특허도 걸려 있지 않았다. 이 빈틈을 핑커스의 연구 팀이 파고들었다. 예상대로 노르에티노드렐은 프로게스테론보다 적은 양으로 좋은 효과를 보였다. 약물 사용을 중지하자 보란 듯이 배란이 다시 시작되기도 했다. 동물실험 결과로만 봤을 때 노르에티노드렐은 이상적인 피임약이 맞았다. 그렇다고 해도 끝이 아니었다. 사람에게도 효과가 있을지 확인해야 했고 부작용도 봐야 했다. 적절한 용량도 찾아내야 했다. 우리는 이런 과정을 임상시험이라고 부른다.

신의 영역에 발을 디딘 사람들

임상시험은 사람을 대상으로 하는 실험이다. 허가받지 않은 물질을 사람에게 투여하기 위해서는 반드시 의사가 필요하다. 핑커스는 다행히도 임상시험을 지휘할 산부인과 의사를 찾는 데 성공했다. 존 록John C. Rock이라는 이름의 이 의사는 신텍스 사, 생어, 매코믹, 핑커스 등 아웃사이더들이 난무하는 이 이야기에서 처음으로 등장하는 주류 과학자다. 독실한 가톨릭 신자이자 하버드 대학교 교수이며 화려한 경력을 마무리해 가는 60대의 잘생긴 정통 백인인 록은 평생을 난임 치료에 헌신한 사람이기도 하다. 1944년에는 인간의 난자로 체외 수정에 성공해 스포트라이트를 받았다. 가톨릭 교단에서 체외 수정이나 피임에 관한 연구를 엄격히 금지하고 있었기에 더 이상의 실험은 시도하지 않았고 성공률이나 재현성 면에서도 개선할 점이 많이 남아 있긴 했다. 그럼에도 기술적으로 시험관 아기가 가능하다는 것을 증명하며 한동안 난임 부부의 희망이 되기도 했다.

시험관 아기가 종교적인 문제, 즉 본인의 신념과 배치되는 것을 느끼면서부터는 다른 형태로 난임 치료를 시도했다. 바로 프로게스테론 사용이었다. 록은 난임 부부가 임신할 수 있도록 프로게스테론을 주사한 경험을 가지고 있었다. 앞서 언급했듯이 프로게스테론은 배아를 보호하는 역할을 하므로 적절하게 사용한다면 임신을 도와줄 수도 있다. 이러한 관점에서 시도한 아이디어였지만 괜찮은 결과를 얻지는 못했다. 어쨌든 그는 피임 목적의 핑커스와 정반대의 접근을 시도한 연구자였다.

그랬던 그가 핑커스 팀에 합류했다. 60대 후반, 경력의 말미에 왜 생각을 바꿨는지는 알 수 없다. 진심을 다해 좋은 과학적 결과를 내놓으면 교황청에서 언젠가는 피임약을 지지할 거라고 믿지 않았을까 추측될 뿐이다. 어쨌든 그는 핑커스와 함께 피임약을 임상시험 할 계획을 세운다.

당시 미국에서 콤스톡법이 이미 유명무실해졌지만 피임과 관련해서는 여전히 규제하는 곳이 많았다. 그리고 핑커스가 하려는 형태의 임상시험은 불법이 될 것이 자명했다. 특히 그가 활동한 매사추세츠주에서는 피임약과 관련한 임상시험을 할 경우 5년 이하의 징역에까지 처해질 수 있었다. 그런데 핑커스와 록이 기발한 아이디어를 냈다. 피임약 임상시험이 아니라 난임 치료용 임상시험을 하자는 것이었다.

피임약의 효과를 알아보기 위해 10개월이나 걸리는 임신 여부를 굳이 확인할 필요는 없다. 난자가 방출됐는지, 즉 배란이 일어났는지만 확인하면 그것으로 피임 효과를 알 수 있다. 이처럼 직접 확인하기 어려운 생리적 효과를 간접적이지만 정확하게 보여 주는 지표를 '바이오마커biomarker'라고 부른다. 가령 당뇨병이 있는지를 확인하기 위해서는 복잡하고 전문적인 검사를 오랫동안 거칠 필요 없이 혈당만 재면 간편하게 확인할 수 있다. 이때 혈당은 당뇨병의 바이오마커가 된다. 좋은 바이오마커를 찾는 일이 질병 치료의 지름길이 될 수 있다. 피임의 바이오마커는 배란이었다. 배란은 소변 중 관련 호르몬 농도만으로도 측정 가능한 간편한 지표였다. 그리고 보건 당국에 난임 치료를 위해 시험한다고 둘러대기 딱 좋은 명분이기도 했다. 물론 평생을 난임 치료에 헌신해 온 독실한 가톨릭 신자, 록의 관심사와도 일맥상통했다.

1953년에 이루어진 역사적인 임상시험에서 연구 팀은 예상보다 저조한 성과를 얻었다. 보통 이럴 때 남 탓을 한다. 연구 팀도 비슷했다. 그들이 분석한 가장 큰 원인은 임상시험에 참여한 사람들이 약을 제대로 복용하지 않았다는 것. 실제로 그들의 분석에도 일리가 있었다. 예를 들어 항암제를 임상시험 한다면 참가자들은 보통 절박한 마음으로 참여하고 의료진의 지시에 철저하게 따른다. 하루도 약을 빼놓지 않고 먹으며, 작은 변화도 기록하고 보고한다. 환자의 건강과 직접 관계될수록 복약 순응도는 올라갈 수밖에 없다.

그런데 핑커스 팀이 설계한 임상시험은 많이 달랐다. 우선 임상시험에 참여한 60여 명 중 대부분이 연구 팀과 직간접적으로 알고 있던 사람들이었다. 이들은 건강상 필요에 의해 참여한 것이 아니라 인맥에 의해 동원됐을 뿐이었다. 초반에는 약을 복용했지만 시간이 지날수록 건너뛰기 일쑤였고 검사도 제대로 수행하지 않았다. 임상시험의 취지와 목표를 제대로 이해하지 않은 채 참여한 이들은 호르몬 수치를 재는 것에 별 관심이 없는 사람들이었다.

그럼에도 가시적인 성과가 조금은 있었다. 배란이 억제되는 것은 분명했다. 위험한 부작용이 나타난 것도 아니었다. 핑커스 팀은 고민에 빠졌다. 제대로 된 성과를 얻기 위해서는 일단 솔직해야 했다. 하지만 솔직한 임상시험은 불법의 위험이 있었다. 연구팀이 고민 끝에 택한 방법은 미국 본토가 아니라 해외에서 임상시험을 재개하는 것. 그들은 미국의 영향력은 미치지만 규제가 덜한 나라, 거기에 인구 문제가 심각해 피임약을 환영할 나라를 찾기 시작했다. 이러한 까다로운 조건에 맞는 나라가 있을까 싶었지만 연구 팀은 딱 맞는 나라를 찾아냈다. 푸에르토리코였다.

푸에르토리코는 미국 플로리다에서 동남쪽으로 내려가면 있는 작은 섬이다. 멕시코, 쿠바, 아이티, 도미니카공화국을 지나 동쪽에 위치한 이 지역은 미국의 자치령이긴 하지만 정식 주는 아니어서 본토와는 약간 차별화되어 있다. 1950년대 이 지역은 중남미의 가난한 땅이었기에 여성 노동력도 필요했다. 숙련된 여성 노동력이 잦은 출산과 육아로 인해 자리를 비우게 되자 어떻게 하면 여성 노동력을 일정하게 유지할 수 있을지 고민하던 지역이기도 했다.

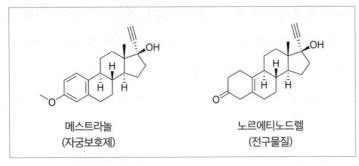

메스트라놀
(자궁보호제)

노르에티노드렐
(전구물질)

그림26 메스트라놀이라는 자궁 보호제가 미량으로 추가되면서, 간간이 보고되던 노르에티노드렐의 자궁 내 출혈 문제가 사라졌다.

푸에르토리코에 도착한 핑커스 연구 팀은 100여 명의 지원자를 모집했다. 이때는 임상시험의 의미를 정확하게 설명했는데 미국 본토에서 보인 반응과는 사뭇 달랐다. 정부 관계자들과 병원 전문가들이 임신을 조절할 수 있는 약을 열렬히 환영했고 적극적으로 임상시험에 협조했던 것이다. 이후 실시된 임상시험에서 핑커스 팀의 노르에티노드렐은 좋은 피임 효과를 보였고 이 결과는 학회에도 발표되어 센세이션을 일으켰다. 임상시험 설계가 이렇게 중요하다.

다음 단계는 대량 생산과 허가 및 판매였다. 이 단계까지 가면 아무리 돈이 많아도 개별 연구 팀에서 수행할 수 없다. 핑커스 팀은 그간 수행했던 자료를 들고 제약 회사의 문을 다시 두드렸다. 1950년대 초반 생어와 매코믹의 방문 때보다 훨씬 더 우호적이긴 했지만 여전히 종교계의 반발을 우려하며 몸을 사리는 회사들이 많았다. 피임약 시장이 커봐야 얼마나 크겠냐는 생각도 많이들 하고 있었다.

그러던 중 서를Searle이라
는 제약 회사로부터 긍정적
인 반응을 끌어내는 데 성공
했다. 서를 사는 1953년 8월
노르에티노드렐에 대한 특
허 신청과 동시에 후속 개발

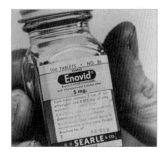

그림27 최초로 시판된 피임약 에노비드.

을 진행했다. 임상시험 과정에서 일부 환자에게 나타난 부작용,
즉 자궁 내 출혈 문제도 해결했다. 날마다 먹는 피임약에서 자궁
내 출혈 부작용이 나타나는 것은 심각한 문제였다. 핑커스 팀이
고생하던 난제였건만, 서를 사 연구 팀은 자궁을 보호하는 물질을
소량 추가함으로써 이를 완벽하게 해결했다.

1957년 6월 10일, 핑커스 팀과 서를 사가 개발한 전구물질과 자
궁 보호제 복합제를 미국에서 정식으로 승인했다. 복잡한 성분
명 대신 '에노비드Enovid'라는 그럴듯한 상품명도 붙였다. 보건 당
국에서는 피임약이라는 이슈를 피하고 싶었던지 월경불순 치료
제라는 형태로 시판을 허가했는데, 피임을 원하는 여성들은 아랑
곳하지 않고 월경불순으로 둘러댄 채 이 약을 사기 시작했다. 3년
간 시판되고 난 뒤 에노비드는 정식 피임약으로 다시 허가를 받는
다. 1960년 5월 9일이었다. 생명 탄생이라는 신의 영역에 사람이
발을 디딘 순간이다.

신텍스 사로서는 조금 억울했을 만도 하다. 피임약의 성분을 만

든 최초의 회사는 사실 신텍스 사라고 봐도 과언이 아니었다. 전문 화학 회사긴 했어도 생리활성 물질을 다루고 있었고 의약품 개발을 위해 직접적으로 화합물을 연구하기도 했었다. 최고 기술을 보유하고도 1등을 놓쳤다는 점에서 그 이유를 한 번 돌이켜 볼 필요가 있다.

신텍스 사에서 개발했던 노르에틴드론도 좋은 물질이 맞다. 핑커스처럼 적극적으로 연구했다면 먼저 시작했던 만큼 결승선에 먼저 다다를 수 있었다. 하지만 신텍스 사가 후속 개발을 맡긴 제약 회사에서 피임약 연구개발에 손을 놓고 있으면서 일이 틀어졌다. 파크-데이비스Parke-Davis라는 이 제약 회사는 좋은 약을 많이 만든 훌륭한 회사였다. 하지만 피임약 연구에는 너무 신중한 태도를 보였다. 가령 가톨릭 교단에서 피임약 연구를 강하게 반대했고 관련 연구를 진행하는 회사의 전 제품을 불매하겠다는 입장을 보였는데 파크-데이비스 사도 이런 움직임을 무시할 수 없었다. 이 회사에서는 이미 많은 의약품을 판매하고 있었고 소비자 불매 운동은 심각한 타격이 될 수 있었다. 피임약 시장을 과소평가한 이유도 컸다. 어쨌든 파크-데이비스 사에서는 신텍스 사의 물질을 2년 동안이나 그냥 묵혀두었다. 신텍스 사로서는 속이 탈 만한 시간이었을 것이다. 연습생 계약해 놓고 데뷔 안 시키는 연예기획사 느낌이다.

반면 핑커스와 손잡은 서를 사에서는 피임약 시장을 조금 더 낙관적으로 바라보았기에 빠르게 연구개발을 진행했다. 파트너십

스테로이드 인류

이 이렇게 중요하다. 이들의 연구가 진행되는 것을 보면서 신텍스 사에서는 파크-데이비스 사와 계약을 파기하고 다른 회사와 연구를 진행했다. 오르토Ortho라는 제약 회사와 협약했는데 정작 파크-데이비스 사가 기존의 연구 결과를 제공하길 거부했다. 파크-데이비스 사에서 수집한 임상시험 데이터는 당연히 그 회사의 자산이지만, 약을 개발하지 않을 거라면 임상시험 데이터를 함께 팔 수도 있었을 텐데 그러질 않았던 것이다. 결국 본인은 개발하지 않으면서 남들이 개발하는 것도 막은 셈이다. 이렇게 시간을 끄는 와중에 서를 사의 에노비드가 시판됐고 대대적인 성공을 거두었다.

신텍스 사와 오르토 사에서 독자적으로 임상시험을 다시 진행해 두 번째 피임약을 출시한 것은 에노비드 출시보다 2년 늦은 1962년이었다. 이때 개발한 물질은 신텍스 사의 제라시가 개발했던 활성물질, 노르에틴드론이었다. 제라시의 안목이 탁월했음이 뒤늦게 드러나긴 했다. 그러나 최초 발명의 영예는 포기할 수밖에 없었다. 딴지만 놓던 파크-데이비스 사에서도 세상 돌아가는 것을 뒤늦게 파악하고 1964년 노르에틴드론 유도체를 신텍스 사와 협의해 출시했다.

그 뒤로 어떻게 됐을까

✳

조지 로젠크란츠는 제라시에게 합성 팀을 넘겨준 이후로도 신텍스 사에 남아 연구개발을 총괄했다. 회사 사장에까지 오른 후에는 신텍스 사의 성공을 즐기며 다른 분야에 관심을 쏟았다. '브리지Bridge'라고 부르는 카드 게임이다. 심지어 훗날 이 종목에서 세계 챔피언에까지 올랐다. 우리나라에서는 비교적 덜 알려졌지만 올림픽위원회의 인정을 받아 2018년과 2022년 아시안게임에서 정식 종목으로 채택되기도 한 게임이다. 로젠크란츠는 아내 에디트와 브리지 게임을 즐기며 여생을 보내다가 2019년 103세를 일기로 타계했다.

러셀 마커의 후일담은 앞서 본문에서 다뤘다. 은퇴 후 은세공에 열중해 전문가가 됐다는 것 외에는 알려진 바가 거의 없다. 러셀 마커는 1995년 93세에 죽었다.

칼 제라시는 신텍스 사에서 불꽃 같은 3년을 보낸 후 회사를 그만두고 학계로 돌아갔다. 스탠퍼드 대학교의 화학과 교수로 재직하며 학자로서도 왕성한 연구력을 보여주었다. 신텍스 사와 맺은 좋은 관계 역시 퇴사 후까지 이어져 회사 고문으로 일하다가 부사장에 올랐다. 이러한 산학 협력은 긍정적인 시너지를 낳게 마련이다. 실제로 그는 신텍스 사가 스탠퍼드 대학교 인근에 미국 지부를 설립하는 데 도움을 주었다.

칼 제라시는 곤충 퇴치 사업으로도 유명하다. 피임약을 개발한

그림28 **유충 호르몬과 메토프렌의 구조. 구조가 비슷한 듯 다르다. 유충 호르몬은** 본 그림의 구조 외에 다양한 물질이 더 있다.

사람이 곤충 퇴치에 앞장섰다고 하면 곤충에 피임약을 먹이려는 활동으로 생각하기 쉽지만 실제로는 살짝 다르다. 식물에서 나오는 호르몬을 연구해 구조를 변경하고 더 뛰어난 활성의 곤충 약을 만들었다. 이 이야기는 조금 더 자세히 언급해도 될 듯하다.

프로게스테론을 더 강력한 프로게스테론 유도체로 만들어 피임약을 개발한 사람답게, 제라시는 유충 호르몬을 더 강력한 유충 호르몬으로 바꾸려고 했다. 유충 호르몬은 곤충이 유충 상태에 머물러 있게 하는 물질이다. 스테로이드에 비해 훨씬 작고 간단한 구조의 물질이지만 이 호르몬이 나오는 이상 곤충은 유충 상태에 머무른다. 그렇다면 이 물질의 구조를 바꿔 외부에서 넣어준다면 곤충이 자라지 않을 것이 분명했다. 그리고 이러한 연구에 제라시만 한 전문가는 세상에 많지 않았다. 제라시의 연구 팀은 다양한 물질을 순식간에 합성했고 일반적인 유충 호르몬보다 훨씬 더 강력한 물질인 메토프렌methoprene을 개발하는 데 성공했다. 이제 이 물질을 논밭에 뿌리기만 하면 될 일이었다.

문제는 이제부터 시작이었다. 메토프렌을 논밭에 뿌린 순간, 유충이 탈피해서 성충이 되는 것은 막을 수 있었는데 정작 유충이 거대해진 것이었다. 일반적으로 농작물에 피해를 주는 것은 유충이다. 유충은 날지 않고 잎에서 잎으로 천천히 옮겨가며 곡식을 갉아 먹는다. 그리고 성충보다 먹는 양도 훨씬 많다. 사람도 마찬가지다. 청소년이 어른보다 잘 먹는다.

시장 조사가 완벽하지 않았음을 깨달은 제라시 팀은 난관에 봉착했다. 그리고 슬기롭게 문제를 풀어나갔다. 해법은 두 가지였다. 우선 유충보다 성충이 문제를 일으키는 지역에 판매하는 것이다. 예를 들어 파리나 모기 등은 유충 형태로는 크게 문제가 되지 않는다. 반면 성충이 입히는 피해는 이루 말할 수 없다. 모기는 말라리아, 황열병, 뎅기열 같은 다양한 질병을 일으켜 유사 이래 인간을 괴롭혀 왔다. 농업용 살충제 DDTDichloro-Diphenyl-Trichloroethane가 개발되어 한동안 인류가 모기에 우위를 점하는 시기가 있었지만 환경 오염 이슈 때문에 1972년 미국에서 사용이 금지된 상황이었다. 이런 상황에서 제라시가 개발한 메토프렌은 훌륭한 대안이 될 수 있었다.

두 번째 해법은 유충이 필요한 곳을 찾아가는 것이었다. 예를 들어 비단을 생산하는 지역에서는 누에고치가 필요하다. 실을 뽑아내는 주체는 성충인 나방이 아니라 유충인 누에고치다. 그러므로 유충 호르몬을 투여해 누에고치 상태를 길게 유지하면 생산성을 올릴 수 있다.

이와 같은 두 가지 접근법으로 제라시 연구 팀은 피임약 이후 두 번째 상업적인 성공을 맛보게 된다. 그는 곤충 퇴치를 위해 관련 회사를 세우고 성공적으로 키워냈다. 2015년, 제라시는 92세를 일기로 고인이 됐다.

마거릿 생어는 생전에 31회나 노벨평화상 후보에 올랐다. 평생을 여성 운동에 헌신해 온 사람으로서 최초의 경구 피임약이라는 결과물까지 찬란하게 내놓았으니 충분히 추천할 법하다. 하지만 수상까지 이어지지는 않았다. 노벨상을 수상한 이유는 직접 발표된다. 그러나 수상하지 못한 이유를 추론하기는 무척이나 어렵다. 생어에게는 치명적인 논란이 있었다. 우생학을 지지했다는 논란이다. 유전자를 선별해서 우수한 것만 물려주고 열등한 것은 물려주지 말아야 한다는, 지금 봐서는 위험하기 짝이 없는 우생학이 유전학 붐을 타고 사회적으로 많은 지지를 받던 때가 있었다. 당시 많은 사람들이 지지했던 우생학이니 생어 한 명쯤이야 하고 넘어갈 수도 있을 것이다. 하지만 생어가 후원한 결과물이 피임약이라는 사실을 감안하면 그저 가볍게 여길 수는 없다. 1966년 생어가 죽은 이후 그녀의 우생학 행보를 비판하는 사람들이 늘어났고 생어의 업적에는 이러한 비판이 항상 뒤따른다.

캐서린 매코믹은 생어를 보내고 1년 후인 1967년 92세를 일기로

그림29 **매코믹 부부의 묘비.**

영면했다. 그녀는 사랑하던 남편 곁에 묻혔다.

핑커스의 시간은 길지 않았다. 에노비드 시판과 피임약 대중화를 목격한 후 얼마 지나지 않아 암으로 사망했다. 1967년, 64세가 되던 해였다. 핑커스는 지금도 제라시와 함께 피임약의 아버지로 불리고 있다. 제라시의 경우는 합성한 물질이 다양한 제약 회사로 가서 시판됐기 때문이며, 핑커스의 경우는 불가능할 것 같았던 의약품 개발과 임상시험을 주도했기 때문이다. 제라시의 물질이 뒤에 약으로 개발될 수 있었던 것도 핑커스가 앞서 어려움을 이겨냈기에 가능한 일이었다. 둘 모두 피임약의 아버지로 불리기에 손색없다.

존 록을 피임약의 아버지로 부르기도 한다. 참고로 미국 독립의 아버지는 300여 명에 이르고 미국인들도 다 모른다고 한다. 그렇다고 해서 록이 피임약 개발에 그냥 묻어간 사람은 아니다. 록은 피임약 성공에 상당한 지분을 가진 사람이다. 실제로 그는 까다롭기 짝이 없던 임상시험을 설계해 성공적으로 마무리했다. 그 결과를 학계에 처음 발표한 사람도 핑커스가 아니라 록이었다. 아웃사이더들의 조합으로 이루어진 연구 팀에서 '핵인싸'로 평가받던 록이 발표를 담당한 것은 대중에게 이미지 메이킹을 하는 데도 상당한 도움이 됐다.

다만 모든 것이 록의 바람대로 흘러간 것은 아니었다. 독실한 가톨릭 신자로서 교단의 비난을 받아야만 했다. 피임약에 대한 연구가 이루어지던 초기부터 교황청은 생명에 대한 조작을 강력히

경고했다. 록 역시 이런 부분을 우려했지만 과학자로서 연구의 성과 또한 무시할 수 없었다. 그는 피임약이 대중들에게 우선 인정받으면 교황청에서도 인정할 것으로 기대했던 듯하다. 하지만 뜻대로 되지만은 않았다. 1968년 7월 25일, 교황 바오로 6세는 「인간 생명Humanae Vitae」이라는 선언을 통해 모든 피임 방법을 강하게 부정했다. 사회적 분위기는 달라지고 있었지만 교황청의 입장은 생각보다 더 보수적이었다. 지금도 피임에 대한 교황청의 공식 입장은 1968년에서 하나도 바뀌지 않았다. 록은 96세를 일기로 1984년 고인이 됐다.

신텍스 사는 피임약에 대해서 아쉬움이 많이 남았을 것이다. 거북이에게 추월당한 토끼마냥, 한참을 앞서 나갔지만 결국 피임약 개발에 뒤처졌기 때문이다. 그래도 그들이 앞장서서 스테로이드 연구를 선도한 덕분에 결과적으로 피임약 개발도 가능하지 않았을까 싶다.

스테로이드에 피임약만 있는 것은 아니다. 신텍스 사는 피임약 외에도 염증 치료제와 같은 스테로이드 화합물 연구 분야에서 탁월한 존재감을 드러냈다. 관련 물질에 대한 특허도 확보하고 있었고 원천기술도 보유하고 있었기 때문이다. 하지만 20년이 지나면 특허권이 사라진다. 마치 타임아웃이라도 온 것마냥 1970년대에 이르러 신텍스 사는 새로운 발전 동력을 찾는 데 실패했다. 혁신은 어렵다. 더군다나 과학의 중심이 미국으로 급격히 옮겨 가는 상황에서는 더욱 그랬을 것이다. 1980년대 이후에도 스테로이드 관련 사업으로 명맥을 이어가던 신텍스 사는 1994년 다른 제약 회사인 로슈Roche와 합병하며 역사 속으로 사라졌다. 물론 그들이 만들어 낸 성과까지 사라지는 일은 없을 것이다. 그들의 노력과 성취에 찬사를 보낸다.

피임약은 꾸준히 발전했다. 앞서 언급한 에노비드와 같은 피임약은 1세대 경구 피임약으로 분류하는데 지금은 효능과 부작용이 개선된 4세대 경구 피임약까지 나와 있다. 또한 날마다 먹어야 하는 경구 피임약의 불편함을 극복하기 위해 피부에 삽입하는 형태의 피임약도 출시되어 선풍적인 인기를 끌고 있다. 한 번 삽입하면 2~3년간 효과가 지속되기 때문에 장기간 피임을 원하는 경우에 여러모로 효과적이다. 피임약이 개발되기 전 생어가 주로 추천했던 피임용 패드도 개선되어 효과적인 피임 장치로 탈바꿈해 사용되고 있다. 심지어 경우에 따라서는 사후 피임약도 처방받아 쓸 수 있으니 피임법은 꾸준히 발전했다고 단언할 수 있다. 그 옛날의 새디 작스처럼 간절하게 피임을 원하는 사람이 주변에 있다면 그때처럼 외면하지 않아도 된다.

프로게스테론은 어떻게 됐을까? 한때 신의 물질이었던 이 파란만장한 스테로이드는 또 다른 여성 호르몬 에스트로겐과 함께 생뚱맞기 짝이 없는 문을 열어버렸다. 바로 화학적 거세다.

마커라는 희대의 괴짜 천재 과학자가 프로게스테론의 대량 합성 시대를 연 후 많은 학자들이 스테로이드 구조를 화학적으로 합성하기 시작했다. 새로운 방법으로 대량 생산을 하는 사람도 있었고, 구조를 바꿔 좋은 의약품으로 만들겠다는 사람도 있었다. 이미 피임약이 세상을 바꾸는 것을 경험한 마당에 스테로이드는 화학자들에게 좋은 목표가 됐다. 이런 화학자들 중에 길버트 스토크Gilbert Stork란 화학자가 있다.

스토크는 1921년의 마지막 날 벨기에에서 태어난 후, 이 책의 많은 과학자들이 그랬듯이 제2차 세계대전을 피해 미국으로 건너왔다. 1945년 위스콘신-매디슨 대학교 화학과에서 박사 학위를 받은 그는 졸업 후 하버드 대학교로 건너가 연구원으로 일했다. 이때부터 다양한 물질의 합성을 연구했는데 이 중에는 스테로이드도 있었다. 당연한 일이다. 당시 스테로이드는 화학자들에게 시대를 대표하는 물질이었기 때문이다. 더군다나 스토크가 박사 학위 과정 중에 친하게 지낸 두 살 차이의 친구가 바로 피임약의 아버지 칼 제라시다. 비슷한 성장 배경을 가지고 있던 두 천재는 금세 친해졌고 제라시의 학위 주제였던 스테로이드에 대해서

그림30 1951년 신텍스 사에서 자문을 하는 스토크(제일 왼쪽). 가운데 시험관을 잡고 있는 사람이 로젠크란츠, 그 뒤에서 어두운 양복을 입고 바라보는 사람이 제라시다.

도 관심을 공유하게 됐다. 이후 제라시가 멕시코의 신텍스 사로 옮겼지만 둘의 우정은 이어졌다. 신텍스 사의 열악한 환경이 아쉬울 때 하버드의 스토크가 많은 도움을 주었고, 둘은 스테로이드 합성을 주제로 함께 논문들을 발표하기도 했다.

이후 스토크는 1953년 뉴욕의 컬럼비아 대학교 교수가 되어 자리를 옮겼다. 물 만난 고기처럼 재능을 발휘하며 많은 화합물들을 만들어 낸 것은 충분히 예상할 수 있는 바. 가령 1967년에는 프로게스테론을 전혀 다른 방식으로 합성해서 사람들을 놀라게 하기도 했다. 이때 스토크의 지도 아래 함께 프로게스테론을 만들었던 연구원은 존 맥머리John E. McMurry. 오늘날 유기화학 교과서의 대명사 『맥머리의 유기화학Organic Chemistry』을 집필한 바로 그 맥머리다.

스토크는 사실 스테로이드 합성만으로 형용할 수 없는 유기화학자다. 평생 유기화학자로 활동하면서 수많은 반응을 개발하고 화학 원리를 탐구해 화학의 지평을 넓힌 과학자다. 교육자로서도 뛰어난 역량을 보여 후학을 양성하고 지식을 전파하는 데 앞장선 사람이기도 하다. 2017년 10월 21일 그가 작고했을 때 《네이처》

스테로이드 인류

에서 부고를 알리며 기릴 정도로 스토크는 오랜 기간 유기화학의 아이콘이었다.

여기서 스토크를 특별히 언급하는 이유는 그가 죽기 전 발표한 마지막 논문 때문이다. 죽기 대략 6주 전인 2017년 9월 6일 스토크는 유명 국제 학술지인 《유기화학지Organic Letters》에 연구 결과를 발표했다. 은퇴한 학자가 자신의 활동을 요약하거나 간단한 기고문을 남기는 정도는 흔하지만 그런 차원이 아니었다. 순수한 연구 논문이었다. 이 논문을 발표할 당시 스토크의 나이는 무려 95세. 2010년 이후 잠잠하던 그가 7년 만에 발표한 논문에 학계가 술렁거렸다. 실질적인 연구를 시작한 2010년 당시 스토크의 나이는 88세였다. 대단하다는 말밖에 안 나온다.

이 마지막 논문에서는 게르민germine이라는 천연 알칼로이드의 순수한 화학적 합성에 관한 내용을 다루었다. 만들기만 하면 혈압 조절과 관련한 의약품을 만드는 데 좋은 실마리가 되겠지만 아무도 만든 사람이 없었다. 천연에서 확보하기도 만만치 않은 물질이었다. 그런데 스토크가 연구를 하고 있었던 것이다.

하지만 그의 연구 팀은 화합물 합성을 완료하지 못했다. 게르민의 최종 단계에 진입해서 거의 끝을 보기 직전이었지만 결국 마지막 탄소 하나를 제거하지 못하고 4-메틸렌게르민4-methylenegermine이라는 어중간한 중간체에 머무르고 말았다. 천연물 합성의 최종 목표는 완전히 동일한 물질을 만드는 것이다. 그렇지 않으면 여러 가지 의미에서 연구의 가치가 낮아질 수

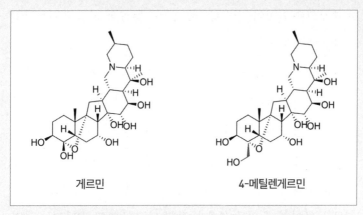

그림31   게르민과 4-메틸렌게르민(거의 게르민)의 구조. 푸른색 부분만 다르다.

밖에 없다. 게르민을 목전에 두고 '거의 게르민'에 만족해야만 했던 연구 팀의 한탄이 논문 너머로 느껴진다.

연구의 가치가 낮아졌다고는 해도 사라지는 것은 아니다. 연구 팀은 아쉬운 대로 결과를 정리해 부랴부랴 학회지에 투고했고 그렇게 결과가 나왔다. 그런데 이 논문에서 가장 주목을 끌었던 것은 논문 저자의 나이도 화합물 구조도 아닌 논문의 맨 마지막을 장식한 문단이었다.

At this point, we realized that we did not have enough material (a few milligrams) to go through the several steps for this conversion. One would have to restart the whole synthesis. But I am now 95 years old…

이 지점에서, 우리는 본 합성을 마무리할 몇 단계를 위한 화합물이 거의 남아 있지 않음을 알았습니다. 누군가 본 합성 과정을 따라서 다시 수행하면 됩니다. 하지만 저는 95세입니다…*

스토크는 '거의 게르민'을 게르민으로 전환할 수 있는 마지막 화학적 경로가 있지만 당장 확보한 물질의 양이 너무 적어서 당장은 구현하기 어렵다고 서술하고 있다. 그러면서 누군가 다른 사람이 이 화학적 여정을 마무리해 주길 바랐다. 스토크 본인이 연구팀과 함께 마무리할 수는 없었을까? 유기화학으로 복잡한 물질을 만들다 보면 여러 다양한 합성 단계를 거쳐야 하고 뒤로 갈수록 당연히 양은 줄어들게 된다. 수득률 90퍼센트인 합성 단계를 10단계만 지나도 34.8퍼센트다. 하지만 이 화합물의 합성 단계는 37단계였고 각 반응의 수득률은 90퍼센트가 안 되는 경우가 훨씬 많다. 당연히 화합물 확보는 어려울 터였고, 마무리할 만큼의 양을 다시 손에 쥐기 위해서는 그만큼 더 많은 양에서 출발해 더 오랜 시간을 거쳐야 할 터였다. 통상적으로 '스케일업scale-up'이라고 부르는 과정이다. 적어도 수개월이 소요되는 이 과정을 다시 진행하기에, 스토크에게는 시간이 부족했다. 그는 맨 마지막 문장에서 본인이 95세임을 언급하며 말줄임표 점 세 개와 함께 논문을 마무리했다. 그리고 6주 뒤 숨을 거두었다.

*   출처: Gilbert Stork et al. Synthetic Study toward Total Synthesis of (±)-Germine: Synthesis of (±)-4-Methylenegermine. Org. Lett. 2017, 19, 5150-5153. (doi:10.1021/acs.orglett.7b02434)

개인적 의견이지만, 이 정도 복잡한 구조의 물질이면 합성을 완결하지 않더라도 해당 저널에 충분히 실릴 만하다고 본다. 합성을 마무리하지 못하는 이유를 굳이 언급하지 않는 경우도 많다. 세상 모든 일을 어떻게 다 완성하겠는가. 마무리에 이르지 못하는 일이 훨씬 더 많을 것이다. 그래도 대부분의 연구자들은 어떤 식으로든 정리해서 논문을 낸다. 안 되면 안 되는 이유를 적으면 된다. 그것도 다른 학자들에게 나름의 정보가 되고, 그것을 바탕으로 학문은 또 발전한다.

　나이가 많아서 마무리 못 했다는 이유는 어떻게 평가해야 할까? 이 경우에는 학문의 발전도 발전이지만, 그보다는 한 시대를 풍미했던 대학자의 마무리라고 봐야 하지 않을까 싶다. 20대 중반에 박사 학위를 받은 후 70년 가까이 유기화학 연구를 수행한 대가 중의 대가다운 마무리다. 삶의 마지막까지 화학에 대한 열정을 불태우며 연구한 노학자가 남기는 마지막 문장이자, 다음 세대에 남기는 첫 문장으로 볼 수 있다. 이런 마음을 알기에 그의 학문적이지 않은 마지막 문장이 그대로 논문에 실릴 수 있지 않았을까 생각해 본다. 과학이라는 영역이 철저하게 자료와 근거에 기반해서 연구하는 분야긴 하지만 그래도 사람이 하는 일이다. 한 시대를 마무리하는 전설에게 이 정도의 여유와 경의는 표할 수 있는 곳이 과학계다.

　스토크가 죽고 시간이 흘렀지만 아직 게르민을 화학적으로 합성한 연구 팀은 세상에 없다. 그만큼 어려운 물질이라고 봐야 할

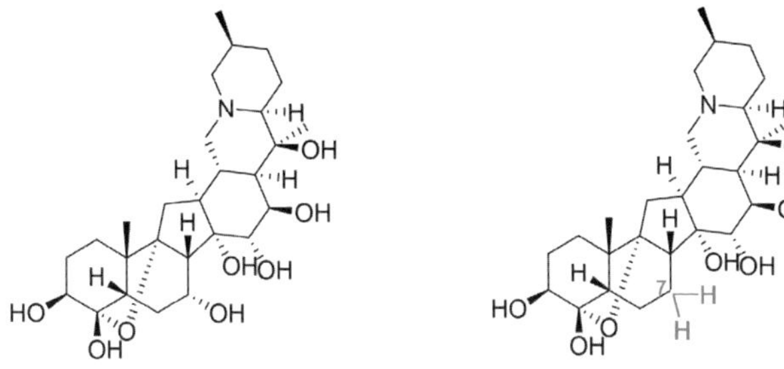

그림32　게르민과 자이가데닌의 구조 비교. 7번 자리만 살짝 다르다.

것이다. 그래도 다행인 점은 그에 걸맞은 화합물의 합성법이 속속 개발되어 보고되고 있다는 사실이다. 가령 2023년 6월 베이징 대학교 연구 팀은 '자이가데닌zygadenine'이라는 물질의 합성을 완료해 학계에 보고했다. 게르민의 구조와 비교해 볼 때 7번 자리가 살짝 다를 뿐인 이 물질은 게르민과 필적할 정도로 충분히 도전적인 물질이다. 합성법도 스토크의 방법을 따르지 않고 자신들이 독창적으로 개발했다. 여러모로 더욱 발전이 이루어졌다.

　화학자들이 이런 물질을 만드는 이유가 뭘까? 우선 자연에서 얻기 어려운 천연물을 대량으로 확보하는 방법이 되기 때문이다. 천연자원이 고갈되거나, 기후 등의 조건이 달라지면서 천연자원 함량이 낮아지는 경우가 종종 있다. 이럴 때 화학적인 방법을 통해 안정적으로 확보할 수 있다면 더할 나위 없이 좋은 해결책이 된다.

대량 확보를 하지 않더라도 의미는 있다. 언급한 연구 팀의 자이가데닌 최종 생산량은 4.9밀리그램. 타이레놀 한 알에 들어 있는 주성분 아세트아미노펜의 양이 500밀리그램인 것을 감안하면 4.9밀리그램은 세상을 바꾸기에 많이 부족한 양이다. 하지만 이 정도의 양만으로도 다른 생리활성을 검색할 수 있고 약으로서의 가능성을 확인할 수도 있다. 가능성이 보이면 더 좋은 합성법을 고안할 수도 있는 노릇이다. 첫술에 배부르랴마는 첫술은 또 나름의 의미가 있는 법이다. 심지어 제일 맛있는 게 첫술이다. 미량이라도 확보하는 것과 그렇지 않은 것은 하늘과 땅 차이다.

　　합성법 개발 자체로도 도움이 된다. 복잡한 구조를 합성하다 보면 기존의 방법으로는 합성하기 어려운 난관에 마주치게 된다. 이때 새로운 합성 기법을 개발하는 경우가 많다. 이후 다른 물질의 합성에도 새로운 기법이 도움이 되곤 한다. 지금 우리가 쓰는 여러 합성 기술들도 한때는 누군가의 최신 기술이었다. 마커가 독창적인 방법으로 프로게스테론을 만들 수 있었던 것도 산화나 환원, 가수분해 반응 같은 기초적인 화학 반응을 이전 세대에서 이미 정립해 놓았기 때문이다. 기술은 계승된다. 그리고 발전한다. 스토크가 이루지 못한 꿈도 언젠가는 이뤄지지 않을까 싶다.

　　늦었지만, 고인의 명복을 빈다.

더 들어가기 좋은 게 좋은 거다

화학적
거세

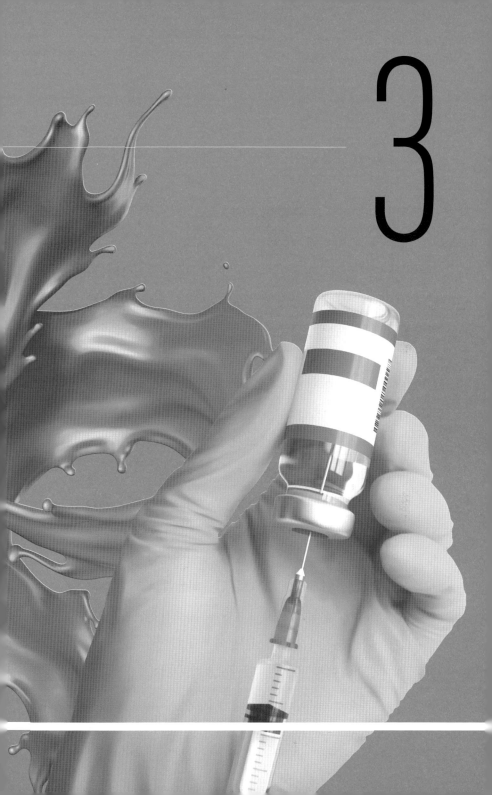

3

초토화 전략

✳

우리나라 신규 암 환자 약 30만 명 중 가장 큰 비중을 차지하는 암은 갑상선암이다. 대장암과 폐암, 위암이 그 뒤를 따른다. 5위는 유방암. 신규 환자만 매년 3만 명 정도 된다. 유방암에는 다른 암과 결정적인 차이점이 있다. 거의 대부분 여성에게서 발생한다는 점이다. 매년 100여 명 남성 유방암 환자가 발생하긴 하지만 99퍼센트 이상의 신규 유방암 환자는 여성이다. 절반의 인구에서만 발생했는데 종합 순위 5위에 올랐다는 점이 무섭다. 그리고 안 좋은 소식이 있다. 신규 유방암 환자는 매년 늘어나고 있다.

좋은 소식도 있다. 유방암은 생존율이 비교적 높은 암이다. 5년간 생존율이 90퍼센트를 넘는다. 유방암에 걸렸다고 해서 너무 비관적으로 생각하지 않았으면 한다. 의사들이 유방암 환자들에게는 생존율이 높으니 희망을 가지라는 말을 하는데 위로 삼아 하는 빈말이 아니다. 실제로 생존율이 높다. 물론 조기 진단 기술이 좋아졌기에 가능한 일이긴 하다. 의사들의 치료 기술 수준도 높아졌다. 예전에 비해 유방암 조직을 훨씬 효율적으로 제거할 수 있다. 삶의 질을 고려해 유방 복원을 함께 시술하는 경우도 많다.

유방암을 제거했다고 해서 유방암이 생긴 원인까지 제거되는 것은 아니다. 따라서 재발을 막기 위해 다양한 약물로 유방암을 억제할 필요가 있다. 암종의 특성에 따라 최신 표적 치료제를 투여하기도 하고 호르몬 억제제를 복용하기도 한다. 많은 약물이 개발되어 있다는 것은 그만큼 치료의 선택지가 넓다는 말이기도 하다. 환자나 보호자 입장에서 치료 과정이 결코 쉽지는 않겠지만 그래도 유방암에 걸렸다고 바로 죽는 것은 아니니 너무 비관적으로 생각하지는 않았으면 한다.

그런데 유방암이 죽는 병으로 여겨지던 시절도 있었다. 암에 대한 지식이 부족하던 때였다. 현미경으로 세균을 관찰하고 수많은 질병의 원인임을 알게 된 19세기 후반 이후로는 유방암이 감염병의 일종이 아닌가 생각하기도 했다. 수많은 환자들의 유방이 잘려 나갔고 조직에서 균을 찾기 위한 연구가 시도됐다. 당연히 허사였다. 지금이야 유방암이 세포 내 신호 전달 체계 이상이나 유전자 차원의 변화로 인해 나타난다는 사실을 알고 있지만 당시의 과학 수준으로 이런 것을 이해하기 어려웠다. DNA 이중나선 구조가 밝혀진 것이 1953년이다. 19세기 후반의 의사들에게 너무 많은 것을 요구하지 말자.

그래서 그들은 계속해서 잘라 냈다. 사실 유방암 치료를 위해 암 조직을 도려내는 것은 지금도 제일 먼저 고려하는 치료법이다. 그래도 너무 많이 잘랐다. 당시 의사들은 유방만이 아니라 더

그림33　근치유방절제술로 인접한 조직까지 잘라 낸 상태다.

광범위하게 잘라 냈다. 잘라 낸 인접 부위에 유방암이 재발하는 경우가 빈번했기 때문이다. 근치유방절제술radical mastectomy이라고 부르는 이 방법은 1894년 미국의 한 의사에 의해 소개된 이후 표준 프로토콜로 자리 잡아 가여운 환자를 더 힘들게 만들어 버렸다. 발병한 유방뿐만 아니라 인접한 근육이나 뼈까지 잘라 내는 수술이었기 때문에 수술 중에 죽는 환자도 많았다. 수술을 성공적으로 마친 환자들도 후유증으로 힘겨운 여생을 보내야만 했다. 전쟁으로 치면 인접 마을까지 초토화하는 전략에 해당한다. 이 과격한 수술이 과연 적절한 조치인지에 대해 끊임없이 논쟁이 오갔고, 결국 시간이 지나며 불필요한 절제는 줄이는 방향으로 수술법이 조절됐다. 물론 암세포에 대한 이해처럼 기초 학문의 성과가 뒷받침됐기 때문에 가능한 일이었다.

　그런데 근치유방절제술이 세상에 나오고 2년 후인 1896년, 색다른 수술법이 하나 조용하게 등장했다. 유방 인접 조직을 초토화하지 않고 멀리 떨어져 있는 다른 조직 하나만 살짝 떼어 내도 된다는 사실이 논문으로 보고된 것이다. 바로 난소였다.

새로운 전략

난소는 자궁에 연결된 조직으로 난자를 보관하고 주기적으로 방출하는 조직이다. 난소가 난자를 방출하는 과정에서 나오는 호르몬이 몇 가지 있다. 에스트라디올이나 에스트론 같은 스테로이드 호르몬이다. 이런 물질들을 아울러 부르는 표현이 에스트로겐. 프로게스테론과 함께 대표적인 여성 호르몬이다. 에스트로겐은 주로 부신이나 난소에서 만들어져 여성의 특징이 나타나도록 하는 호르몬을 통칭하는 표현이다.

배란 주기에 맞춰 서서히 분비량이 늘어가는 에스트로겐은 난자를 방출한 후에도 일정량 이상 분비된다. 난자와 정자가 만나 생겨나는 수정란이 자궁에 제대로 자리 잡도록 돕기 위해서다. 심지어 에스트로겐은 유방에도 작용해서 유방 조직을 분화하고 부풀게 만든다. 출산 후 아이가 먹을 젖이 돌게 하는 데 필요한 사전 작업이다. 품을 떠난 이후에도 자식을 살뜰히 챙기는 어머니처럼

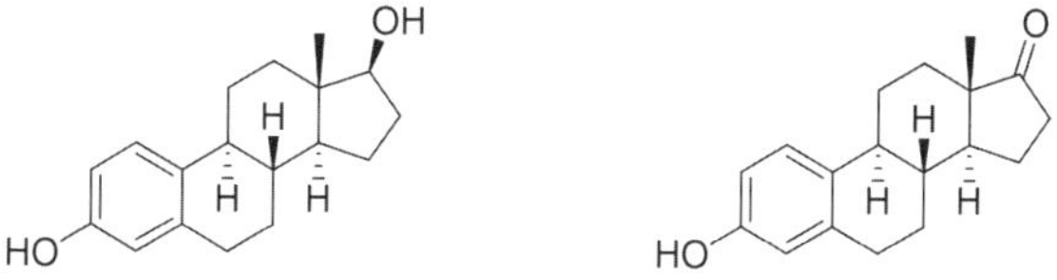

에스트라디올　　에스트론

그림34 에스트로겐에 속하는 대표 호르몬인 에스트라디올과 에스트론

난자를 내보낸 이후에도 끝없이 보살펴 주는 존재가 난소다.

난소는 여성에게만 있는 조직이다. 남성의 성기는 돌출되어 있어서 고대 시절부터 물리적 거세와 그에 따른 변화를 쉽게 관찰할 수 있었다. 하지만 몸속 깊숙이 위치한 여성의 난소는 달랐다. 그래서 해부학 지식이 쌓인 르네상스 시절 이후에나 연구되기 시작했다. 비교적 경험치가 쌓인 때는 19세기. 예를 들어 1873년에는 여성의 몸에서 난소를 적출했을 때 부정 출혈은 멈추지만 얼굴에 홍조가 나타나고 장기적으로는 질이 축소한다는 것을 알 수 있었다. 이후로도 난소 제거에 따른 변화는 꾸준히 관찰·기록되어서 후속 연구의 기초가 됐다. 모이고 모인 증거는 드디어 뜻깊은 성과를 이루게 된다. 여기에는 영국 의료계의 적통 중 적통이 제대로 기여를 했다.

조지 비트슨George T. Beatson은 빅토리아 여왕의 명예 주치의이자 인도 주둔 부대의 의료를 책임지는 아버지 스튜어트 비트슨G. Stewart Beatson 밑에서 자라난 금수저였다. 비트슨은 이후 스코틀랜드에서 공부한 후 가업을 이어 의사가 됐는데, 갓 졸업한 그를 지도한 인물은 조지프 리스터Joseph Lister. 오늘날 구강 소독제 리스테린에도 남아 있는 그의 이름은 멸균 수술법을 최초로 시행해 의료계의 역사를 바꾼 이름이기도 하다.

이처럼 비트슨은 잘 태어났고, 잘 공부한 후 잘 일했다. 보통 이렇게 배경이 좋은 인물은 어딘가 흠이 있기 마련인데 비트슨은 그런 것 없이 스스로도 훌륭한 인물이었다. 금수저가 공부도 잘하고 일도 잘했다니 사기 캐릭터다. 의사가 되어서는 열심히 환자를 구하고 군의관으로 복무하며 영국 왕실의 기사 작위도 받았다. 연구도 열심히 했는데 주로 연구한 분야는 배란과 수유, 유방암의 상관관계였다. 나날이 권위가 높아져 가던 그에게 유방암 환자가 찾아온 것은 1895년 5월 11일, 한창 전성기를 달리던 47세 때의 일이었다. 세 살과 15개월짜리 두 아이를 둔 33세의 환자 엘리자베스Elizabeth B.는 이미 왼쪽 가슴의 유방암 조직을 도려낸 지 4개월이 지난 후였다. 그럼에도 불구하고 절제 인접 부위에서 종양이 재발했고 이제 더 잘라 낼 부분이 없는 암울한 상태였다. 이 절망적인 환자는 담당 의사의 추천을 받아 비트슨에게 오게 됐다. 그리고 이제 어디를 잘라 내야 할까 걱정하던 환자에게 비트슨이 제안한 방법은 당시로서는 뜬금없어 보이는 방법, 바로 난소 제거였다.

비트슨이 난소를 잘라 내자고 제안한 데는 나름대로 실마리가 있었다. 난소와 수유의 관계는 어느 정도 알려져 있었다. 그리고 비트슨이 관찰한 바에 따르면 수유와 유방암은 조직의 세포 분열이 활발하게 일어난다는 점에서 비슷했다. 물론 결정적인 차이점이 있었다. 정상적으로 세포가 분화하면 모유가 원활하게 돌아서 수유에 도움을 주지만, 조절되지 않고 분열만 하면 아무런 기능을 하지 않는 유방암 조직으로 분화한다는 점이었다. 엘리자베스는 정상적으로 조절되지 않는 경우였다. 비트슨의 파격적인 제안이 못 미덥긴 했을 것이다. 하지만 선택지가 별로 없었던 막막한 암 환자 엘리자베스는 나날이 커져가는 암 조직을 보면서 그 제안에 응하게 된다.

1895년 6월 15일, 유방암 치료를 위한 난소 절제 수술이 이루어졌다. 비트슨은 엘리자베스의 복부를 열고 난소를 제거했는데 왼쪽 난소는 이미 딱딱하게 굳어 있는 상태였다. 난소를 제거하고 수술 부위를 봉합하는 것으로 수술은 간단하게 끝이 났다. 8개월 뒤 엘리자베스는 유방암에서 완치됐고, 이 수술은 역사가 됐다. 비트슨은 그해 다른 두 명의 유방암 환자에게 같은 방식으로 시술했다. 두 사람 모두 수술 후 경과가 좋았기에 이듬해에는 수술 결과를 논문으로 발표하기까지 했다. 유방암 환자들에게 새로운 선택지가 생겼다.

카풀에서 찾은 답

✳

유방암 환자의 난소에서는 도대체 무슨 일이 있었던 걸까? 비트슨이 역사적인 시술을 발표한 1896년, 다른 차원의 연구도 이루어졌다. 오스트리아의 한 학자는 토끼에게서 난소를 잘라 내자 자궁이 위축되는 것을 관찰했다. 여기까지는 이미 알려진 사실이었다. 그런데 이 학자는 잘라 낸 난소를 그 토끼의 다른 부위에 이식하면서 자궁이 다시 기능하는 것을 알 수 있었다. 난소에서 나오는 물질이 혈류를 타고 흐르며 자궁에 변화를 일으키는 것이 분명했다.

사람들은 이 물질을 분리해 내고 싶었다. 유방암에 대한 효과는 그렇다 쳐도, 난소 추출물을 투여했을 때 폐경기 여성의 건강이 개선된다는 보고가 잇따라 나왔기 때문이다. 다분히 위약 효과로 의심되는 보고였지만 당시 사람들은 동물이나 사람의 분비물에서 나오는 물질이 그대로 약이 되는 경우를 많이 봐온 터였다. 실제로 1922년에는 인슐린이 개의 췌장에서 분리되어 사람의 당뇨병을 치료하는 기적을 보이기도 했다. 1년 만에 노벨상을 받을 정도로 센세이션을 일으킨 성과였다. 난소에서 나오는 물질도 여성의 생리적 변화와 관련 있는 물질임은 충분히 예상할 수 있었다. 분리할 가치는 충분했다.

이 신비의 물질을 분리한 때는 1929년이다. 시간이 조금 걸리긴 했지만 그래도 테스토스테론 같은 남성 호르몬보다 빨리 분리한 것은 충분히 고무적인 성과였다. 분리한 사람은 에드워드 도이지Edward A. Doisy. 일생의 대부분을 미국 세인트루이스 인근에서 활동한 학자였다. 야구의 도시에 사는 사람답게 그도 야구를 좋아하고 또 즐겼다. 야구는 아홉 명이 있어야 팀을 짤 수 있다. 도이지는 에드거 앨런Edgar Allen이라는 내분비학자와 한 팀에서 야구를 했다. 두 사람은 하는 일과 취미가 비슷해서 가족들까지도 친하게 지내게 됐다.

1922년의 어느 날, 차가 없던 앨런은 도이지의 차로 야구장까지 함께 가며 자신의 연구 주제에 대해 이야기했다. 암퇘지의 난소 추출물을 이용해 쥐의 생식기에 미치는 변화를 관찰하는 일이었다. 암퇘지의 난소 추출물은 혼합물이다. 이 혼합물에서 주성분을 분리해 효과를 측정한다면 훨씬 더 효율적으로 일할 수 있을 것이 분명했다. 도이지는 생체 추출물을 분리하는 데는 자신이 있었다. 당시 그는 세상을 떠들썩하게 했던 물질인 인슐린을 나름의 방법으로 정제하고 있었다. 하지만 이미 다른 사람이 해버린 일을 따라 하는 것에는 한계가 있었다. 무엇보다도 신선한 연구 주제가 필요하던 차에 듣게 된 야구팀 동료의 이야기는 충분히 흥미로웠다. 카풀이 이렇게 중요하다.

정작 도이지를 난소 추출물의 세계로 끌어들인 앨런은 다음 해에 다른 곳으로 옮겨 가버렸다. 거리가 멀어지면 마음도 멀어지는 법. 그들의 공동 연구는 예전만큼 속도를 내지 못했다. 그래도 도이지는 하던 일을 멈추지 않았다. 독자적으로 화합물을 분리할 수 있었고 그렇게 나온 물질이 여러모로 유용할 거라는 확신이 있었기 때문이다. 노하우도 생겼다. 암퇘지의 난소에 기반하던 연구는 어느덧 여성의 소변에 기대어 있었다. 그냥 소변도 아닌 임신한 여성의 소변이었다. 샘플을 모으기 위해 근처 산부인과의 간호사들에게 개인적으로 부탁을 해야 했는데 그 전에 도축 공장을 전전하던 것보다는 훨씬 나은 선택지였다. 귀찮을 법도 했지만 다행히 간호사들은 흔쾌히 소변을 모아주었다. 이렇게 모은 소변은 커다란 통에 담아 차에 싣고 연구실로 옮겼는데, 교통경찰이 연구 팀의 차를 보고 수사한 일은 유명한 일화다. 당시는 금주령이 내려진 시기여서 술을 판매하는 행위가 금지되어 있었다. 그들이 옮기던 소변은 너무나도 술처럼 보였다. 병뚜껑을 열어 냄새를 맡아본 다음에야 경찰은 손사래를 치며 이 수상한 차를 보내주었다.

어렵게 얻은 샘플은 그 자체로 귀한 원재료였다. 샘플을 열심히 끓이고 추출하고 또 재결정하면서 결국 도이지 연구 팀은 예쁜 결정 형태의 순물질을 얻을 수 있었다. 이 물질이 그들이 찾던 물질이 맞는지는 앨런의 실험을 통해 확인할 수 있었다. 그리고 1929년 8월 보스턴에서 열린 학회에서 그간의 연구 결과를 발표한다. 도이지가 얻은 물질은 에스트로겐의 하나인 에스트론이었다. 순수하게 정제된 에스트로겐을 한 종류라도 얻은 것은 세계에서 최초로 경험한 일이었기에 사람들에게 큰 충격을 주었다. 당시 학회에 참가했던 한 학자는 이후 자신의 자서전에 "도이지의 물질 1그램만으로 쥐 900만 마리의 호르몬 주기를 바꿀 수 있을 정도"라고 표현했다.

충격을 받은 사람 중에는 부테난트도 있었다. 앞서 스테로이드 분리의 대가로 소개한 그 인물이다. 유럽에서 여성 호르몬 분리를 선도하던 부테난트는 미국의 도이지 탓에 세계에서 두 번째가 되어버릴 상황에 처했다. 그래도 부테난트는 연구원을 부지런히 독촉해 에스트론을 정제한 후 논문으로 발표했다. 학회 발표는 도이지가 먼저 했지만 공식적인 학술 논문으로 발표한 것은 부테난트가 더 빨랐다. 학계에서는 이 두 사람 모두를 에스트로겐의 개척자로 여기고 있다. 시기도 비슷했지만 둘 다 독자적으로 연구를 진행한 것이 인정받았기 때문이다. 이후 부테난트가 테스토스테론 연구로 방향을 돌려 세계에서 두 번째로 테스토스테론을 분리했다는 점은 앞서 이야기했다.

합성 에스트로겐

에스트론의 뒤를 이어 다른 여성 호르몬인 에스트라디올 같은 스테로이드 호르몬들이 연이어 분리됐고 1930년대 중반에는 그 구조도 밝혀졌다. 난소에서 만들어져 온몸으로 퍼져가는 이 호르몬이 어떤 모양으로 생겼는지 이제 사람들도 알게 된 것이다. 얼굴 알고 이름 알면 뒤는 좀 쉽다. 사회생활이든 자연과학이든 비슷하다.

　1933년에는 도이지의 방법을 개선해 에스트로겐이 시판됐고, 보다 저렴하게 확보하기 위해 말의 소변에서 분리하는 방법이 1941년에 개발되기도 했다. 그럼에도 가격이 비싸다는 지적이 있자 에스트로겐과는 전혀 다른 골격이지만 체내에서 유사하게 작용하는 물질을 개발하는 데 성공하기도 했다. 1938년의 일인데 화합물 구조를 알았기 때문에 가능했다. 그래도 당시 과학 수준을 고려하면 놀라운 성과임에 틀림없다.

　디에틸스틸베스트롤Diethylstilbestrol, DES이라고 부르는 이 물질은 무엇보다도 만들기 쉽다는 점이 좋았다. 에스트로겐을 추출하

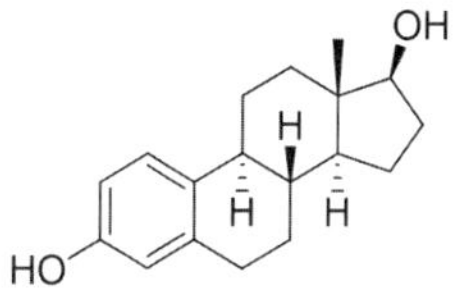

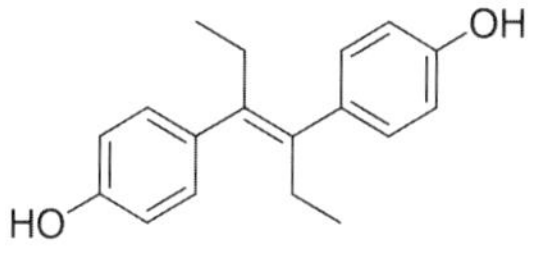

그림35 **DES의 구조(오른쪽). 대표적 에스트로겐인 에스트라디올과는 그냥 봐도 구조가 많이 다르다.**

기 위해서는 수십 톤에 달하는 암컷 말의 소변을 모아야 한다. 그것도 그냥 말이 아니라 임신한 말이어야 한다. 그러고 나서 냄새나는 소변을 여러 차례 정제해야만 소량의 에스트로겐을 얻을 수 있는데 아무래도 비효율적이다. 그냥 공장에서 화학 반응을 통해 만들면 훨씬 쉬울 것이 분명했다. DES는 이러한 수요에 맞춰 개발된 좋은 물질이었다. 당시로서는 그랬다.

　DES는 어떻게 에스트로겐과 유사한 효과를 보였을까? DES와 대표적 에스트로겐인 에스트라디올의 구조를 보면 2차원적으로는 공통점이 별로 없어 보인다. 하지만 3차원적인 구조는 상당히 유사해서 세포 내에서 유사한 물질로 인식된다. 그렇다면 무엇이 인식하는 걸까? 답은 수용체receptor다. 수용체는 특정 화합물과 결합해 다음 단계로 신호를 전달하는 단백질이다. 에스트로겐도 호르몬으로 작용하려면 수용체가 필요하다. 에스트로겐과 수용체는 마치 열쇠와 자물쇠처럼 결합해 세포핵 내로 이동한 후 유전

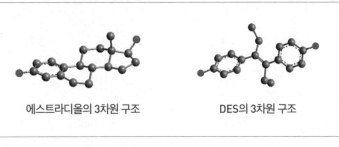

에스트라디올의 3차원 구조   DES의 3차원 구조

그림36 에스트라디올과 DES의 구조. 이렇게 보니 좀 비슷해 보인다. 그래서 효과도 좀 비슷하다. 하지만 비슷하긴 해도 여전히 차이가 있다. 즉 DES는 구조를 개선해 더 좋은 약으로 만들 여지가 다분하다.

자를 작동시킨다. 스위치가 켜진 유전자는 세포를 분화시키고 유방이나 자궁, 난소를 자극한다. 에스트로겐과 3차원 구조가 비슷한 DES가 유사한 역할을 할 수 있는 것도 모두 수용체 덕분이다. 비슷하게 생긴 열쇠여서 비슷하게 작동하는 것이다.

그런데 1960년대 이후 에스트로겐 수용체를 연구하던 사람들은 이 수용체가 우리 몸 다양한 조직에 분포하고 있음을 알게 됐다. 유방 외에 자궁이나 뼈 등 다양한 조직에도 분포하고 있었던 것이다. 돌이켜 보면 경험과도 일치했다. 에스트로겐 수치의 변화는 유방이나 자궁내막의 변화를 초래했다. 수치가 급격히 떨어지는 갱년기 여성은 골다공증 위험에 노출되어 있기도 하다. 그 외에 뇌, 심장, 심지어 남성의 전립선에도 분포해 있는 것으로 밝혀졌다. 참으로 바쁜 수용체다.

그런데 이렇게 바쁜 수용체다 보니 약물 사용 과정에서 문제가 나타나기 시작했다. 여기에는 에스트로겐이 폭발적으로 팔렸다

스테로이드 인류

는 점도 큰 이유가 됐다. 가령 1975년에는 에스트로겐이 미국에서 처방받는 의약품 중 다섯 번째로 많이 팔리는 약이었는데, 복용한 사람은 대부분 폐경기 여성이었다. 조사에 따르면 당시 미국에서 폐경기를 맞은 여성의 51퍼센트가 이 약을 3개월 이상 복용했다고 한다. 폐경기는 난소가 더 이상 난자를 방출하지 않는 시기다. 주기적으로 나와야 할 에스트로겐이 나오지 않게 되며, 이에 따라 신체적으로나 정신적으로 많은 변화가 따라온다. 남성과 여성의 차이를 감안해야 한다. 남성은 평생 동안 정자를 만들어 방출하므로 꾸준히 성호르몬을 만들어 낸다. 시간이 지나며 그 양이 줄어들지만 변화는 점진적이다. 하지만 여성은 다르다. 일생 동안 방출할 난자의 양은 대략 400~500개로 고정되어 있으며, 꾸준히 생산하기보다는 28일에 한 번씩 방출하는 과정을 거친다. 시간이 지나면 방출은 중단되며 난소는 더 이상 기능을 하지 않는다. 따라서 점진적으로 성호르몬 분비가 줄어드는 남성과 달리 여성에게는 성호르몬 변화가 급격하게 찾아온다. 급격한 성호르몬 변화는 아직 준비되지 않은 많은 여성들을 힘들게 한다. 이럴 때 에스트로겐은 실제로 큰 도움이 된다. 지금도 해당하는 이야기다.

에스트로겐 복용에 부작용은 없을까? 제일 큰 문제점은 암이다. 자궁암이나 유방암 발병 확률이 높아진다. 폐경기가 힘들다고 암까지 떠안을 수는 없다. 다행히도 다른 호르몬 제제를 함께 복용해 자궁암의 위험을 낮출 수는 있지만 위험은 여전히 존재한다. 심혈관계에도 위험이 된다. 혈전이 생기고 뇌졸중이 나타날 수 있다. 여러모로 위험한 호르몬이다.

에스트로겐이 필요한 상황은 폐경기만이 아니다. 에스트로겐은 임신을 유지하는 데 도움을 준다. 그렇기 때문에 임신한 여성에게는 절대적으로 필요하다. 특히 과거 유산했던 경험이 있거나 임신 기간 중 부정 출혈이 나타나는 산모에게는 더 그렇다. 그런데 1940년대에 에스트로겐은 가격이 부담스러웠다. 그래서 이 산모들은 상대적으로 저렴한 DES를 복용하곤 했는데 이로 인해 문제가 생겼다. 훗날 밝혀진 일이지만 DES를 복용한 산모가 딸을 낳고 이 딸이 성인이 됐을 때 자궁 쪽에 이상이 나타났다. 딸의 자궁 쪽에서 일어난 변화는 암의 일종인 투명세포암. 어머니가 임신 기간 중 먹은 약으로 인해 딸이 고통을 받게 됐다.

1971년 DES와 투명세포암과의 관계가 공식적으로 인정되면서 DES는 이와 같은 목적으로 판매되지 못했다. 이렇게 DES로 인해 투명세포암이 발병한 여성을 'DES 딸DES daughter'이라고 부르는데 지금도 사례가 보고되고 있다. 가령 1960년에 딸을 낳았다고 하면 그 딸은 이제 60세를 넘었고 지금 투명세포암이 나타난다고 해도 이상하지 않다. 그런데 정작 환자 본인이 이 사실을 모르는 경우가 많다. 90세가량의 어머니에게 60년 전에 DES를 복용했는지 물어보기 어렵기 때문이다. 어머니가 돌아가신 경우도 많다. 설령 건강하게 살아계시고 기억을 더듬어 복용했다는 답변을 주셨다 해도 그 사실을 증명하기는 더 어렵다. 약물 피해의 대표적인 사례인 것이다. 피해자들은 단체를 만들어 자신이 피해자인지도 몰랐던 환자들을 모으면서 지금도 목소리를 내고 있는 중이다.

그림37 1966년에 안정적인 임신을 목적으로 DES 제품을 홍보하던 자료. 역설적으로 요즘 이 그림은 DES의 위험성이나 '흑역사'를 강조하는 용도로 주로 사용되곤 한다.

반전은 따로 있다. DES를 복용한다고 해서 유산이 줄어들지 않는다는 연구 결과가 이미 발표된 것이다. 1953년, DES가 사용된 지 대략 15년이 지난 때다. 물론 다양한 목소리의 연구 결과는 항상 존재하고 어떤 결과를 학계의 정설로 받아들일지는 조금 다른 차원의 일이다. 하지만 이런 다양한 결과와 상관없이 관성에 젖은 의사들은 여전히 DES를 처방했고 산모들도 18년간 이 약을 사용했다. 미국에서 DES를 복용한 여성은 400만 명 정도로 추산된다. 유럽에서는 1980년대에도 사용됐다. DES 피해자가 얼마나 많을지 가늠할 수 있는 대목이다.

합성 에스트로겐의 진화

✳

DES 딸만 피해를 입은 것이 아니다. 'DES 아들DES son'에게서도 이상이 나타났다. 성기가 제대로 자리 잡지 못하거나 자라지 않는 환자들이 나타났다. 이런 경우에는 고환암과도 관련이 됐다. DES 를 복용한 본인도 피해를 입었다. 유방암 발병 확률이 더 높게 나온 것이다. 에스트로겐은 유방 조직의 세포를 분화시키므로 그와 유사한 작용을 하는 DES도 이러한 위험성을 가지고 있다. 여러 모로 약으로 사용하기에는 위험한 물질이다. DES가 에스트로겐 수용체가 있는 모든 조직에서 역할을 하기 때문에 나타난 위험이다. 그런데 이 역할을 뒤집을 수 있다면 어떨까? 친구와 적은 한 끗 차이다.

수용체의 정상적인 활동을 저해하는 물질을 차단제blocker 또는 길항제antagonist라고 부른다. 차단제는 여러 가지 방법으로 수용체를 방해한다. 원래 잘되게 하기는 어렵지만 방해하기는 쉽다. 효능제agonist인 척하면서 수용체에 접근한 후 활성을 떨어뜨리는 것도 가능하다. 에스트로겐 수용체 효능제인 DES의 구조를 바꾸는 것도 충분히 접근 가능한 발상이다. 더군다나 DES는 만들기도 쉽다. 구조를 바꾸는 것도 그만큼 쉽다.

문제는 어떻게 바꿔야 하는지 모른다는 점이었다. 일반적으로 효능제 크기는 수용체의 1,000분의 1 정도 된다. 수용체는 어쨌든 단백질이다. 거대 분자다. 이 거대 분자 수용체에 작은 화합물이 어떤 방식으로 작용할지를 예측하는 것은 무척이나 어렵다. 지금은 수용체와 화합물이 결합한 모양을 관찰하는 방법으로 노벨상을 받기도 하고 인공지능을 이용해 구조를 예측하기도 한다. 그래도 잘 안된다. 효능제로 만들었는데 막상 차단제로 작동할 수도 있다. 화합물은 작디작은 변화에도 마치 용의 역린을 건드린 것처럼 성격이 돌변해 약이 되기도 하고 독이 되기도 한다.

지금도 이렇게 어려운데 당시의 과학자들은 어떻게 효능제를 차단제로 전환시킬 수 있었을까? 답은 간단하다. 어차피 예측 못할 바에야 일단 그냥 만드는 거다. 물론 약간 만들고 나면 구조와 활성의 상관관계가 어느 정도 보인다. 경험적으로 쌓인 이 결과를 바탕으로 더 좋은 물질을 만들어 낸다. 결국 끊임없는 시행착오 끝에 답을 찾아가는 것이다. 무시하지 말길 바란다. 지금도 많이 사용하는 방법이다. 경험만큼 좋은 교훈은 없는 법이다. 실제로 이런 경험의 끝에서 성과가 나오기도 한다.

1961년의 화학자들도 고생 끝에 성과를 찾았다. DES의 구조를 열심히 변경하고 쥐에게 실험하던 중 에스트로겐 수용체 차단제를 찾아냈다. 생리적인 효과는 피임. 에스트로겐의 효과를 막아서 피임이 이루어졌다. 잘만 개발하면 피임약이 될 가능성이 농후했다. 앞서 언급했듯이 당시는 최초의 피임약 에노비드가 개발되어 센세이션을 일으키던 때였다. 그런데 이 물질은 기존의 피임약이 하지 못하던 것을 가능케 했다. 사후 피임이었다.

기존의 피임약이 배란을 막아 수정과 임신을 예방하는 데 비해

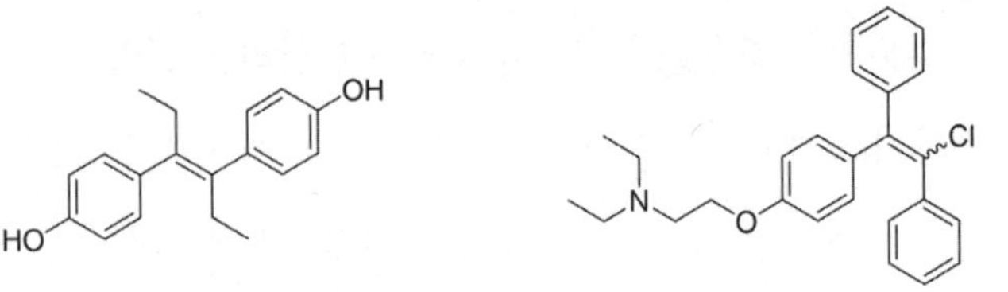

그림38 DES와 클로미펜의 구조. 비슷하면서 살짝 다르다. 클로미펜의 물결무늬 선은 두 가지 형태의 화합물이 섞여 있다는 것을 뜻한다.

이 물질은 수정 후에도 긴급하게 사용하기만 하면 피임 효과를 볼수 있었다. 매일 먹어야 하는 피임약에 비해 사후 피임약은 급할때 먹으면 된다. 물론 그만큼 건강에는 안 좋다. 하지만 신약 개발을 목표로 하는 입장에서 이러한 개선점은 중요한 혁신이 된다. 사람들은 이 물질에 클로미펜이라는 이름을 붙였다.

그런데 정작 클로미펜을 사람에게 투여했을 때는 정반대의 효과가 나왔다. 피임은커녕 난소에서 배란을 촉진한 것이다. 쥐와 사람이 다르다지만 이렇게까지 상반되는 효과가 나올 수 있을까. 실험하는 사람들도 이 결과에 당혹했을 것이 뻔하다. 학자들은 클로미펜을 사후 피임약으로 개발하려는 시도를 포기해야만 했다. 이처럼 화합물이 어떤 효과를 가질지 예측하는 것은 무척이나 어렵다. 화합물의 특성이나 종에 따른 차이를 모두 예측할 수는 없다.

역설적으로 클로미펜은 한참 후에 배란 유도제로 개발됐다.

배란 유도제가 얼마나 팔릴까 싶었지만 뜻밖의 변수가 있었다. 1978년 체외 수정을 통한 시험관 아기가 태어난 것이다. 이미 1930년대부터 가능성을 인정받았지만 여러 가지 사회적, 종교적 이유로 인해 시도하지 못하던 기술을 로버트 에드워즈Robert Edwards가 구현하는 데 성공했다. 이 성공으로 에드워즈는 2010년에 노벨상을 받았다. 이후 인공 수정은 난임이나 불임 부부의 희망이 됐다. 시험관 시술을 받기 위해서는 난자를 확보해야 한다. 그러므로 클로미펜이 필요하다. 지금도 난임 클리닉을 가면 클로미펜을 볼 수 있다.

클로미펜은 여러모로 '지저분한' 약이다. 지저분하다고 표현한 이유는 이 약이 하나의 물질이 아니기 때문이다. 분리하기가 극도로 어려운 두 개의 물질이 섞여 있다. 전문적으로는 이성질체의 관계에 해당하는 물질이 섞여 있다고 표현한다. 극도로 분리가 어려운 두 물질은 어떻게 분리해서 써야 할까? 답은 간단하다. 그냥 섞인 채로 쓴다. 안 되는 걸 어떻게 하겠는가? 혹시 아는가? 섞어서 쓰다 보면 더 좋은 결과가 나올지. 좋은 게 좋은 거다.

그런데 두 가지 다른 물질이 섞인 채 사용되다 보니 생리활성도 조금씩 다르고 작용하는 기전도 복잡하다. 심지어 클로미펜은 남성 불임 치료에 쓰이기도 한다. 공식적으로 인정받은 효과는 아니지만 정자를 방출하는 데 도움이 된다는 것이 경험적으로 알려져서 의사들이 사용하고 있다. 공식적으로 인정받은 효과가 아니더라도 의사는 환자에게 적절한 근거하에 약물을 사용할 수 있다.

합법적 치료 행위다. 클로미펜의 기전과 효과에 대해서는 여전히 토론이 이어지고 있다. 아무튼 배란을 촉진한다는 데는 큰 이견이 없다.

DES에 기반한 약이 클로미펜만 나왔을 리는 없다. DES는 합성 에스트로겐으로 사람들에게 널리 연구됐고, 에스트로겐은 난소 배출 외에도 우리 몸 구석구석에 관련돼 있다. 대표적으로 여성의 골밀도를 높여 뼈를 튼튼하게 한다든가, 유방 조직의 분화를 촉진해 유방암을 악화시키는 역할이다. 에스트로겐 활성을 높여 골다공증 치료제로 쓰거나, 반대로 활성을 낮춰 유방암 치료제로 사용하는 일이 가능하다는 말이기도 하다. 지금도 유방암 치료제로 사용하는 타목시펜tamoxifen이나, 이 책의 「들어가며」에서 언급한 골다공증 치료제 랄록시펜이 모두 이러한 원리로 개발됐다.

DES나 클로미펜, 혹은 이 물질들에서 유래한 약물들처럼 에스트로겐 수용체에 선택적으로 작용하는 약을 섬스Selective Estrogen Receptor Modulators, SERMs라고 부른다. 이 계열의 약은 유방에는 에스트로겐 길항제, 뼈나 난소에는 에스트로겐 효능제로 작용해서 사람들에게 도움을 준다. 하나의 약물이 같은 수용체에 이렇게 상반되는 효과를 가지는 경우는 거의 없다. 효능제면 효능제고 길항제면 길항제다. 그런데 이 계열 약물은 이유는 알 수 없지만 장기에 따라 효능제도 되고 길항제도 된다. 그래서 애매한 표현이긴 하지만 '조절제modulator'로 부르고 있다. 딱히 방법이 없기 때문이다. 이름 붙이기도 힘들 정도로 복잡한 기전의 약물이 개발될 수 있었던 데는 많은 학자들의 통찰력과 땀이 뒷받침됐다. 그들의 노력과 성취에 다시 한번 경의를 표한다.

그런데 DES가 섬스로 진화하며 의약품으로 기치를 올리는 동안 그 기원이 된 DES는 어떻게 됐을까? DES는 완전히 다른 분야를 개척하고 있었다. 바로 화학적 거세다.

화학적 거세의 문을 열다

✳

화학적 거세는 물리적 거세의 대안으로 등장했다. 물리적 거세는 잔인하기도 하거니와 비가역적이다. 과거에는 성범죄자 외에도 다양한 사람들에게 적용됐는데 그중에는 죄 없는 사람들도 많았다. 가령 20세기 초반 당시 사회를 관통하던 우생학에 의해 많은 사람들이 열등한 사람으로 낙인찍혀 칼 한 자루에 거세를 당하곤 했다. 동성애자도 있었다. 동성애자는 성적 충동을 제어하지 못하는 사람으로 분류되어 거세를 당했다. 사람들의 눈은 화학적 거세로 옮겨 갔다. 조잡한 방식으로 시도되던 화학적 거세는 1942년 한 사건을 계기로 사회를 강타한다.

익명으로 발표된 B-582라는 이름의 19세 청년이 있었다. 그는 아홉 살이 되던 해에 계모의 학대를 피해 두 명의 누나, 한 명의 여동생과 함께 가출했다. 버려진 헛간 등을 전전하며 구걸로 연명하던 이 불쌍한 아이들은 수소문 끝에 찾아온 친척의 도움으로 외딴

산속에 거처를 마련하는 데 성공했다. 그럭저럭 살아갈 조건은 마련했지만 교육은 포기해야 했다. 그리고 사춘기를 거치면서 이 청년은 그릇된 성적 충동을 느낀다. 가족을 보며 흥분하기 시작한 것이다.

어릴 때 불우했다고 해서 성적으로 이상 성향을 띠는 것은 아니다. 대부분은 별문제 없이 자란다. 역경을 극복하고 훌륭하게 자라 타의 귀감이 되는 사례도 적지 않다. 하지만 B-582 청년은 그러지 못했다. 여동생이나 누나가 씻고 나올 때 나체로 노출되는 상황이 있었는데 아무래도 좋은 환경이 아니었다. 어린 시절부터 이어진 외딴 지역의 격리 생활과 제대로 교육받지 못하는 여건 등도 좋지 않은 영향을 끼쳤을 것이다. 더군다나 이후 밝혀진 조사에 따르면 그의 고환은 남성 호르몬을 과도하게 만들고 있었다.

다행히 그가 가족을 위협하지는 않았다. 대신 태평양 전쟁에 자원해 하와이로 갔다. 하지만 가족을 벗어나 다른 세상의 여성을 보는 순간 제어를 하지 못했다. 1942년 9월, B-582 청년은 하와이 현지에서 알게 된 여성을 상대로 공격적인 성향을 드러냈다. 다행히 근처에 있던 여성의 부모가 그를 호되게 꾸짖으며 몰아냈지만 그는 포기하지 않고 난동을 부리기 시작했다. 집기를 부수며 여성의 부모를 해하려고 한 데다 여성을 다치게까지 했다. 결국 헌병대가 개입해서야 상황이 해결됐다.

조사관들은 말투가 어눌하고 지능이 낮은 데다 환각에 시달리는 청년을 보며 처벌에 앞서 치료의 필요성을 느꼈다. 의사는 그의 남성 호르몬 수치가 지나치게 높은 것을 확인하고 이를 조절할 수 있는 물질을 투여했다. 그 물질이 바로 합성 에스트로겐 유사체 DES였다. 전례가 없었고 얼마만큼의 양을 넣어야 하는지도 모르는 상황이었다. 조금씩 양을 늘려가며 투여하자 어느 정도 치료 효과가 나타났다. B-582 청년은 어느 순간 환각을 보지 않았고 밤에 숙면을 취할 수 있었다. 지나치게 자주 하던 자위도 줄여 일주일에 두 번 정도로 제어할 수 있었다. 신체적으로나 정신적으로 안정을 찾아 해군에 복귀했지만 약을 끊은 지 32일째 되던 날 또다시 증상이 나타났다. 이번에도 DES를 처방받은 그는 한 뭉치의 약과 함께 돌아갔다.

이런 긍정적인 결과가 1944년에 발표되고 성과 관련된 이상을 보이는 사람에게 DES를 사용하기 시작했다. 꼭 화학적 거세 목적으로만 사용한 것은 아니었다. 동성애자를 '치료'하기 위해 사용한 경우도 많았다. 대표적인 경우가 앨런 튜링Alan Turing이다. 제2차 세계대전 당시 영국 정보국에서 근무하던 그는 독일군의 암호 생성기 에니그마Enigma를 무력화시키는 기계를 개발했다. 이 기계를 바탕으로 연합군은 전장에서 주고받던 독일군의 지령을 실시간으로 해석하면서 전략적 우위를 취할 수 있었다. 즉 튜링은 전쟁 승리의 일등 공신이었다. 하지만 종전 후에도 이 암호 해독기의 존재는 여러 가지 이유로 비밀에 부쳐졌고, 튜링의 공로 또한 비공개로 남게 되었다.

그래도 평화로운 세상에서 좋은 성과를 보이던 튜링이었다. 낭

중지추다. 그런데 1952년 1월 23일, 튜링의 집에 도둑이 들면서 상황이 급변한다. 자신이 도둑질을 한 것도 아닌데 뭐가 잘못된 걸까? 문제는 경찰이 도둑을 잡고 동기를 파악하면서부터였다. 튜링이 스무 살짜리 청년 아널드 머레이Arnold Murray와의 동성애 관계를 끝내려고 하자 이 청년이 반발심에 집을 털었던 것이다. 당시 영국에서는 동성애가 불법이었다. 튜링은 곧바로 재판에 넘겨졌고, 법정에서는 DES 투여를 결정했다. 전과자가 되었으니 연구에 제한이 걸렸다. 또한 몸에 나타난 여러 가지 변화, 가령 성욕 감소나 여성형 유방 같은 이상 증상을 견딜 수 없었다. 전쟁 영웅으로 대접받아도 모자랐지만 어느덧 튜링은 화학적으로 그리고 사회적으로 거세당했다. 그리고 1954년 6월 7일 청산가리가 든 사과를 먹고 자살했다. 그가 죽은 자리에는 마치 애플 사의 로고처럼 한쪽만 베어진 사과가 놓여 있었다. 한편으로는 백설공주의 사과 같기도 했다.

지금의 관점으로 보자면 DES는 약이라고 보기 어려운 화학물질이다. 앨런 튜링의 경우를 제외하고서라도 DES를 계속해서 쓰기에는 무리가 있었다. 이 물질이 금지된 것은 1971년이지만 그 전부터 메스꺼움이나 두통, 혈전 생성, 심혈관계 질환 등의 부작용이나 위험성이 보고되고 있었기 때문이다. 효과도 좀 더 높일 필요가 있었다. 치료 목적이건, 화학적 거세 목적이건 다른 약물이 필요했다. 그러기 위해선 물질 못지않게, 지원자도 필요했다.

그러던 1966년, 한 지원자가 홀연히 나타났다. 잭Jack이라는 가명으로 논문에 발표된 이 남자는 앞서 B-582 청년처럼 어려운 가정 환경에서 자랐다. 한결 다행스러운 점은 지역 사회에 편입했다는 것이다. 21세에는 첫눈에 반한 여성에게 고백했고 결혼 후 함께 아들을 낳았다. 별다른 문제 없이 살아가던 그에게 특별한 변화가 나타난 것은 아들이 태어난 이후였다.

잭은 여자 옷을 입고 싶어 했다. 복장 도착자다. 옷을 바꿔 입는 것 가지고 뭐라 하겠는가. 하지만 그는 아들에게도 여자 옷을 입혔다. 한두 번이야 그러려니 한다. 그런데 좀 심했다. 몇 주에 걸쳐 지속적으로 여자 옷을 입혔다. 그리고 어느 순간 선을 심하게 넘었다. 아들에게 구강성교를 시키려고 한 것이다. 진술에 따르면 직접적인 행위는 없었던 듯하다. 그래도 아들에게 구강성교를 설명하고 그 행위를 하려고 했다는 것은 사실이었다. 이때 그의 아들은 고작 여섯 살. 아무것도 모르는 순진한 아들이지만 아버지의 이 행위를 보며 지극히 혼란스러워했다. 그리고 거부했다. 다행히도 잭은 더 이상 아들에게 강요하지 않았다.

다음 날, 여전히 혼란스러웠던 아들은 지난밤 구강성교를 시도하려고 했던 일을 어머니에게 이야기해도 되는지 아버지에게 넌지시 물어보았다. 이때 이야기를 엿들은 어머니가 곧바로 당국에 신고했다. 아동 학대를 지금처럼 엄격하게 다루지 않던 시절이어서 잭은 곧바로 구속되거나 재판을 받지는 않았다. 하지만 아내는 결혼을 계속 유지할지 고민했고, 남편이 제대로 된 상담과 치료를 받는다는 전제하에 일단 용서하기로 했다.

잭이 존스 홉킨스 의대를 찾아온 것은 그 직후의 일이다. 자진해서 병원을 찾아온 그에게 의료진은 많은 검사를 했다. 가령 여성 옷을 즐겨 입는다는 특징에 착안해 유전자 검사를 하기도 했다. 검사 결과 잭은 여느 남성들처럼 22쌍의 상염색체와 XY 성염색체를 가진 평범한 남성이었다. 유전자에 특별한 이상이 없다면 다른 방법으로 정신과적 접근이 있다. 하지만 잭은 의료진의 제안이 미덥지 않았다. 정신과 상담은 필요한 접근법이긴 하지만 그것만으로 문제를 해결할 수는 없었다. 상담 외의 물리적인 치료를 받아야만 집에서 기다리고 있는 아내를 납득시킬 수 있었다. 고민하던 그에게 결국 의료진이 제안한 방법은 호르몬 치료였다. DES가 한계를 보이던 시기에 개발된 새로운 약물, 메드록시프로게스테론 아세테이트Medroxyprogesterone Acetate, MPA가 활약할 차례였다.

MPA의 P는 프로게스테론을 뜻하며, 대부분의 프로게스테론 유사체가 그렇듯이 피임약으로 개발됐다. 1960년대 본격적으로 연구되고 오랜 시행착오 끝에 1992년 미국에서 피임약으로 승인되기도 했다. 상품명은 데포 프로베라Depo Provera. 기존의 피임약과 다르게 3개월에 한 번 주사를 맞는 것만으로 피임 효과를 유지할 수 있다는 것이 큰 장점이다. 날마다 때맞춰 약 먹는 게 얼마나 피곤한 일인가. 이 약은 미충족 수요를 충분히 공략하고 있었다. 2008년 자료에 따르면 데포 프로베라를 사용한 여성이 9,000만 명에 이른다고 한다. 지금은 당연히 그때보다 훨씬 더 늘었을 것이다.

1966년 잭이 의료진을 방문했을 때 이 약은 아직 승인된 물질이 아니었다. 여성에게도 승인되지 않은 물질을 남성에게, 그것도 다른 목적으로 쓰자니 망설일 수밖에 없다. 하지만 MPA는 여성 호르몬 유사체다. 그러므로 남성 호르몬을 상쇄하는 데 실마리를 제공한다. 활성을 고려하면 시도해 볼 만했다. 유럽에서는 비슷한 용도로 다른 약을 시험적으로 쓰고 있었다. 미국에서도 해볼 만한 일이었다.

이 시험 약물이 잭에게 투여됐다. 의료진도 복용법을 결정할 수 없었기 때문에 환자의 상태를 보면서 양을 조절해 나가는 전략을 택했다. 결과는 확실했다. 처음 비교적 고용량을 맞았을 때는 테스토스테론 수치가 한 달 만에 평소의 10퍼센트 이하로 내려갔다. 여성 옷을 입고 싶다는 등의 여러 가지 성도착 증상이나 소아 성욕이 사라졌다. 물론 성욕도 사라졌다. 살만 쪘다. 한 달 만에 20킬로그램. 용량을 조절하고 적절히 성욕을 유지하면서 결과적으로 그가 없애고 싶어 했던 이상한 성욕을 제거하는 데 성공했다. 가족 안에서의 평화도 다시 되찾을 수 있었다.

넓어지는 선택지

✳

잭의 성공적인 치료에 즈음해서 미국에서는 본격적으로 약물을 이용한 성범죄자 치료가 연구됐다. 화학적 거세를 이용해 성범죄자의 공격성을 누그러뜨리는 행위를 '성충동 약물치료'라고 부른다. 이러한 치료가 효과적으로 이루어지기 위해서는 다양한 검토가 필요했다. 우선 약물 투여 대상에 대한 연구가 이루어졌다.

성범죄자라고 해서 모두 약물에 반응하는 것은 아니다. 성범죄자도 한 종류가 아니다. 범죄를 저지르고 부정하는 타입도 있고, 폭력성을 과시하는 타입도 있다. 술이나 스트레스 등 다른 원인을 탓하는 타입, 주체할 수 없는 성적 욕구로 인해 범죄를 저지르는 타입도 있다. 이 중에서 약물치료로 효과를 볼 수 있는 부류는 네 번째 범주, 즉 주체할 수 없는 성적 욕구로 인해 범죄를 저지르는 타입뿐이다. 성범죄자를 적절히 분류하고 진단하기 위해 정신과 의사의 역할이 더욱 중요해졌다.

성범죄자에 대한 연구 못지않게 약물에 대한 개선도 이루어졌다. MPA가 DES를 훌륭하게 대체했지만 MPA만으로는 부족했다. 다양한 약물을 조합해서 최적의 결과를 낼 필요가 있었다. 많은 약물을 검증한 것은 이러한 맥락에서였다. 그렇다고 해서 아무 약이나 검증할 필요는 없었다. 목적은 하나. 테스토스테론 같은 남성 호르몬의 감소였다.

MPA는 프로게스테론처럼 작용한다. 즉 여성 호르몬의 일종이며, 여성에게 투여할 경우에는 임신을 조절하는 용도로 사용할 수 있지만 남성에게 투여할 경우에는 남성 호르몬을 억제하는 효과를 보인다. 그래서 성충동을 치료할 수 있었다. 그런데 꼭 MPA만

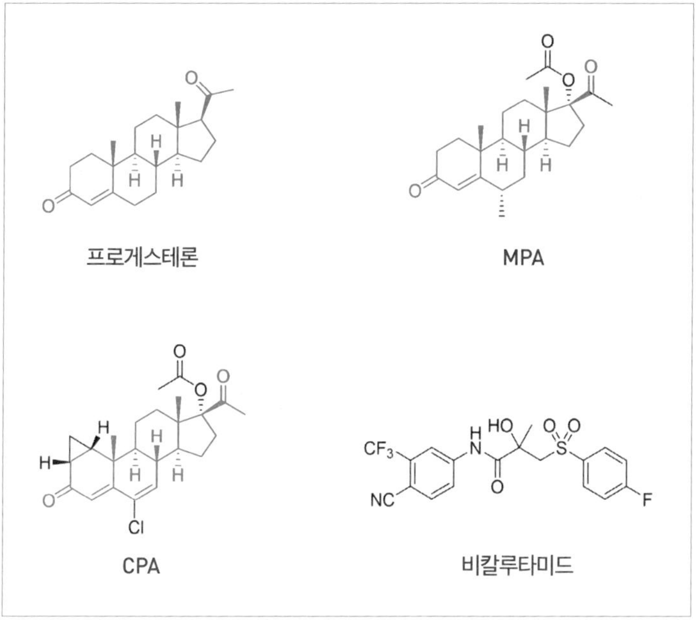

그림39 본문에 언급한 의약품의 구조. 프로게스테론 유사체들이라서 푸른색의 구조를 공통적으로 가진다. 하지만 비칼루타미드는 구조가 완전히 다른데도 유사한 활성을 띤다.

이런 일을 하는 것은 아니었다. 사람들은 시프로테론 아세테이트Cyproterone Acetate, CPA라는 물질도 유사한 작용을 한다는 것을 알게 됐다. CPA는 독일에서 개발되어 유럽에서 사용하던 약이다. 1966년 잭의 의료진이 고려했던 유럽의 약이 CPA였다. 하지만 미국에 수입되기 전이어서 MPA를 사용했다. 비슷한 이름에서 유추할 수 있듯이, MPA와 CPA는 기전이 유사하다. 구조가 닮아 하는 일도 비슷하다. 법이 고를 수 있는 선택지가 하나 더 늘었다. 비칼루타미드bicalutamide(상품명 카소덱스Casodex)도 비슷한 일을 했다.

비칼루타미드는 구조가 많이 다름에도 하는 일이 비슷해서 사람들이 많은 관심을 가지고 연구를 했다. 이 약에 대해서는 이 장의 후반부에서 본격적으로 다룰 것이다.

이 약들 모두 남성 호르몬에 길항한다는 관점에서 유사하다. 약을 복용하지 않는다면 아마 테스토스테론 수치는 금방 올라올 것이다. 훼방꾼이 사라지니까. 실제로 앞서 언급한 잭의 경우도 그랬다. 이처럼 비슷한 길항제 말고 완전히 다른 종류의 약물은 없을까? 비슷한 약은 한계도 비슷한 법이다. 유사한 문제 많이 푼다고 시험 점수 오를 리 없다. 성충동 약물치료도 마찬가지다. 완전히 다른 기전의 약이 있어야 선택지가 보다 넓어지고 원하는 효과를 기대할 수 있다.

1980년대에 개발된 류프로렐린leuprorelin(상품명 루프론Lupron)이나 고세렐린goserelin(상품명 졸라덱스Zoladex)이 이에 해당한다. 이 약들은 원래 성호르몬의 생성을 줄여 전립선암이나 유방암, 자궁내막암 등을 치료하기 위해 개발됐고, 지금도 그 용도로 사용되고 있다. 동시에 성충동 약물치료에 가장 빈번하게 사용되는 약이기도 하다.

기전은 더 놀랍다. 모두 성호르몬 생성을 '촉진'하는 호르몬 유사체다. 약물학적 분류로는 생식샘자극호르몬 분비호르몬GnRH 유사체라고 부른다. 이 복잡한 이름의 호르몬은 뇌에 신호를 전달해 궁극적으로는 남녀의 성기에서 에스트로겐이나 남성 호르몬을 만드는 과정의 스위치를 켠다. 따라서 일시적으로 남녀를 가리지 않고 성호르몬 생산이 늘어난다. 이 호르몬 유사체인 루프론이나 졸라덱스도 일시적으로 성호르몬 수치를 높인다.

성충동 약물치료는 기본적으로 남성 호르몬 수치를 낮춰야 한다. 그런데 정반대 역할을 하는 약물로 어떻게 소기의 성과를 달성할 수 있을까? 비결은 피드백에 있다. 우리 몸은 외부 자극에 반응하는 시스템을 가지고 있다. 가령 테스토스테론 수치가 높다면 그 수치를 낮추기 위해 테스토스테론 생산 회로를 늦춘다. 수치가 극단적으로 높아지면 회로가 아예 폐쇄되기도 한다. 일종의 페이스 조절인데 이런 조절 기제를 우리는 피드백이라고 부른다.

성충동 약물치료를 받는 죄수를 생각해 보자. 이 사람은 출소나 가석방을 2개월가량 앞두고 약물치료를 받게 된다. 이때 의사가 루프론을 넣어주면 죄수의 몸에는 테스토스테론 생산이 급격하게 늘어날 것이다. 일주일가량 테스토스테론을 '뿜뿜'대며 교도소를 활보하겠지만 별다른 일이 일어날 가능성은 없다. 그러다 일주일이 지나면? 이 사람의 몸은 피드백 회로를 가동해 테스토스테론의 자체 생산 회로를 닫아버린다. 뇌에서는 테스토스테론을 자체적으로 생산하라는 신호를 고환의 정소에 전달하려고 하지만 중간 단계에서 신호는 무시된다. 루프론이 오랫동안 수용체를 자극하면서 반응하지 않게 됐기 때문이다. 마치 양치기 소년에 낚여버린 마을 주민들처럼 테스토스테론의 자체 생산 회로는 늑대가 나타나도 움직이지 않는다.

외부 호르몬 공급은 끊겼는데 체내 호르몬 생산 시스템은 섰다

운된다. 결과적으로 남성 호르몬이 급격하게 부족해진다. 사람들이 의도했던 남성 호르몬 수치 낮추기가 제대로 효과를 발휘하기 시작하는 것이다. 처음에는 그럴듯한 것으로 유혹하다가 결국에는 생산 기지까지 막아버리는 무시무시한 약물이다. 루프론이나 졸라덱스를 선호하는 이유가 여기에 있다. MPA나 CPA도 좋은 성충동 약물치료제이긴 하지만 어쨌든 끊는 순간 남성 호르몬 수치가 비교적 빠르게 올라간다. 빗장 풀린 문처럼 남성 호르몬이 제대로 활동하고 또 만들어지기 시작한다. 복약 주기도 비교적 짧다. 일주일마다 주사를 맞아야 한다.

반면 루프론이나 졸라덱스는 몸속 호르몬 생산 공장을 셧다운 상태에 이르게 한다. 그 결과 남성호르몬 생산에 시간이 걸린다. 공장 자체를 다시 만들거나 가동시켜야 하기 때문이다. 복약 주기도 길다. 3개월에 한 번만 주사를 맞으면 된다. 관리해야 하는 입장에서는 아무래도 루프론 같은 GnRH 유사체를 선호할 수밖에 없다.

넣어줄 약물과 받아들일 사람에 대한 연구가 어느 정도 이루어졌다. 이제 남은 변수는 사회다. 이런 제도를 과연 시행할 것인지, 시행한다면 어느 범위까지 적용할 것인지에 대한 이슈다. 여기에는 사회적 합의와 경험이 필요하다.

성충동 약물치료

✳

우리나라에서는 2011년 7월 24일에 '성폭력범죄자의 성충동 약물치료에 관한 법률'이 제정됐다. 통상 '성충동약물치료법'이라고 부르는 이 법은 성폭력범죄를 저지른 성도착증 환자에 대해 화학적 거세를 실시해 재범을 방지하도록 한다. 미국 캘리포니아에서 1996년 최초로 합법화한 것에 비하면 늦은 편일 수 있지만 전세계적으로 보면 북유럽 국가와 독일 등 10여 나라에서만 시행하고 있다. 그런데 북유럽에서 시행하는 것은 법이라기보다는 치료에 가깝다. 덴마크 의사들은 성충동 약물치료를 판사가 지시할 일이 아니라 의사가 결정할 일이라고 판단한다. 그래서 판사의 명령보다는 주로 의사의 상담과 권고에 의해 치료가 이루어진다. 미국은 주마다 조금씩 다른데 대략 10개 주에서 성충동 약물치료를 합법화했다.

이처럼 성충동 약물치료가 전 세계적으로 통용되는 제도는 아니다. 그런데도 우리나라에서 과감하게 이 제도를 시행하게 된 데는 아픈 경험들이 있었기 때문이다. 조두순이나 김수철, 김길태와 같은 아동 성폭력범들이 나타나 사회를 경악하게 했고 유사한 성범죄자들의 재범 사례가 연이어 나오기도 했다.

원래 성범죄자의 재범을 막기 위해 사용한 제도는 '전자감독제도'다. 통상 전자발찌로 알려진 이 제도는 2008년 시행됐고 이후 살인이나 강도 범죄에도 적용되어 지금에 이르렀다. 하지만 이 제도에는 한계가 있다. 가령 전자발찌를 고의로 훼손하거나 방전되게 할 경우 이를 걸러 내는 데 시간이 걸린다.

더 큰 문제는 전자발찌가 장소를 제한하는 역할만 한다는 것이다. 가령 집에서 성폭력을 저지른다면? 전자발찌로는 이를 잡아낼 수 없다. 누가 이런 짓을 할까 싶겠지만 그런 일이 실제로 일어났다. 2017년 전자발찌를 찬 성폭력 전과자가 자신의 집에서 성폭력을 한 혐의로 징역 12년 형을 선고받았다. 어떻게 이런 일이 가능했을까? 피해자는 놀랍게도 자신의 친딸이었다. 범인은 지적장애가 있는 친딸을 2009년부터 8년간 성폭행하는 파렴치한 범죄를 저질렀다. 천인공노할 사건은 딸이 스무 살이 될 때까지 이어졌고 결국 검거됐다. 이 과정에서 전자발찌는 아무런 역할을 하지 못했다. 전자발찌는 장소를 제한할 수는 있다. 하지만 행위를 제한하지는 못한다. 바로 그 행위를 제한하기 위해 제정된 법이 '성충동약물치료법'이다.

누군가의 행위를 적극적으로 제한하는 것은 그 자체로 위험한 일이기도 하다. 그래서 법의 적용 범위를 엄격하게 규정해 두었다. 가장 중요한 기준은 성도착증으로 진단을 받은 성범죄자에게만 적용한다는 것이다. 전문의의 감정을 통해 자신의 행위를 통제할 수 없다고 판명된 사람에 한해서 집행이 가능하다. 그리고 시간이 지나 재범의 우려가 없다고 판단될 때는 적법한 절차를 거쳐 약물치료를 조기에 종료할 수 있도록 했다.

이 법은 제정될 때부터 많은 논란을 거쳤고 변화도 겪어왔다.

처음에는 25세 이상의 성범죄자에게 투여하도록 제한하려 했는데 25세라는 기준의 근거에 대한 지적을 받았다. 이후 입법 과정에서 19세 이상으로 확대됐다. 또 이 법이 기본권을 제한한다는 지적에 따라 헌법재판소까지 올라가 심의를 받았지만 2015년 합헌 결정을 받았다.

약물치료를 받은 사람들의 반응은 어떨까? 2011년에 시행된 이후 60명 이상의 성도착 경향 성범죄자가 치료를 받았는데 아직까지 재범 사례는 없다. 환자들도 비교적 만족하고 있는 편이다. 가령 자기 안에서 멈출 수 없는 욕구가 올라와 힘들어했던 사람도 이제는 마음의 평화를 찾았다며 고백하는 식이다. 치료가 끝났는데도 치료 연장을 희망하는 사람들이 있을 정도다.

외국에서는 좀 더 많은 사례가 연구됐는데 결과는 역시 긍정적이다. 우리나라의 사례처럼 약물치료에 만족하며 연장을 희망하는 경우가 많을 뿐 아니라 처음부터 약물치료를 원하는 경우도 많다. 이런 사람들에게는 대부분 앞서 언급한 잭의 사례처럼 규칙적으로 투약하기 때문에 별다른 문제가 생기지 않는다. 사회가 재활에 도움을 주는 좋은 예다.

투약을 건너뛰지는 않을까? 약물에 따라 다르긴 하지만 현재 우리나라에서 주로 사용하는 약물은 한 번의 주사로 3개월의 효과를 본다. 그리고 매번 전문 교정 인력이 지켜보는 가운데 주사를 맞는다. 보호관찰관과 경찰 인력이 수시로 감시를 하기 때문에 임의로 약물 투약을 중단하는 것은 쉽게 생각하기 어렵다.

하지만 이런 성충동 약물치료에도 허점은 존재한다.

화학적 거세의 허점

✳

가장 우려되는 상황은 외부에서 남성 호르몬을 주입하는 경우다. 약물을 통해 체내 남성 호르몬 수치를 낮췄는데 다시 테스토스테론이나 이에 준하는 다른 종류의 남성 호르몬을 복용한다면 말짱 도루묵이다. 그리고 'K-몸짱' 시대에는 불법임에도 불구하고 비교적 쉽게 구입할 수 있는 남성 호르몬 제제들이 많아 관계 당국을 골치 아프게 하고 있다.

호르몬 제제뿐만 아니라 발기부전 치료제도 있다. 비아그라로 대표되는 발기부전 치료제는 성충동 약물치료를 받은 환자에게 또 다른 위험 요소가 될 수 있다. 가령 출소 후 약물치료를 받는 성범죄자가 보호관찰관 몰래 남성 호르몬 제제와 비아그라를 구매했다면? 경계가 풀린 상태에서 이러한 위험은 더 큰 문제가 된다.

제임스 젱킨스James Jenkins란 사람이 있다. 1993년 8세와 10세 여아를 성추행한 혐의로 기소됐다. 그리고 이듬해 10월 징역형을 선고받았고 5년 후인 1999년 가석방됐다. 하지만 2년 후 다시 10세 여아를 추행하려다 잡혀 교도소로 돌아왔다. 젱킨스가 겪은 증상에는 일관성이 있었다. 일종의 판타지에 사로잡혀 어린 여아와 혼자 사랑에 빠졌고 상대방을 위험에 빠뜨리곤 했다. 그 또한 자신의 증상을 수시로 자각하고 있었다. 만약 성충동 약물치료를 받았다면 별다른 문제 없이 가석방 상태를 유지했을지도 모른다.

하지만 젱킨스가 수감 중이던 미국의 버지니아는 지금도 성충동 약물치료를 시행하지 않고 있는 주다. 주 정부에서 법에 따라 그를 고위험 성범죄자 전용 교도소로 이송할 것이 분명했다. 그리고 법원의 심리를 하루 앞둔 2003년 어느 날 밤, 그는 결심을 했다. 교도관에게 면도칼을 달라고 요청한 것이다. 재소자에게 면도칼을 마음대로 줄 수는 없다. 교도관의 선택은 당연히 거부. 하지만 젱킨스는 끈질기게 요구했다. 법원 심리를 앞두고 용모를 단정히 하고 싶다는 이유를 댔다. 내일이면 더욱 어두운 곳으로 옮겨갈 재소자의 간청에 교도관은 마지못해 면도칼을 주었다. 어차피 날이 살짝만 노출된 면도칼이었다. 무슨 일이 있겠는가.

그런데 젱킨스는 교도관이 보지 않는 사이 날을 감싸고 있던 플라스틱 부위를 물어서 깨부숴 버렸다. 그러고는 면도칼로 자신의 고환을 잘라 냈다. 비명이 터져 나가는 것을 막기 위해 낮에 남겨 둔 사과를 물고서. 잘라 낸 양쪽 고환은 화장실 변기에 흘려 보내 버렸다.

순식간에 일어난 이 사태에 교도소에서는 비상이 걸렸다. 자해다. 그나마 생명에 지장이 없다는 점은 다행이라고 할까. 그래도 자해는 자해다. 젱킨스는 안정을 취해야 했고, 법원의 심리도 당연히 연기됐다. 몸을 회복한 후 재개된 재판에서 그는 자신을 풀어달라고 법원에 요청했다. 물리적으로 거세를 행한 만큼 성범죄의 우려가 없다는 주장이었다.

 법원은 이 초유의 사태에 대해 결론을 내려야 했다. 우선 정신과 상담. 당시 젱킨스의 심리는 극도로 위험했다. 본인의 성적 판타지를 없애기 위해서는 교도소로는 안 되고 본인이 결단을 내려야 한다고 생각할 정도였다. 다른 아이들을 구할 수 있는 영원한 방법은 본인의 물리적 거세라고 단정 지은 상태였다. 자신에게 이토록 엄격하다면 괜찮은 것 아닐까? 하지만 극단적인 기질은 변하지 않는다. 시간이 흘러 어느 순간 그가 원인을 아이들로 돌린다면 다시 위험한 일을 벌일 수도 있는 노릇이었다.

 다음은 외과 상담이었다. 과연 거세했다고 해서 성적으로 위험하지 않은 것일까? 전문가들의 자문이 오래도록 이어졌고 마침내 결론이 나왔다. 젱킨스가 스스로 물리적 거세를 행한 지 3년이 지난 후였다. 2006년 재판부에서는 젱킨스의 싱적인 위험성이 사라지지 않았다고 판단했다. 고환이 없어지면 테스토스테론 같은 남성 호르몬 생산이 줄어들고 전체적으로 성욕이 감퇴한다. 발기도 되지 않는다. 그럼에도 불구하고 위험하다고 결론을 내린 것은 젱킨스가 출소 후에 다시 남성 호르몬을 보충해 성기능을 회복할 우려가 있다고 판단했기 때문이다. 발기부전 치료제를 복용할 수도 있다. 언제든 다시 위험이 나타날 수 있었다. 결국 젱킨스는 교도소로 돌아가야 했다.

 당시 재판부의 고민은 성충동 약물치료의 치명적 약점을 잘 보여준다. 고환이 없어도, 약물로 억제를 해도 결국 이 효과는 가역

210

적이라는 점이다. 사실 물리적 거세에 비해 화학적 거세가 가지는 장점이 바로 그 가역성이다. 일정 기간이 지났을 때 성범죄자의 건강을 회복시킬 수 있다는 점에서 덜 잔인하고 집행도 보다 수월하게 이루어진다. 하지만 이러한 가역성은 언제든 한계로 나타날 수 있다.

현행법에서는 이러한 한계를 인지하고 조항을 달았다. "치료 기간 중 상쇄약물의 투약 등의 방법으로 치료의 효과를 해하여서는 안 된다"라고 명시했으며, 이를 어길 경우 7년 이하의 징역이나 2,000만 원 이하의 벌금에 처한다고 벌칙 조항까지 마련해 두었다. 하지만 확인하기가 쉽지 않다. 주기적으로 혈액 검사를 하겠지만 테스토스테론 이외에도 다양한 남성 호르몬이 존재하는 만큼 일일이 파악하기는 어렵다. 또한 테스토스테론은 고환에서 주로 생성되긴 하지만 체내의 다른 조직, 가령 부신 같은 장기에서도 나온다. 자체적으로 만든 테스토스테론인지 외부에서 넣어준 테스토스테론인지 도핑 테스트하듯이 판별하는 것 또한 어려운 일이다.

그나마 이러한 감시는 치료 기간 중에나 가능한 일이다. 성충동 약물치료가 끝나고 보호관찰이 종료되면 이제 그들은 전과자이긴 하지만 어쨌든 민간인이다. 성기능이 회복되는 것은 당연한 일이다. 심지어 발기부전 상태에서 성범죄를 저지르는 사람도 있다. 언론을 통해 '어금니 아빠'로 유명세를 타며 국민적인 관심과 후원을 받던 이영학은 본인 딸의 핸드폰을 보며 친구를 불러내

3 화학적 거세

211

게 하고 그 친구를 잔인하게 성폭행한 후 살해하는 만행을 저질렀다. 발기부전이었던 이영학은 기구를 사용해 피해자를 성폭행했다. 여러모로 봐도 잔인함의 끝을 보여준 이 사건은 성범죄자로부터 피해자를 어떻게 보호해야 할지 많은 시사점을 안겨준다.

화학적 거세와 전립선암

✳

화학적 거세를 이용해 성범죄자의 재범을 막는 행위는 여전히 논란 중에 있다. 세계적으로 시행하는 곳이 많지 않고 누적된 사례도 적어서, 이러한 방법이 정말 효과가 있는지에 대해서도 갑론을박이 이어지고 있다. 복용자의 건강에 미치는 부작용도 여전한 이슈다. 성범죄자를 처벌의 대상으로 볼 것인지 치료의 대상으로 볼 것인지에 대한 논란도 현재 진행형이다. 그래도 우리 사회가 선택한 방법은 일단 화학적 거세다. '성충동 약물치료'라는 이름은 '화학적 거세'라는 단어가 주는 어감에 비해 훨씬 부드럽고 긍정적인 느낌을 준다.

화학적 거세가 별다른 논란 없이 쓰이는 영역도 있다. 이 경우에도 어감을 고려해 '안드로겐 차단요법Androgen Deprivation Therapy, ADT'이라는 이름으로 시행되고 있다. 차단요법에는 앞서 소개한 약물들, 즉 MPA, CPA, 비칼루타미드, 루프론, 졸라덱스 같은 물질들이 그대로 쓰이고 있다. 별다른 논란 없이 '성충동 약물

스테로이드 인류

치료'에 쓰이는 약물을 쓰고 있는 이 영역은 바로 질병 치료. 구체적으로 전립선암이다.

우리나라에서 전립선암 환자는 유방암 환자 다음으로 많다. 굳이 순위를 따지자면 6위. 유방암이 대표적인 여성 암이라면 전립선암은 남성 암의 대명사다. 대부분의 암이 그렇듯이 전립선암도 연령대가 높아질수록 발병률이 더 커진다. 65세 이상 남성에서는 발병률이 폐암에 이어 2위다. 끊임없이 생산하는 남성 호르몬이 시간이 흐를수록 부담스러워지는 대목이다.

전립선암 치료에 대한 실마리는 일찍이 1940년대 허긴스가 실험을 통해 찾아냈다. 개의 고환을 절제했을 때 전립선암이 줄어들고 이후 테스토스테론을 넣었을 때 전립선암이 증식한다는 사실을 밝혀낸 것이다. 허긴스는 이 발견으로 노벨상도 받았다. 노벨상이 모든 것을 대변하지는 않는다. 노벨상을 받았다고 무조건 찬양할 필요도 없고 그것이 목적이 될 수도 없다. 하지만 적어도 이 연구가 한 시대를 풍미했다는 말임에는 틀림없다. 부정할 수 없는 사실이다.

허긴스의 실험 이후 전립선암 환자 치료 방법에 물리적 고환 제거가 추가됐다. 하지만 물리적 거세는 너무 자극적이다. 따라서 화학적 거세가 대안으로 함께 연구됐다. 당시에 안드로겐의 활성을 줄이기 위해 넣어줄 수 있는 물질은 합성 에스트로겐 유사체인 DES밖에 없었다. 참 자주 나오는 물질이다. 유방암이나 출혈, 소화기계 부작용 및 혈전을 일으키는 오래된 약물이라고 한심하게 볼 수 있지만 시대적 한계도 감안해야 할 것이다.

　오늘날 전립선암 환자를 치료하기 위한 프로토콜은 비교적 복잡하다. 환자의 상태와 전립선암의 병기에 따라 상황이 조금씩 다르기 때문이다. 심지어 일부러 치료를 하지 않는 경우도 있다. 관찰 요법이라고 부르는 이 방법은 전립선암이 자라나는 속도가 현저히 느리고 건강에 큰 이상을 주지 않는 경우 또는 환자의 나이를 고려해 수술하지 않는 것이 도움이 된다고 의료진이 판단할 경우 따르는 원칙이다.

　그래도 대부분의 경우에는 치료를 한다. 전립선암이 암 중에서는 굉장히 느리게 자라는 암이긴 하지만 꾸준히 자란다는 점에서는 위험하기 때문이다. 그래서 다수의 환자가 수술대에 오른다. 수술 대상은 당연히 암 조직이 자리 잡은 전립선이다. 암 조직은 잘라 내야 한다.

　하지만 전이가 일어나면 이야기가 복잡해진다. 전립선의 위치 때문에 인근 뼈조직 등으로 암세포가 옮겨 가면 국소적인 절제만으로 치료가 불가능하다. 이 상황에서 택할 수 있는 방법은 고전적인 방식, 즉 거세다. 전립선암이 자라게 하는 호르몬을 줄여야 하기 때문이다. 물리적 거세는 지금도 치료 프로토콜에 있는 방법이다. 하지만 가능하면 물리적 거세 대신에 다른 방법으로 대체하려 한다. 이때 사용하는 방법이 화학적 거세, 즉 안드로겐 차단요법이다.

　안드로겐 차단요법의 효과는 확실하다. 안드로겐을 거세 수준까지 떨어뜨린다. 평소 3~9밀리리터당 나노그램 수준을 유지하던 테스토스테론 수치는 성범죄자의 성충동 치료에 쓰이는 약물들을 사용하면 0.5밀리미터당 나노그램까지 내려간다. 허긴스가 실험한 수준의 호르몬 농도다. 이 정도 수치의 안드로겐 농도에서는 전립선암이 자라기 어렵다. 전립선암은 안드로겐을 먹고 자라니까.

문제는 물리적이든 화학적이든 거세를 했는데도 불구하고 전립선암이 증식하는 상황이다. 안드로겐 차단요법을 시행해 효과를 보더라도 2년 정도 시간이 지나면 암 조직에 변이가 일어난다. 극미량으로 존재하는 안드로겐에도 반응할 수 있도록 수용체 구조가 변화하는 것이다. 거세 수준의 낮은 안드로겐 농도에서도 스스로 변화해서 자라나는 무시무시한 이 암을 거세저항성전립선암Castration-Resistant Prostate Cancer, CRPC이라고 한다

쉽게 짐작할 수 있듯이 이 단계의 전립선암은 상당히 위험하다. 호르몬을 줄여도 자라나는 상태이기 때문에 다른 기전의 항암제를 쓸 수밖에 없다. 지금도 사용하고 있는 치료제로는 도세탁셀docetaxel이 있다. 도세탁셀은 주목나무 껍질에서 나오는 천연 항암제인 탁솔taxol을 환자들이 쓰기 좋게 화학적으로 변형한 약이다. 도세탁셀은 일반적인 암을 치료하는 용도로 개발됐지만 전립선암에도 사용하고 있다. 유방암이나 위암, 폐암 등 다른 암에도 당연히 사용한다. 주목나무가 자신의 껍질을 지키려고 생산한 물질이 암 환자들을 살리고 있다는 점은 환영할 만하다. 하지만 단

점이 존재한다. 좀 많다.

도세탁셀은 기본적으로 암세포가 빠르게 증식하는 과정을 차단하는 약이다. 세포 분열 단계에서 유전자가 증폭되는 단계를 막기 때문에 암세포가 자라지 못한다. 하지만 우리 몸에는 암세포 외에도 빠르게 증식하는 세포들이 있다. 혈액, 면역세포, 피부, 두피 등이 이에 해당하고 이 조직들에서 대부분 부작용이 나타난다. 이들 조직 외에 신체의 다른 조직에서도 연달아 부작용이 나타날 수 있으므로 의료진의 세심한 관찰과 보호가 필요하다. 흔히들 생각하는 항암치료의 어려움을 생각하면 된다. 부작용이 많은 약이지만 어떡하겠는가. 쓸 만한 다른 약이 없는데.

그러던 중 2012년 새로운 약이 개발됐다. 엔잘루타마이드enzalutamide(상품명 엑스탄디Xtandi)가 그 주인공이다.

한국인이 만든 세계적 신약

✳

엔잘루타마이드가 어느 날 하늘에서 뚝 떨어졌을 리는 없다. 기원은 1967년까지 거슬러 가야 한다. 농화학 회사인 몬산토Monsanto의 연구진은 박테리아의 성장을 억제하는 물질을 개발하고자 했다. 이유는 알려져 있지 않지만 농작물의 병충해와 관련 있지 않을까 짐작해 본다. 이때 만든 물질들은 그럭저럭 괜찮은 활성을 보였지만 탁월한 항균 작용을 보이지는 않았다. 그러던

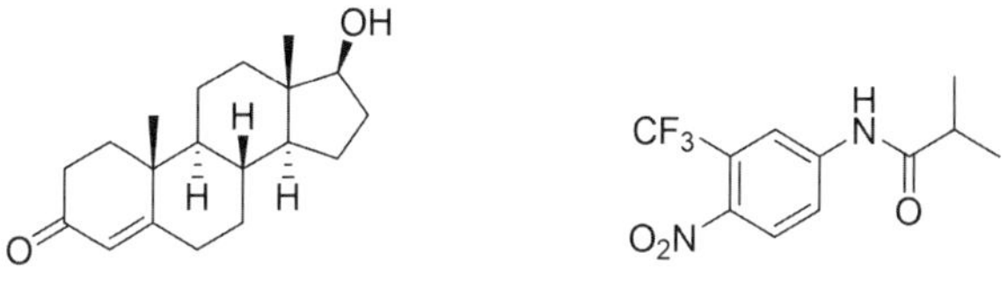

테스토스테론 플루타마이드

그림40 **테스토스테론과 플루타마이드의 구조. 닮은 곳이 한 군데도 없다.**

중 제약 회사인 셰링의 눈에 들게 된다. 해당 화합물들의 활성을 테스트하던 중 뜻밖의 효과를 발견한 것이다. 연구진은 쥐에게 주었을 때 안드로겐 활성이 줄어드는 것을 관찰했다. 농약으로는 별 의미가 없을지 몰라도 사람에게는 상당한 의미가 된다. 셰링 사가 붙인 이름은 Sch13521. 후에 플루타마이드flutamide로 불리게 될 약은 이렇게 세상에 소개됐다.

플루타마이드의 구조는 다음(그림40)과 같다. 테스토스테론 구조와 비교하면 공통점이 거의 없다. 그런데도 테스토스테론이 결합하는 수용체에 떡하니 자리 잡아 남성 호르몬이 작용하는 것을 방해한다. 만약 처음부터 이런 용도의 약을 개발하고자 했다면 성 호르몬의 구조를 바꿔서 접근했을 것이다. 실제로 당시까지 나온 물질들은 대부분 그랬다. 호랑이를 잡으려면 호랑이 굴에 들어가야 한다. 성호르몬을 억제하려면 일단 성호르몬과 비슷하게 생겨야 했다.

하지만 모두가 비슷한 전략을 택하면 실패할 확률이 높다. 누군가 완전히 다른 골격의 물질을 만든다면 연구개발의 폭이 한결 넓어지지 않을까. 다양해야 살아남는다. 진화론적인 이야기지만 신약 개발에도 적용 가능한 원리다. 다만 이런 접근은 어렵다. '맨땅에 헤딩'하기다. 성공하면 좋지만 밑도 끝도 없이 좋은 활성의 물질을 만들어 내기는 어려운 법이다. 그런데 뜻밖에도 플루타마이드가 세상에 나왔다. 얻어걸린 셈이다. 전혀 뜬금없는 항생제 연구에서 말이다.

얻어걸려서 좋긴 하지만, 우연히 찾은 물질이 최고의 약일 리는 없다. 페니실린 항생제도 1928년 얻어걸려서 나왔지만 지금은 5세대 항생제가 쓰이고 있지 않은가. 1980년대 중반 플루타마이드가 전립선암 치료 목적으로 승인되는 것을 보면서 사람들은 플루타마이드의 구조를 조금씩 바꾸기 시작했다. 구조가 간단한 물질인 만큼 다양한 화합물이 만들어졌다. 다만 활성은 천차만별이었다. 플루타마이드와는 달리 안드로겐 활성을 높여 전립선암을 악화시키는 RU 59063 같은 물질도 있었고, 안드로겐 활성을 떨어뜨려 전립선암 치료에 도움 되는 비칼루타미드 같은 약도 나왔다. 비칼루타미드는 앞서 성충동 치료약물로 언급한 적 있는 약으로 지금도 전이성 전립선암에 쓰는 치료제다.

그래도 아쉬움은 있었다. 비칼루타미드는 나름 이 계열을 대표하는 약이긴 하지만 안드로겐 수용체에 결합하는 효과가 살짝 약했다. 그래서 소량 존재하는 안드로겐, 가령 부신 등의 조직에서 만들어 내는 테스토스테론이나 그 유사체들이 결합해서 암세포

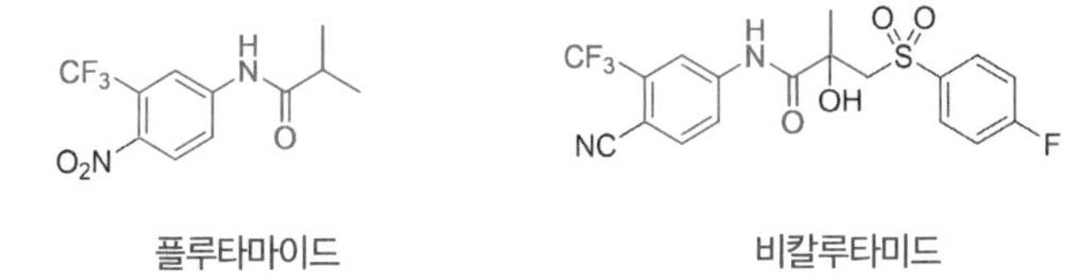

그림41 플루타마이드와 비칼루타미드의 구조. 같은 골격에서 나온 만큼 푸른색 부분은 나름 일관성이 있다.

를 증식시켰다. 이런 작은 틈은 사용 초기에는 별문제가 없다. 하지만 시간이 지날수록 이 암세포들이 '우세종'이 되어서 내성이 생겨버린다.

더 큰 문제가 있다. 내성 암세포는 비칼루타미드의 효과를 무시하는 정도가 아니라 아예 이 물질을 효능제로 인식하기 시작한다. 그래서 약이 안 듣는 차원을 넘어 암 조직을 더 키운다. 차단제가 효능제로 바뀌어 버린 이 상태가 되면 비칼루타미드는 절대 쓸 수 없다. 보다 강력하게 안드로겐을 저해할 수 있는 물질이 필요했다.

2000년대 중반 이 문제가 풀렸다. 뉴욕과 로스엔젤레스의 연구 팀이 협력해 보다 개선된 전립선암 치료제를 개발한 것이다. 뉴욕 연구 팀은 찰스 소여스Charles Sawyers가 이끌었다. 암과 관련한 연구에서 이미 전설을 쓴 학자다. 1990년대 후반 기적의 항암제인 '글리벡Gleevec'을 개발하는 데 주력으로 참여했고, 후일인 2009년 의약학계에서 노벨상 다음으로 권위를 인정받는 래스커상Lasker

Award을 공동으로 수상하기도 했다. 혹시나 래스커상이 생소한 독자들을 위해 첨언하자면, 같은 해 래스커상 수상자인 야마나카 신야山中伸弥는 2012년 노벨생리의학상을 수상했다.

소여스가 글리벡을 개발해 만성골수성백혈병 환자에게 희망을 준 이후 연구한 분야가 바로 전립선암, 그중에서도 거세저항성전립선암이었다. 하지만 임상의사 혼자서 약을 개발할 수는 없다. 화합물이 필요하다. 그런 면에서 로스엔젤레스 UCLA 유기합성 팀의 역할은 절대적이었다.

UCLA 연구 팀은 유기합성 분야에서 세계 최고로 손꼽히던 마이클 정Michael E. Jung 연구 팀이다. '정'이라는 성 때문에 혹시 헷갈릴까 봐 미리 말하자면 그는 순수한 미국인이다. 정이 이끌던 연구 팀은 복잡한 천연물이나 생리활성 화합물을 합성하는 데 충분한 원천기술을 가지고 있었다. 이 두 연구 팀이 본격적으로 거세저항성전립선암 치료제를 개발하게 됐다.

시작은 RU 59063. 이 물질은 앞서 잠깐 언급했듯이 안드로겐 수용체의 순수한 효능제다. 그 효과는 테스토스테론보다도 강력하다. 그래도 수용체를 자극하는 것과 차단하는 것은 여러 차례 말했듯이 한 끗 차이다. 제대로 차단하려면 일단 제대로 결합부터 해야 한다. 결합했다고 해서 수용체 기능이 곧바로 사라지는 것은 아니다. 찰싹 붙어서 더 활성을 높이기도 한다. 그래서 결합하는 물질 중에서 원하는 활성이 있는 물질을 골라내야 한다. 즉 그만큼 많은 물질을 만들어야 한다. UCLA 연구 팀은 RU 59063의 구

스테로이드 인류

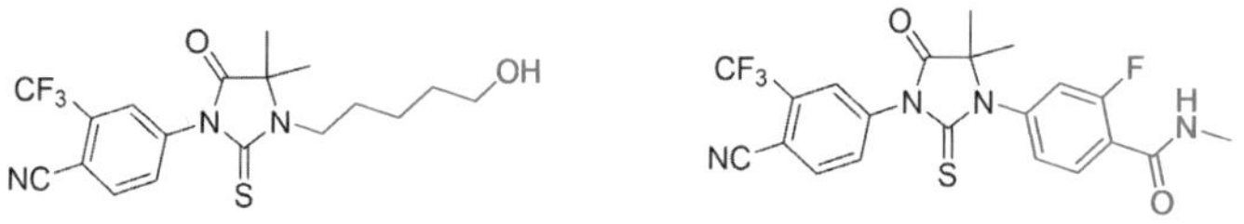

RU 59063 엔잘루타마이드

그림42 RU 59063과 엔잘루타마이드의 구조. 푸른색 구조를 바꿔 답을 찾았다.

조를 기반으로 많은 유도체를 생산했다. 뉴욕의 소여스 교수 팀은 이렇게 합성한 물질이 안드로겐 수용체와 어떤 방식으로 결합하는지 그리고 실제 생리적인 활성을 가지는지에 대해 신속하게 피드백을 주었다.

논문에 따르면 UCLA 연구 팀이 만든 물질은 76종이다. 하지만 신약 개발 분야에서 합성한 물질 모두를 논문에 싣지는 않는다. 연구 과정에서 겪었을 시행착오를 생각하면 훨씬 더 많은 노력이 있었을 것이다. 그래도 연구 팀은 최적의 구조를 찾아내는 데 성공했다. 2012년 엑스탄디라는 상품명으로 시판 허가를 받은 거세저항성전립선암 치료제, 엔잘루타마이드다.

엔잘루타마이드는 기존의 약물 비칼루타미드보다 5~8배 정도 안드로겐 수용체에 더 잘 결합한다. 그리고 완벽하게 차단한다. 이 물질은 내성이 생겼다고 해서 비칼루타미드처럼 안드로겐 효능제로 돌변해 암을 악화시키거나 하지는 않는다. 물론 단점도 있다. 피로를 쉽게 유발한다. 그럭저럭 견딜 수 있는 부작용이다. 다만 일부 환자들에서 경련이나 뇌병증으로 인한 두통, 시력 상실 등을 일으키는 사례가 보고됐으니 여전히 주의가 필요하다. 아무리 선택적으로 작용하는 약이라고 해도 항암제라는 사실은 잊지 말아야 한다.

2023년 통계를 보면 엔잘루타마이드 매출 규모는 6조 원을 조금 넘는다. 전 세계 의약품 매출 순위에서 30위를 차지할 정도로 블록버스터급 신약이다. 흥미로운 사실은 따로 있다. 엔잘루타마이드의 개발을 주도한 사람이 한국인이다. 바로 유동원 박사다. UCLA 마이클 정 교수 팀에서 박사후연구원으로 근무하며 엔잘루타마이드의 구조를 기획하고 합성했다. 유동원 박사는 이 기여를 인정받아 엔잘루타마이드 특허에 이름을 올렸다. 기술 이전 후에는 지분에 따라 로열티를 받았는데 그 액수만 600억 원에 달한다. 신약을 연구·개발하는 학자들에게 동기 부여가 확실히 된다.

2012년 엔잘루타마이드가 시판되며 거세저항성전립선암의 치료에 한 획을 그었지만 이 약에도 내성을 가지는 환자들이 나타났다. 암세포도 참 독하다. 그렇다면 이 사람들에게는 이제 희망이 없는 걸까? 아니다. 엔잘루타마이드가 개발된 뒤로도 활성이 있는 물질들이 개발됐다. 신약 개발에 성공하는 것도 중요하지만 정말 중요한 것은 신약을 개발한 경험과 기술 그리고 연구 플랫폼이다. 우리가 원천기술이라고 부르는 이러한 자산이 있었기에 관련된 다른 치료제들도 세상에 나올 수 있었다.

엔잘루타마이드의 후속으로 개발된 물질이 아파루타마이드apalutamide다. 이 약은 2018년 미국에서 승인됐고 우리나라에서

스테로이드 인류

Journal of
Medicinal
Chemistry
Article

J. Med. Chem. **2010**, 53, 2779–2796 **2779**
DOI: 10.1021/jm901488g

Structure−Activity Relationship for Thiohydantoin Androgen Receptor Antagonists for
Castration-Resistant Prostate Cancer (CRPC)

Michael E. Jung,*[†] Samedy Ouk,[†] Dongwon Yoo,[†] Charles L. Sawyers,[‡,§] Charlie Chen,[‡] Chris Tran,[‡] and John Wongvipat[‡,§]
[†]Department of Chemistry and Biochemistry, and [‡]Department of Medicine, University of California, Los Angeles, 405 Hilgard Avenue, Los Angeles, California 90095, and [§]Human Oncology and Pathogenesis Program, Howard Hughes Medical Institute, Memorial Sloan Kettering Cancer Center, 1275 York Avenue, New York, New York 10065

그림43　엔잘루타미이드와 아파루타미이드가 발표된 논문. 세상을 바꾼 논문이다. 설명한 이름과 키워드는 푸른색으로 표시했다.

도 2020년 12월 승인됐다. 흥미로운 사실이 하나 더 있다. 아파루타미이드를 개발한 사람도 유동원 박사다. 마이클 정 교수 팀에서 연구하며 엔잘루타미이드를 발표한 논문에 아파루타미이드도 나와 있다. 하나만 개발해도 가문의 영광이라는 신약을 동시에 두 개나 개발했다니 그저 놀라울 따름이다. 아파루타미이드의 로열티도 그 전의 경우와 비슷할 것으로 추정하지만, 정확하게 알려진 바는 없다.

　유동원 박사는 행운을 얻었다며 겸손해한다. 하지만 지금 세상에 운으로 개발할 수 있는 약이 어디 있겠는가. 오랜 노력과 통찰력, 다른 연구자들과의 협업이 만들어 낸 성과가 아닐까 싶다. 유동원 박사는 2018년부터 서울대학교 화학생물공학부 교수로 임용되어 관련 연구를 하고 있다. 앞으로도 좋은 연구와 성과를 내주길 부탁드린다.

3 화학적 거세

그 뒤로 어떻게 됐을까

✳

최초로 여성 호르몬 에스트론을 분리한 도이지는 1939년 노벨상 수상식을 멀리서 지켜봐야만 했다. 그해 노벨화학상 수상자로 남성 호르몬을 주로 연구했던 부테난트와 루지치카가 선정됐지만, 여성 호르몬의 권위자였던 도이지는 심사위원단에게 외면받았다. 그런데 도이지는 그 후로 다시 한번 힘을 내 놀라운 연구 성과를 선보인다. 비타민K를 분리해서 세상에 알린 것이다. 될 사람은 되나 보다. 그는 이 연구 결과를 바탕으로 1943년 기어코 노벨상을 받았다. 노벨상 받으려고 연구하는 건 아니겠지만, 어쨌든 세상에 제대로 인정을 받았다.

부테난트는 이미 인정을 받은 터였다. 남성·여성 호르몬 분리에 있어 세계적인 권위자였고 노벨상까지 받은 터라서 그의 권위를 의심하는 사람은 아무도 없었다. 나치 정권하에서도 다양한 연구를 이어갔고 결과가 제법 나왔다. 천연물 분리보다는 생화학으로 관심을 돌려 유전자와 단백질의 관계를 연구했는데 여기서도 아니나 다를까 존재감을 드러냈다. 부테난트는 제2차 세계대전 중 직접적인 살상 무기와 관련한 연구를 하지는 않았다. 그러다 보니 독일 패망 후에도 처벌을 받지는 않았다. 다만 좀 모양 빠지는 일은 있었다. 스웨덴 과학원Swedish Academy of Sciences에 편지를 보내 1939년 노벨상을 거절한 경위를 자세하게 서술한 것이다. 1949년에 스웨덴 과학원은 부테난트에게 소포로 노벨상 메달과

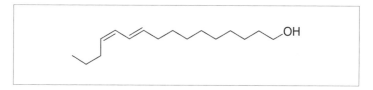

그림44　봄비콜의 구조. 스테로이드와는 아무런 상관 없는 물질이다.

증서를 보내주었다. 상금이나 화려한 시상식은 당연히 없었다.

　부테난트는 최초로 페로몬을 분리한 것으로도 유명하다. 페로몬은 곤충들이 몸 밖으로 방출하는 작은 물질이다. 이 물질을 통해 서로를 유혹하거나 간단한 의사소통을 한다. 체내에서 작용하는 호르몬과 달리 몸 밖으로 뿜어져 나오는 페로몬에 대해 사람들이 눈치채면서 정체를 규명하고자 했는데 부테난트가 제일 먼저 깃발을 꽂은 것이다. 방법은 그가 스테로이드를 분리할 때 썼던 전략과 비슷하다. 최대한 많은 샘플을 구해 집요하게 분리했다. 스테로이드를 분리하기 위해 모았던 샘플은 경찰관이나 임신한 여성의 소변이었다. 페로몬 샘플은 어디서 구했을까? 누에나방이다. 부테난트의 연구 팀이 모은 누에나방은 대략 50만 마리. 이 누에나방에서 분비샘을 떼어 낸 후 원하지 않는 물질들을 분리해 가며 봄비콜bombykol이란 물질을 기어코 분리해 냈다. 분리하려고 마음먹으면 어떻게든 분리해 내는 모습은 과학자의 열정이자 연구자의 집요함 그 자체다. 정치적 선택이야 논란의 여지가 많지만 학자로서의 성과만큼은 인정해야 하지 않을까. 부테난트는 뮌헨 대학교의 교수 등을 역임한 후 1995년 91세의 나이로 뮌헨에서

그림45 50파운드화에 장식된 튜링의 사진.

죽었다.

튜링은 죽은 지 50년 정도 지나서야 명예를 회복했다. 2009년 영국 총리의 공식 사과가 있었고, 2013년 사면받았다. 또한 튜링은 2021년 발행한 50파운드화의 뒷면 도안 모델로 선정되어 명실상부 국가적 영웅으로 기억되고 있다.

앞에서 언급한 잭은 성충동 약물치료를 받은 후 지속적으로 이 약물로 성욕을 관리했다. 약물의 효과만으로는 설명하기 어렵다. 그보다는 잭이 자발적으로 의료진을 찾고 도움을 구했다는 점이 더 중요할 듯하다. 그는 가족을 보며 자신을 바꾸겠다는 생각을 했고 성실하게 치료에 임했다. 치료받은 기간을 합치면 대략 40년에 이른다. 잭 본인의 의지가 돋보인다.

기록에 따르면 중간에 많이 흔들렸다고 한다. 약을 일정 기간 투여하지 않았을 때 다시 여성 옷을 입고 싶었다고 하는데 그때 버팀목이 되어준 것은 그의 가족이었다. 아내는 끊임없이 잭을 설

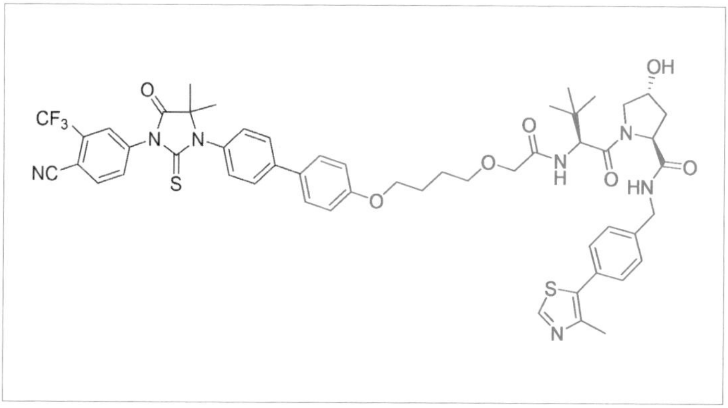

그림46 엔잘루타마이드를 이용한 단백질 분해제 구조. 엔잘루타마이드 골격을 그대로 이용한 검은색 구조는 안드로겐 수용체를, 푸른색 구조는 세포 내 단백질 가위 시스템을 데려온다. 원래대로라면 별로 만날 일 없던 수용체와 단백질 가위가 이 물질 덕분에 억지로 만나게 된다. 따라서 수용체는 분해되고 결과적으로 암세포는 자라지 않는다.

득했고 꾸준히 치료를 받도록 도움을 주었다. 마초 기질이 엿보인 잭이었지만 첫사랑 아내와 그다음 사랑 아들 앞에서는 한없이 순한 양이었다.

젱킨스에 대해서는 그 후로 알려진 바가 없다. 자해를 하던 당시 그의 나이가 이미 63세였다. 따라서 20년 넘게 흐른 지금은 죽었을지도 모른다. 혹은 형 집행정지로 출소했을 수도 있다. 그래도 젱킨스가 더 이상 변태적 성욕으로 인해 문제를 일으킨 경우는 없는 듯하다. 그랬다면 이슈가 되고도 남았을 테니 말이다.

엔잘루타마이드는 지금도 혁신을 거듭하고 있다. 아직도 혁신할 게 남았단 말인가? 최근 들어 연구하는 분야는 엔잘루타마이드에 일종의 단백질 가위를 연결해 수용체를 잘게 분해하는 전략이다. 우리 세포에는 필요 없는 단백질을 분해하는 과정이 있다. 전문적으로는 유비퀴틴프로테아좀ubiquitin-proteasome 경로라고 부르는데 2004년에 노벨상까지 수상할 정도로 충분히 연구된 생체 내 시스템이다. 이 단백질 가위 시스템에 엔잘루타마이드를 접목시켜 안드로겐 수용체만을 선택적으로 분해하는 기술이 개발됐다. 수용체 분해가 가능하다면 전립선암세포가 자랄 수 없다. 테스토스테론이 있어도 그렇다. 받아들이는 시스템이 없어지기 때문이다.

이 전략은 2010년대 중반 《네이처》나 《사이언스》 등의 국제 학술지에 소개되며 선풍적인 인기를 끌었다. 관련 물질 여러 개가 임상시험에 들어가 있는데 엔잘루타마이드 기반 단백질 분해제는 그중에서도 선두를 달리고 있다. 유방암 치료제도 비슷한 전략으로 접근하고 있으니 조만간 좋은 소식을 기대해 본다.

1894년 근치유방절제술이 나와서 유방 인접 조직을 모두 잘라 낸 이후 사람들이 더욱더 과격한 방식으로 유방조직을 잘라 낸 적도 있었다. 초근치superradical유방절제술, 극근치ultraradical유방절제술 등으로 부른 방법들이다. 하지만 지금은 많은 임상 사례들이 쌓여서 필요한 부분만 선택적으로 제거하면서 생존률을 높이고 있다. 약도 마찬가지다. 오랜 노력과 많은 우여곡절 끝에 우리는 100년 전과는 비교도 할 수 없을 정도의 안전하고 강력한 약을 가지게 되었다. 과학은 오늘도 발전하고 있다. 어떤 분야에 어떻게 활용할지는 우리의 몫이다.

화학적 거세를 이용해 전립선암을 치료하겠다는 목표는 현재 진행형이다. 예전에 비해 치료할 수 있는 범위는 늘어났지만 많은 약이 그렇듯이 내성 또한 나타난다. 결국 끊임없는 연구개발이 뒷받침되어야 할 것이다. 그런데 이러한 연구개발이 꼭 바람직한 결과만을 만들어 낸 것은 아니다.

1990년대 중반 테네시 대학교의 제임스 돌턴James T. Dalton 교수는 전립선암 치료제를 개발하고 있었다. 그가 주목한 물질은 비칼루타미드. 당시로서는 획기적인 물질로 각광받고 있었다. 그래도 항상 개선의 여지는 있는 법. 돌턴은 이 약의 구조를 개선해서 더 좋은 안드로겐 수용체 차단제로 만들고 싶었다. 마치 훗날의 엔잘루타마이드와 같은 그런 약이 목표였다.

그런데 그가 만든 물질 'S-4'는 안드로겐 수용체 차단제와는 거리가 멀었다. 오히려 동물실험을 했을 때 안드로겐 수용체를 더 강하게 자극해 효능제로 작용했다. 천재와 바보가 종이 한 장 차이라고 했던가? 약간의 구조를 바꾼 것만으로도 괜찮은 차단제에서 강력한 효능제로 바뀌는 것을 보면서 많은 생각이 들었을 것이다. 그런데 좌절할 필요는 없었다. 현실이 못 따라가면 목표를 바꾸면 된다. 돌턴은 안드로겐 차단제를 개발해서 전립선암을 치료하겠다는 목표를 포기했다. 대신 안드로겐 효능제를 개발해서 약으로 시판하겠다는 목표로 바꿨다. 유연한 사고다. 바람직하다.

실제로 안드로겐 수용체 효능제는 상당히 귀한 물질이다. 남자들은 시간이 흐를수록 근육을 잃고 관련된 질환이 생긴다. 그래서 지금도 적절한 양의 테스토스테론을 보충하도록 권하고 있다. 괜찮은 안드로겐 수용체 효능제가 나온다면 시장에 안착할 가능성이 컸다. 장수 시대 아닌가. 사람들의 수명은 점점 늘어가니 건강한 노화를 위해 이런 약은 꽤 유망해 보였다. 무엇보다 전립선암 환자보다는 근육을 필요로 하는 노인이 훨씬 많을 것이 분명했다. 시장이 훨씬 크다. 성호르몬을 연구하다 보면 효능제든 차단제든 의미를 가지는 경우가 많다. 성호르몬이 우리 몸의 여러 조직에 관여하기 때문이다. 그러므로 적절한 적응증만 찾는다면 모두 큰 의미를 가진다. 물론 부작용이 적을 때의 이야기다.

알약으로 먹을 수 있다는 것도 확실한 장점이었다. 당시 테스토스테론 기반의 약물은 대부분 주사제였다. 먹을 수 있는 형태의 물질이 있긴 했지만 생체 이용률이나 간독성 등에서 한계를 보이는 경우가 많았다. 성기능 축소로 고환이 쪼그라드는 문제는 여전히 한계로 남아 있다. 돌턴의 화합물이 약이 된다면 알약으로 먹는 테스토스테론 대체제가 될지도 몰랐다. 확실한 장점이다. 또한 그가 찾은 구조는 여전히 개선할 수 있는 여지가 많았다. 앞으로도 효능이나 부작용을 개선할 수 있는 무궁무진한 가능성이 열려 있었다.

　돌턴 교수도 굉장히 흥분했던 듯하다. 차단제면 어떻고 효능제면 어떤가. 기왕 이렇게 된 거 효능제로 개발하면 되지. 좋은 게 좋은 거다. 그는 자신이 개발한 안드로겐 효능제가 성공적인 후속 개발 과정을 거쳐 관련 질환 치료제가 되길 바랐다. 회사도 설립했다. GTx라는 테네시 지역의 제약 회사다. 자기는 직접 CSOChief Scientific Officer에 올랐다. S-4라는 코드네임으로만 불리던 물질에 이름도 붙였다. 안다린andarine. 안드로겐에서 기인한 이름이다. 준비는 끝났다. 이제 임상시험만 통과하면 된다. 그런데 그게 쉬울까?

　임상시험은 1상부터 4상까지로 나뉜다. 1상이 안전성과 용량을 확보하기 위한 기초 과정이라면 2상은 약효, 3상은 다른 약물과의 비교 실험을 거치는 과정이다. 4상은 시판 후 재평가 단계다. 사실상 3상을 통과하면 의약품이 된다. 안다린은 어떻게 됐을까? 1상을 진행하는 과정에서 중단되고 말았다. 독성이 관찰됐기 때문이다. 안다린의 임상시험 과정에 대해서는 자세한 내막이 알려져 있지 않다. 하지만 야심 차게 진행한 1상 시험마저 마치지 못했다는 사실은 관련 구조 의약품 개발에 거대한 물음표가 붙는 계기가 됐다.

　돌턴은 포기하지 않았다. 안다린의 뒤를 이어 유사한 구조의 약물을 열심히 만들었다. 이쯤 되면 다른 사람들도 관련 연구에 뛰어든다. 많은 회사들이 GTx가 주춤하는 틈을 타서 돌파구를 마련

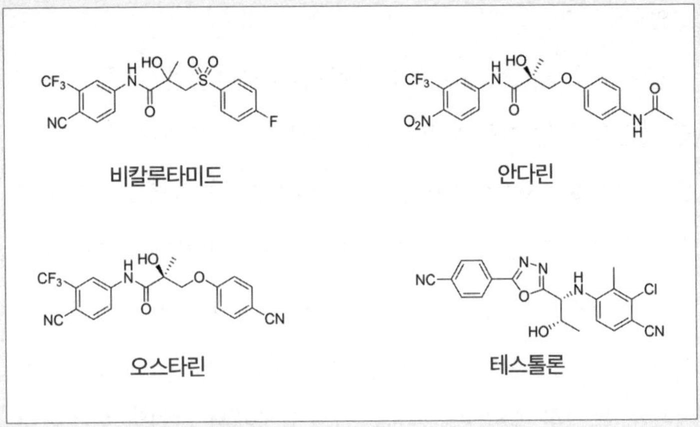

그림47 안다린 관련 물질들의 구조. 비칼루타미드와 안다린의 관계처럼 비슷한 구조도 있지만 테스톨론처럼 전혀 다른 구조도 있다.

하겠다며 유도체를 개발했다. 결과적으로 많은 유도체들이 노인의 근 손실을 막겠다는 목표 아래 임상시험에 돌입했다. 안다린의 골격과는 완전히 다른 골격의 화합물을 찾아내기도 했다. 하지만 그들도 여전히 임상시험의 까다로운 관문을 통과하지 못하고 있다. 내가 아는 한 현재까지 약으로 승인된 이 계열의 약물은 없다.

약으로 승인되지 못했다고 해서 의미마저 사라지는 것은 아니다. 이 물질들이 어떻게 작용하는지를 연구하기 시작하면서 안드로겐 수용체에 결합하는 다양한 양식과 장기에 따른 차별화 등도 연구됐다. 그러면서 이 물질들에 '비스테로이드성 선택적 안드로겐 수용체 조절제Non-steroidal Selective Androgen Receptor Modulators'라는 이름을 붙였다. 이름이 길다. '비스테로이드성 SARMs'라고 줄여서 부르는데 이것도 길다. 그래서 통칭해서 'SARMs'라고 잘라 부른다, 우리말로 '삼스'라고 표현한다.

그런데 삼스에 주목하는 사람들은 따로 있었다. 근육을 필요로 하는 운동선수들이었다. 삼스가 개발되던 시기는 1990년대 후반이다. 도핑 검사가 강화되고 각종 스테로이드 약물에 대해 끊임없는 검사와 규제가 행해지고 있던 시기다. 그리고 당시 최첨단 물질이던 삼스는 스테로이드와 골격 자체가 달랐다. 기본적으로 다른 물질이기 때문에 '당시로서는' 도핑에 걸릴 우려가 없었다. 그렇다면 도핑에 걸리지 않고 근육을 향상시킬 수 있지 않을까? 약으로도 못 쓰는 이 물질에 운동선수들이 넘어가기 시작했다. 운동선수들은 이 물질을 '걸리지 않는 스테로이드'라고 부르며 구입했다. 불티나게 팔렸다. 약으로 못 쓰는 물질을 팔 수 있을까? 팔수 있다. '약으로 안 쓰겠다' 하고 사는데 못 팔 이유가 없다.

세계반도핑기구에서 이 물질을 규제하기 시작한 것은 2008년의 일이다. 단속을 위한 시험법도 개발했다. 나름 신속하게 대처한 셈이다. 그래도 안 좋은 것은 빨리 퍼진다. 어느덧 삼스는 운동선수에서 그치지 않고 일반인에게까지 넘어오기 시작했다. 여기에는 거세게 불었던 몸짱 열풍도 크게 작용했다. 화보로만 보던 몸을 직접 만들던 사람들은 삼스의 매력에 푹 빠지게 됐다. 근육향상뿐만 아니라 다이어트를 하는 사람들도 근 손실을 우려해 삼스를 사용했다. 지방은 빼도 단백질은 남기고 싶었던 나머지 선택한 궁여지책이었다.

삼스가 비교적 빠르게 자리 잡은 데는 도핑에 안 걸린다는 믿음

외에 한 가지 믿음이 더 있었다. 화합물의 골격 자체가 스테로이드와 다르다 보니 스테로이드가 가지는 부작용도 없을 거라는 믿음이었다. 사람들은 삼스를 '부작용 없는 스테로이드'라고 소개하며 지인이나 회원에게 소개했다. 선수들이 널리 쓰고 있다는 말도 덧붙였다. 어느덧 삼스는 인터넷에서 '직구'를 통해 쉽게 구매할 수 있는 헬스 보충제가 됐다. 하지만 으레 그렇듯이 이런 물질들도 그 끝은 좋지 않다.

삼스의 두 가지 오해 중 하나, '도핑에 걸리지 않는다'는 신화는 이미 깨진 지 오래다. 금지 약물 리스트에 버젓이 올라 있는데 안 걸릴 수가 없다. '스테로이드와 다르게 부작용이 없다'는 것은 사실일까? 그럴 리가 없다. 세상에 부작용 없는 약이 어디 있겠는가. 아스피린도 부작용이 심해서 주의를 요하는 약물이다. 타이레놀도 간독성이 심하다. 잘 안 보겠지만 약통 뒷면에 굵은 글씨로 떡하니 적혀 있다. 심지어 삼스는 부작용이 심해 임상 1상 시험도 통과하지 못한 물질이다. 다른 삼스도 상황은 비슷하다. 약으로 승인된 물질이 하나도 없다. 그런데 처방전도 없이 사용하겠다고? 그런데 독성이 없다고? 불가능한 일이다.

돌턴이 안다린을 개발하고 관련 물질들로 임상시험에 돌입했을 때 사용한 적정 용량은 하루 3밀리그램이다. 한 번 복용할 때 이만큼만 먹어도 노인들의 근육 개선에 충분하다고 판단한 것이다. 그래도 부작용으로 중단했다. 지금 사람들이 암암리에 복용하는 안다린의 양은? 보통은 한 번에 25밀리그램이다. 복용 주기에 따라 차이가 있지만 절대적인 양만 따져도 여덟 배가 넘는다. 대체 이 양이 어떻게 결정됐는지 알 수는 없다. 하지만 적정량을 넘어도 한참 넘었다는 사실은 분명하게 말할 수 있다.

좋은 결과를 내기 위해 불법적인 일을 마다하지 않는 사람들이 있다. 운동선수라고 특별히 다르진 않다. 금지 약물로 효과를 본 운동선수들은 그 힘에 빠져 약을 맹신하게 된다. 이런 상황에서 적정량을 지키는 것은 어렵다. 어차피 불법이다. 3밀리그램이나 25밀리그램이나 다를 게 없다. 하지만 일반인은 스타와 다르다. 운동도 좋고 근육도 좋지만 취미로 하는 아마추어가 선을 넘을 필요는 없다. 취미에 목숨 걸지 말자. 일부 인터넷 후기에 따르면 100밀리그램짜리 제품도 판매한다. 목숨이 아홉 개쯤 되나 보다.

어떤 부작용이 있을까? 과도한 남성 호르몬이 일반적으로 가지는 부작용은 다 가진다고 보면 된다. 우선 간 기능이 나빠진다. 2020년 고려대 병원에서는 삼스를 2개월 동안 복용한 후 급성 간 손상으로 입원한 환자의 사례를 보고했다. 사례를 보고한 것도 중요하지만 아마 사례를 보고하지 않고 자체적으로 끊은 사람들이 훨씬 더 많을 것이다.

고환은 괜찮을까? 아니다. 쪼그라든다. 남성 호르몬이 과도하게 작용하는 환경이므로 뇌에서 알아서 고환 기능을 축소한다. 남성 호르몬 투입을 통해 궁극적으로 성기능을 낮추는 것은 화학적 거세를 통한 성충동 약물치료에 쓰이는 방법이기도 하다. 이 제도를 운영하기 위해 사회적으로 얼마나 큰 논란을 거쳤는가. 지금도 전문가들 사이에서 논쟁이 이어지고 있다. 그런데 일부 근육에 심취한 사람들이 돈까지 줘가며 화학적 거세를 하고 있다. 굳이 돈 주고 하겠다는데 말릴 방법도 없다.

여성형 유방 문제는 괜찮을까? 아니다. 나타난다. 삼스가 에스트로겐으로 전환될 리는 없다. 구조 자체가 다르니까. 하지만 삼스에 역할을 뺏겨버린 테스토스테론이 어느덧 여성 호르몬으로 전환되어 가슴을 부풀린다.

구조가 다르다고 해도 몸 전체에 남성 호르몬 활성이 높아져 있는 상황에서 관련된 부작용은 피할 수가 없다. 앞서 언급한 주된 부작용 외에도 탈모, 피부 발진, 성욕 감퇴, 시야 이상 같은 피해 사례가 보고되고 있다. 한 번의 임상시험을 하기 위해 수많은 연구자들이 노력하는데 근육에 심취한 사람들은 돈까지 주며 임상시험을 자행하고 있다. 첫 임상시험에 실패한 안다린에 정확히 어떤 부작용이 있었는지는 알 수 없다. 자료가 남아 있지 않기 때문이다. 다만 오늘날 일반인들이 자행하고 있는 임상시험의 결과로 미루어 볼 때 위에서 언급한 부작용이지 않을까 짐작해 본다.

GTx는 어떻게 됐을까? 창업 초기 삼스라는 개념이 희망적이었기에 비교적 투자도 잘 받았고 나스닥에도 상장해 선전했다. 하지만 바이오 벤처의 특성상 결과가 나오지 않으면 무너지는 것도 금방이다. 이 회사의 주가는 주력으로 연구하던 물질이 임상시험에 실패하자 90퍼센트 가까운 급락을 기록했다. 이후 다른 회사에 합병된 GTx는 이제 기록으로만 남아 있을 뿐이다.

바이오 벤처의 결과가 좋지 않다고 해서 모든 것을 폄하할 수는 없다. 대부분의 벤처는 실패한다. 그래서 벤처다. GTx도 마찬가지다. 혁명적인 개념을 발견하고 어떻게든 세상에 도움이 되겠다고 노력한 연구진에게 경의를 표한다. 다만 이 회사가 남긴 유산을 조금 더 긍정적으로 활용해야 할 텐데 지금 사람들이 삼스를 사용하는 경향을 보면 그렇지 못해서 걱정이다.

스테로이드는 약일 뿐이다. 너무 많은 것을 바라지 말자.

진화의 선물, 만병을 다스리다

4

소중한 장기, 민감한 장기

✳

죽음을 판정하는 기준은 크게 두 가지다. 뇌사나 심사다. 뇌 또는 심장이 멈추면 더 이상 살아 있다고 보기 어렵다. 두 장기가 생명 유지에 가장 핵심적인 장기라는 뜻이기도 하다. 이 중 어떤 장기가 더 중요한가에 대한 답은 '아빠가 좋아? 엄마가 좋아?'처럼 무척이나 어려워서 전문가들도 쉽사리 결론을 내리지 못한다.

귀할수록 조심스레 다루는 법이다. 뇌는 두개골 안에 따로 보관하고 있고 심장도 갈비뼈 안에 위치해 외부의 자극에 직접적으로 노출되는 일이 드물다. 갈비뼈 안에는 폐도 있으니 혼자 집 쓰는 뇌가 더 중요한 거 아니냐는 생각을 할 수 있지만 심장도 할 말은 있다. 심장은 자체적인 작동 회로를 가지고 있어서 몸 밖에 내놓아도 어떻게든 뛴다. 절대로 멈추는 일이 없어야 하기 때문이다. 뇌나 심장은 영양분도 특별하게 공급받는다. 우리 몸에서 쓸 수 있는 에너지는 당이나 지방, 아미노산 등의 연소에서 나온다. 이 중에서 가장 쉽게 연소할 수 있는 자원, 즉 1등급 휘발유는 당이다. 그리고 이 1등급 휘발유를 가장 우선적으로 쓰는 조직도 뇌와 심장이다. 우리가 아무리 굶어도 티끌만큼의 당이 있다면 그 당은 뇌나 심장이 제일 먼저 쓴다. 이처럼 뇌나 심장처럼 소중한 장기는 외부의 변화에 영향을 받지 않도록 되어 있다. 추워도, 더워도, 굶어도, 먹어도 별다른 반응 없이 제 할 일을 하는 조직들이다. 생명 현상이라는 게 그렇다. 어떠한 변화에도 개의치 않으면서, 심장은 피를 돌리고 뇌는 우리 몸을 조절해야 한다.

그렇다면 반대로 가장 민감하게 변화를 느끼는 장기는 무엇일까? 신체 변화를 즉각적으로 감지하는 장기는 바로 신장이다. 신장은 몸속의 피가 모두 거쳐 가는 장기여서 신체에 일어나는 변화를 바로 감지할 수 있는 최적의 장소다. 감지만 하고 끝날까? 우리 몸이 그렇게 단순하게 설계됐다면 긴 진화의 시간 동안 살아남지 못했을 것이다. 다행히도 신장은 몸의 변화를 감지한 후에 곧바로 그에 맞는 신호를 보낸다. 가령 혈압이 너무 낮아 제 속도로 피를 걸러 내지 못한다면 관련 호르몬을 분비해 혈압을 높이도록 조절한다. 혈압만 건드리는 것이 아니다. 전해질 양 조절이나 적혈구 생성에도 관여한다. 우리 몸의 항상성을 유지하는 키플레이어key player라고 볼 수 있다.

신장이 하는 일을 돕는 장기도 있다. 위치는 신장 바로 위. 뚜껑처럼 신장을 덮고 있는 작은 장기다. 우리는 이 장기를 부신이라고 부른다. 이름만 봐서는 신장의 부속 장기 정도로 생각할 수 있지만 신장이 못 하는 일을 부신이 하기도 한다. 가령 부신의 안쪽 부위인 부신수질adrenal medulla에서는 아드레날린을 분비해 심장

작동을 조절하게끔 한다. 이 작은 호르몬들은 자율신경계를 관장하는데 우리가 자의적으로 움직이지 못하는 근육을 마음대로 조절한다. 사랑하는 사람 앞에서 볼이 빨개지거나, 거짓말 탐지기에서 볼 수 있듯이 거짓을 말했을 때 맥박이 빨라지는 것도 이런 자율신경계 조절 호르몬 때문이다.

부신의 껍질 부위는 부신피질adrenal cortex이라고 부른다. 껍질이 뭐 중요하냐고 생각할 수 있지만 이 껍질이 생각보다 두껍다. 사과처럼 얇은 껍질이 아니다. 부신의 절반 정도가 껍질이다. 부신피질은 안쪽에 위치한 수질과는 발생학적으로 다른 조직이다. 어쩌다 보니 붙어서 한 조직처럼 작동하고 신장을 도와 우리 몸의 기능을 유지하는 역할을 하지만 원래 다른 장기였다.

부신피질에서 만들어지는 호르몬도 당연히 중요하다. 가령 부신피질에서는 남성 호르몬을 만든다. 남성의 경우 남성 호르몬이 주로 만들어지는 장소는 고환이다. 95퍼센트가 여기서 만들어진다. 하지만 공장이 하나면 언제나 위험하다. 나머지 5퍼센트의 백업back-up 기능을 하는 중요한 조직이 부신피질이다. 전립선암 치료 등의 목적으로 남성 호르몬을 없애고 싶어 고환을 제거할 때가 있는데, 부신피질이 만들어 내는 잔여 호르몬이 문제를 일으키곤 한다. 그래도 어쩔 수 없다. 신장을 고환처럼 떼어 낼 수는 없다.

부신피질이 만들어 내는 슈퍼스타는 따로 있다. 바로 코르티손이다. 일각에서 스트레스 호르몬이라고도 부르는 물질이다. 코르티손과 유사한 물질로 코르티솔cortisol도 있다. 코르티손과 코르티

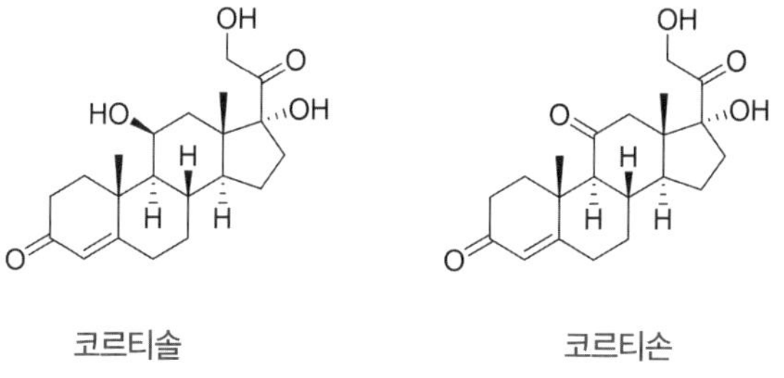

그림48 코르티솔, 코르티손의 구조. 이 두 화합물은 체내에서 상호 전환된다.

솔은 체내에서 상호 전환되므로 거의 같은 개념의 물질로 생각해도 된다.

코르티손 외에도 부신피질에서 주로 만들어지는 스테로이드 호르몬들이 꽤 있다. 이들을 아울러 부신피질 호르몬이라고 한다. 이 호르몬들은 어떤 역할을 할까? 가령 코르티손은 우리 몸의 염증을 제어하는 데 탁월한 능력을 지니고 있다. 원래 염증은 우리 몸을 지키기 위한 기초적인 방어 기제지만 과해서 문제가 되는 경우도 많다. 식도염, 위염, 장염, 관절염처럼 직접적으로 '염'으로 끝나는 질병 외에도 많은 질병이 조절되지 않는 염증과 관련되어 있다. 이럴 때 코르티손이 나타나 깔끔하게 정리해 주면 증상이 개선되곤 한다. 어느 정도일까? 수치를 가지고 말해보자. 코르티손에 기반한 의약품인 프레드니솔론은 5밀리그램만으로도 염증을 가라앉힌다. 비스테로이드성 소염진통제를 쓰면 250밀리그램 정도를 쓰는데 효과는 프레드니솔론 5밀리그램이 훨씬 강하

4 진화의 산물, 만병을 다스리다

다. 50분의 1만으로도 더 뛰어난 염증 억제 효과를 가지므로 한편
으로는 위험하다는 말이기도 하다. 그래서 반드시 의사의 처방이
있어야 한다. 전문 용어인 비스테로이드성 소염진통제라는 말 자
체에서 이미 스테로이드의 위엄을 알 수 있다. 소염진통제는 스테
로이드냐 아니냐가 구분의 우선적인 척도다.

　그렇다면 염증 잡는 스테로이드의 원조, 코르티손은 어떻게 약
이 됐을까? 그리고 어떻게 위험하다는 말일까? 코르티손 이야기
는 지금부터다.

신비의 물질

✳

부신이라는 장기가 생명에 중요하다는 것은 일찌감치 알려져 있
었다. 1855년 영국의 의사이던 토머스 애디슨Thomas Addison이 일
련의 증상으로 사망한 환자들을 부검하면서 부신이 쪼그라들어
있는 것을 확인하고 자신의 이름을 붙여 '애디슨병Addison's disease'
이라 불렀다. 참고로 유명한 발명왕 에디슨Thomas Edison과는 철
자부터 다른 사람이니 혼동하지 않았으면 한다. 이듬해에는 브라
운-세카르가 작은 동물들의 부신을 잘라 내자 12시간 안에 죽는
것도 관찰했다. 죽기 전에 다른 동물의 피를 넣어주면 수명이 조
금 더 연장되는 것도 놀라운 사실이었다. 무엇인지 모르지만 부신
에서 나오는 물질이 생명에 중요하고 그것이 혈관을 통해 작용한

스테로이드 인류

다는 것을 알 수 있었다. 하지만 브라운-세카르는 부신에서 더 중요한 결과를 얻지 못했고 관심을 고환으로 돌려 1889년 그 유명한 퍼포먼스를 선보였다. 이 책에서 처음 소개한 실험, 즉 기니피그와 개의 고환 추출물을 직접 주사해 회춘 열풍을 불러일으킨 그 실험이다.

브라운-세카르의 부신 실험은 1927년에 조금 더 진일보한다. 미국의 한 연구진이 개의 부신을 잘라 내서 물로 추출한 후 부신을 제거한 또 다른 동물에게 투여했을 때, 추출액을 투여받은 동물이 12시간 내에 죽지 않고 훨씬 더 오래 살아남은 결과를 발표한 것이다. 이후 물로 추출하던 것을 다른 유기용매로 바꾸고 개의 부신을 소의 부신으로 교체하면서 이러한 실험은 더욱 성과를 거두게 된다. 제약 회사에서는 이런 프로토콜로 제조한 소의 부신 추출액을 '코르틴Cortin'이라는 상품명으로 파는 단계에까지 이르렀다. 당시 치료제가 없던 애디슨병을 고치기 위해서였다. 바야흐로 부신 추출물은 학자들의 연구 단계를 넘어서서 일반인들의 입에도 오르내리고 있었다.

1930년대는 스테로이드 분리의 시대다. 에스트라디올, 프로게스테론, 테스토스테론 등의 스테로이드가 계속해서 분리되며 세상을 놀라게 하고 있었다. 부신 추출물로서 여전히 혼합물 상태였던 코르틴이라고 예외일 수 없었다. 가장 효과가 강한 물질을 찾기 위해 학자들이 앞다투어 연구하기 시작했다. 선두 주자는 미국의 화학자 에드워드 켄들Edward Kendall. 이미 한 번 세상을 놀라

그림49 켄들은 사진에 나온 세 개의 탱크를 이용해 돼지 갑상선 3톤을 추출했다.

게 한 사람이었다. 1914년 12월 25일, 28세의 나이로 갑상선 호르몬을 순수하게 정제한 것이다. 돼지의 갑상선만 3톤을 추출해 만든 눈물겨운 결과이기도 했다. 갑상선 호르몬 정제는 세계 최초의 일이었기에 그가 근무하던 메이오 클리닉Mayo Clinic은 관련 질환 연구의 성지로 떠올랐다. 이제 대량 생산만 하면 된다. 그런데 계속 돼지를 잡아야만 할까? 생각을 바꿔 실험실에서 만들고 싶었다. 비교적 작은 구조의 화합물인 갑상선 호르몬은 충분히 합성할 수 있는 물질로 보였다. 그러나 세상에 쉬운 일이 어디 있겠는가. 켄들은 갑상선 호르몬을 화학적으로 생산하는데 어려움을 겪었고 지지부진한 성과에 지쳐갔다. 1929년, 결국 그는 새로운 주제인 부신으로 관심을 돌렸다.

오래된 주제에 지쳐 있던 연구자에게 새로운 연구 테마는 항상 신선하게 다가온다. 마치 선물 '언박싱'을 앞둔 어린아이처럼 켄들도 이 주제에 의욕적으로 달려들었다. 그래도 접근법은 비슷했다. 갑상선 호르몬에서 그랬던 것처럼 1.5톤의 동물 부신을 추출했다. 분리한 화합물에는 정성스럽게 알파벳순으로 이름을 붙였다. 그중 일정량 이상이 나오고 생리활성이 기대되는 물질은 A, B,

스테로이드 인류

E, F의 네 가지였다. 그가 특
히 관심을 쏟은 물질은 화합
물 A. 양도 제일 많이 나왔
다. 하지만 동물실험 결과는
실망스러웠다. 다른 물질은
테스트하기에 충분한 양을
확보하지 못했다. 다시 동물

그림50 1933년, 로슈 사에서는 라이히
슈타인의 방법을 이용해 비타민C를 생산
하고 레독손Redoxon이라는 상품명으로
팔았다.

부신을 추출해야 하는 걸까? 1940년대에 접어들어 그는 다시 한
번 지쳐갔다.

유럽에서도 관련 연구가 진행되고 있었다. 선두 주자는 타데우
시 라이히슈타인Tadeusz Reichstein. 폴란드에서 태어나 우크라이나
에서 자란 후 스위스에서 활동하며 커피 향에 대해 연구하던 이
젊은이는 연구 주제를 바꾼 1933년에 대박을 터뜨리게 된다. 비
타민C 대량 합성법을 개발한 것이다. 비타민C는 대항해 시대 선
원들의 직업병이던 괴혈병을 해결해 준 물질로 세계사에 이름을
날린 물질이다. 1928년 헝가리에서 최초로 분리되고 5년 뒤 영국
에서 구조도 밝혔지만 대량 생산에는 한계가 있던 물질이기도 했
다. 가령 오렌지에서 분리해 낼 수 있긴 하지만 그럴 바에는 오렌
지를 그냥 먹는 게 더 확실하다. 이때 라이히슈타인이 당(글루코
스glucose)을 비타민C로 5단계 만에 바꾸는 법을 개발한 것이다. 제
조업의 본질은 더 귀한 물건을 만드는 데 있다. 화학이라고 다르
지 않다. 쉽게 구입할 수 있는 100그램의 당을 값비싼 40그램의

비타민C로 전환하는 방법은 충분히 가치 있는 합성법이다. 비타민C의 가격이 내려가면서 사람들이 비교적 저렴하게 구입할 수 있었던 것도 물론이다. 이후 비타민C는 항산화 효과 등이 밝혀지며 많은 소비자들이 애호하는 상품이 됐다.

비타민에 대한 연구를 마친 후 라이히슈타인이 연구한 분야는 당시 뜨겁게 떠오르던 코르틴이었다. 방법 자체는 켄들의 접근법과 크게 다르지 않았다. 우선 주성분 분리. 소의 부신을 잘라 내고 추출해 그럭저럭 괜찮은 스테로이드들을 분리할 수 있었다. 쓰고 나니 한 줄이지만 온갖 생고생이 눈에 선하다. 라이히슈타인이 밝힌 바에 따르면 소의 부신 1톤에서 필요 없는 부위를 제거하고 나온 화합물은 1킬로그램이었다. 1,000분의 1로 줄어들었다. 여기서 이것저것 관련 없는 물질을 제거하고 주성분일 가능성이 있는 스테로이드만 모으면 25그램도 되지 않았다. 1톤에서 25그램밖에 나오지 않는 것은 비효율적이다. 25그램도 여러 스테로이드가 섞여 있는 혼합물 상태였고 이 중 정말 효과가 있는 물질은 더 적었다. 하지만 그때는 어쩔 수 없었다. 처음 시작할 때는 항상 고생하는 법.

그래도 성과는 있었다. 1940년대에 접어들면서 천연물 추출법이 개선되면서 다른 연구진들도 동물의 부신에서 생산되는 스테로이드를 분리해 발표했다. 1940년 당시 전 세계 연구진들이 확보한 부신 유래 스테로이드의 숫자는 28종. 이 중에 애디슨병을 치료하고 생명을 연장하는 기적의 물질이 있을 것임은 틀림없었다.

흥미로운 관찰도 있었다. 1936년 캐나다의 한 학자가 쥐를 대상으로 연구한 결과를 발표했다. 《네이처》에 반 페이지 정도로 실린 짧막한 실험 논문이었다. 논문은 스트레스를 줬을 때 신체적 변화가 어떻게 나타나는지에 대한 내용을 다루고 있었다. 여러 가지 생리적 변화 중에 사람들이 주목한 것은 비대해진 부신 조직이었다. 어쩌면 쥐는 스트레스를 견뎌내기 위해 부신을 활발하게 작동시키고 관련 스테로이드를 분비하는 것이 아닐까? 그래서 부신이 커진 것이 아닐까? 정작 이 논문에는 관련된 표현이 나오지 않지만, 시간이 지나며 사람들은 이런 가설을 세우며 토론을 하고 있었다. 평화로운 나날이었다. 아직까지는.

슈퍼파일럿을 막아라

✳

세상은 천천히 발전한다. 과학이라고 특별하진 않다. 그런데 전쟁이 발발하면 상황이 달라진다. 1940년대도 그랬다. 당시 벌어진 제2차 세계대전은 부신피질 호르몬 연구를 급발진시켰다. 1941년 미국은 나치가 아르헨티나에서 독일 본토로 대량의 동물 부신을 나르고 있다는 첩보를 입수했다. 나치의 '갑자기 툭 튀어나온' 이 행동을 주목하던 미국 정보부는 부신 추출물이 가지는 효과에 대해 생각하기 시작했다.

부신 추출물이 정서적, 육체적 어려움을 극복하는 데 도움을 준다는 사실을 놓고 설왕설래하던 시절이었다. 실제 효과가 있는지, 있다면 정확히 어떤 물질인지는 아직 밝혀지지 않았지만 언제나 그렇듯이 시간이 지나면 결론이 날 문제였다. 그런데 시간이 갑자기 부족해져 버렸다.

더군다나 독일에는 스테로이드 추출의 최강자인 아돌프 부테난트가 버티고 있었다. 에스트로겐, 안드로겐, 프로게스테론을 차례로 분리하며 세계 최고 권위자의 반열에 올랐고 1939년 노벨상에 지명되기도 한 인물이었다. 이제는 나치 정권하에서 승승장구하며 생화학 분야 연구를 주도하고 있었다. 부테난트가 부신을 대량으로 확보하고 관련 스테로이드 추출에 나선다면? 그리고 그렇게 정제한 주성분이 정말로 신체적, 정서적 스트레스를 해소하는 데 도움이 된다면? 교착 상태에 빠진 전황이 급격하게 달라질 수 있었다.

미국에서 구체적으로 돌았던 소문은 나치가 동물 부신 추출물을 이용해 스트레스 호르몬을 정제하고 이를 약물로 만들어 자국 비행기 조종사에게 투여한다는 내용이었다. 막대한 차이를 가져올 수 있는 문제였다. 한 끗 차이로 승부가 갈리는 곳이 전장이다. 티끌만 한 차이로 50 대 50이 49 대 51로 바뀌는 것이 아니라, 0 대 100으로 바뀔 수 있다. 약간의 높이 차이로 폭격기는 아무런 저항 없이 작전을 수행할 수 있다. 비행기 조종사에게 투여할 수 있다면 잠수함 승조원에게도 적용할 수 있다. 심해를 누비는 유보트 선단이 발각의 우려 없이 보다 오랫동안 은밀하게 연합국의 상선을 공격할지도 모르는 일이었다. 제공권과 제해권을 잃어버릴지 모르는 심각한 상황이다.

미국 정부도 부랴부랴 대책을 강구했다. 전문가 집단을 모아 전략을 짜고 예산을 배정했다. 정부 주도의 연구만으로는 한계가 있으므로 제약 회사까지 동원한 프로젝트였다. 후일 발표된 논문에 따르면 당시 미국의 연구개발을 총괄한 전미연구평의회National Research Council에서 매긴 우선순위에서 부신피질 호르몬 연구가 1위를 차지했다고 한다. 3위는 말라리아 치료제. 모기가 퍼뜨리는 병인 말라리아와 싸울 수 있게 해주는 무기다. 일본군과 파푸아뉴기니 등지에서 태평양 전쟁을 벌이던 미국의 필수품이기도 했다. 2위는 페니실린 항생제였다. 전쟁터에서 부상병이 감염으로 인해 죽는 것을 막는 기적의 항생제가 1940년 영국에서 개발됐고, 미국에서 대량 생산을 위해 연구를 거듭하는 중이었다. 이런 쟁쟁한 물질들보다 순위에서 앞섰다는 것은 스테로이드의 위상을 잘 보여주는 대목이다.

물론 이 순위를 액면 그대로 받아들일 필요는 없을 것 같다. 순위에도 매겨지지 않은 비밀 프로젝트가 있기 때문이다. 가령 원자폭탄을 만들던 맨해튼 프로젝트는 워낙 극비리에 진행된 까닭에 공개된 바가 거의 없었다. 루스벨트Franklin D. Roosevelt 대통령이 죽은 이후 대통령직을 승계한 트루먼Harry S. Truman 부통령도 대통령직을 승계하기 전까지 몰랐던 연구였다고 한다. 그러니 공개된 순위만 가지고 평가할 필요는 없다. 하지만 이를 감안해도 부신피질 호르몬 연구가 얼마나 중요했는지는 충분히 짐작할 수 있다. 한마디로 발등에 불이 떨어졌다.

이제 본격적으로 연구개발을 시작할 때다. 미국 내에서도 동물의 부신은 충분히 있었다. 돈도 있었다. 부지런히 부신을 모았다. 추출은 누가 할까. 당연히 미국 내 최고의 전문가가 와야 했다. 바로 에드워드 켄들이었다. 이미 관련 연구에서 세계적인 권위자였고 상당한 종류의 부신피질 호르몬을 분리한 사람이기도 했다. 다만 화합물의 양이 부족해 관련 실험을 더 진행하지 못했을 뿐이었다. 그런데 갑자기 양에 대한 걱정은 사라졌다. 미국 정부에서 예산을 지원하고 제약 회사에서도 큰 관심을 보이는데 연구의 스케일을 걱정할 필요는 없었다.

목표 화합물에 대해서도 어느 정도 추적이 이루어졌다. 28개의 부신피질 호르몬을 모두 만들 필요는 없었다. 동물실험에서 활성이 좋았던 물질을 하나 확인했기 때문이다. 켄들이 처음 분리한 화합물 중 하나인 '화합물 E'였다. 비록 양이 적어 인체실험은 막혀 있었지만 작은 동물 단위에서 활성 확인은 충분히 가능했다. 연구는 차근차근 앞으로 나아가고 있었다.

그런데 전쟁이 끝이 났다. 히틀러는 자살했고 일본은 항복했다. 나치가 연구하던 부신피질 호르몬은? 완전 헛소문이었다. 독일은 파일럿을 위해 스테로이드를 연구한 적이 없었다. 미국 정부가 제대로 낚여 귀한 예산과 시간을 다른 곳에 쓴 셈이었다. 전쟁에서 승리했기에 다행이지, 졌으면 큰일 날 뻔한 일이었다. 그렇다면 이제 부신피질 호르몬 관련 연구도 중단해야 할까?

정부 입장에서는 굳이 일을 더 진행할 필요가 없었다. 이제 정부는 스테로이드보다 공산주의와의 이념 대결에 더 관심을 쏟았다. 하지만 제약 회사는 달랐다. 머크Merck 사와 같은 거대 제약 회사도 이 프로젝트에 낚여 엄청난 예산을 투자한 상태였다. 당시 돈으로 180억 원(1,400만 달러) 정도 되는 거액이었다. 이걸 그대로 묻어버리기에는 매몰 비용이 너무 컸다. 고민하던 회사는 독자적으로 연구를 지속하기로 했다. 어차피 정부도 빠지는 판이었다. 잘되면 이익 분배에서 더 유리할 것 아닌가. 머크 사는 '묻고 더블로 가'를 외치며 더 전폭적으로 스테로이드 연구를 지원했다.

낮은 분리 효율도 다소 개선됐다. 당시 머크 사에서 일하던 연구원 루이스 사렛E. Lewis Sarett은 추출이 아니라 간에서 다량으로 생산되는 콜레스테롤 유사체를 이용해 화합물 E를 화학적으로 합성하는 데 성공했다. 물론 이 생산법도 단계가 너무 길다는 단점이 있긴 했다. 36단계. 지금도 화합물 합성 단계가 10단계를 넘어가면 단가가 올라가서 합성 팀을 고민하게 한다. 그 시기 36단계라면 세계에서 가장 긴 합성 단계였다. 그럼에도 머크 사의 연구개발비 덕분에 이 합성을 완료할 수 있었다. 당시 그들이 확보한 화합물 E의 양은 9그램. 치료제로 쓸 가능성 정도는 확인할 수 있는 양이었다.

그런데 어떤 질병에 이 치료제를 쓸까? 아무리 자본주의가 대량 생산 후 대량 판매라지만, 어디에 쓸지도 모르면서 이토록 많은 연구 예산을 투입한다는 것은 무리가 있다. 개인적인 생각이긴 한데, 이전까지 코르틴이 보인 효과나 테스토스테론이 시장을 주도하는 모습을 보며 부신피질 호르몬에도 그런 희망을 가졌던 듯하다. 그래도 구체적인 질병을 고민해야 한다. 약의 적용 대상이 되는 질병을 적응증이라고 부르는데 화합물 E의 적응증은 애디슨병밖에 없었다. 애디슨병이 유전 질환이고 지금도 치료제가 없을 정도로 무서운 질병이긴 하지만 이 질병 하나만 믿고 가기에는 제약 회사의 수지타산이 맞지 않았다. 조금 더 일반적이고 치료제가 절실한 그런 질환이 없을까? 부신피질 호르몬은 다양한 질병에 적용 가능하리라 생각해 온 터였다. 그래서 스트레스 호르몬이라고도 불러오지 않았던가. 이제 이 물질을 어디에 쓸지 구체적으로 고민해 볼 차례였다. 유망주의 퍼텐셜은 터져야 제맛이다.

알고 보면 직장 동료

✳

켄들이 부신피질 호르몬으로 관심을 돌린 1929년의 어느 날, 필립 헨치Philip S. Hench는 진료실에서 환자를 보며 눈을 반짝이고 있었다. 류마티스 관절염 환자를 치료하겠다고 나선 지 5년 만에 희망이 보였기 때문이다. 자기 앞에 앉아 있는 65세의 관절염 환자였다. 이 환자는 최근 황달 증상을 보이면서 관절염이 좋아졌다고 말하고 있었다. 개인적인 경험에 의존하는 것은 그다지 과학적이지 않지만 그래도 실마리가 될 수는 있다. 더군다나 이 65세의 환자는 본인 역시 의사이기도 했다. 나름 이 분야에 정통한 사람이니 조금은 믿어보고 싶었다.

당시 관절염은 치료제가 없는 질환이었다. 원인도 다양하고 발병 시기도 천차만별인 이 질환은 지금은 자가면역질환의 일종으로 생각하고 있다. 우리 몸을 지켜야 할 면역세포들이 우리 몸을 자해하며 염증을 일으키고 이로 인해 관절염이 나타난다는 것이다. 오늘날에도 여전히 기전에 대해 연구를 하고 있는 질환이니 당시는 더 막막했을 것이다. 그런데 원인도 약도 없던 시절, 황달이 혜성처럼 실마리를 물고 나타났다.

황달은 간 기능이 떨어져서 나타나는 증상이다. 간 기능과 관절염이 관련 있는 것일까? 헨치는 유사한 사례를 찾아보았다. 자신이 만난 환자 중 황달을 경험한 관절염 환자를 찾아보니 실제로 그런 경우들이 있었다. 간에서 나오는 어떤 물질이 관절염 증상을 완화하는지도 모를 일이었다. 도대체 어떤 물질일까?

헨치는 임신 중에 관절염이 개선되는 경우도 관찰할 수 있었다. 그리고 출산 후에는 여지없이 관절염이 다시 원래대로 되돌아갔다. 임신과 간이 공통적으로 관여하는 물질이 있는 것일까? 쉽지 않은 문제였다. 결국 헨치는 좀 애매모호한 결론을 내렸다. '몸'에서 나오는 특정 물질이 관절염을 개선한다는 결론이었다. 그는 여기에 '물질 X subtance X'라고 일단 이름을 붙인 뒤 미지의 화합물을 찾고자 했다.

헨치는 의대를 졸업하고 바로 병원에서 근무한 정통 의사였다. 화학에는 약간 약점을 보였는데 이런 약점이 물질 X를 찾는 데는 치명적으로 작용했다. 시행착오 끝에 결국 다른 방법을 시도하기 시작했다. 가령 임신부나 황달 환자의 혈액을 뽑아 관절염 환자에 넣어주는 방법이었다. 당시에는 혈액형에 따른 수혈법도 정립되어 있었고 투석을 통해 환자에게 혈액을 투여하는 법도 알려져 있었다. 하지만 성과는 없었다. 성과는커녕 혈액에 있는 다른 물질들로 인해 부작용만 늘어갔다. 가령 관절염만 있던 환자에게 황달이 나타나는 식이었다. 아무래도 다른 방법을 찾아야만 했다.

그래도 조금씩 발전은 있었다. 시간이 지나며 물질 X가 나오는 장기가 부신으로 좁혀졌다. 합리적인 추론이었다. 가령 수술을 위해 전신마취를 했을 때 관절염이 일시적으로 개선되는 현상두 관찰했다. 전신마취를 할 때 부신피질에서 호르몬이 더 많이 나온다는 사실은 당시에도 알려져 있었다. 그렇다면 관절염을 개선했던 물질 X가 부신에서 나오는 스테로이드 호르몬일 가능성도 있었다. 헨치는 관절염을 가진 채 사망한 환자의 부검 등을 통해 부신의 크기를 관찰하는 등의 방법으로 독자적인 연구를 진행했다.

1940년대에 접어들어 헨치는 수색 범위를 더욱 좁혔다. 자신이 찾던 물질 X가 이미 켄들이 학계에 보고한 부신피질 호르몬 화합물 E일 것이라고 생각한 것이다. 여러모로 근거가 있었다. 부신피질에서 나오는 호르몬이며 동물실험에서 관련 염증을 줄이는 효과 등이 그랬다. 실마리를 확인한 어느 날, 헨치는 연구실을 나갔다. 그러고는 복도를 지나 다른 연구실로 들어갔다. 그곳에 켄들이 있었다. 헨치는 켄들과 같은 병원인 메이오 클리닉에 근무하고 있었다.

기적의 관절염 치료제

✳

1941년 헨치와 켄들은 같은 의견에 도달해 있었다. 헨치가 관절염과 황달의 관계를 알게 된 지, 그리고 켄들이 부신피질 호르몬에 대해 연구한 지 모두 12년이 지났을 때였다. 켄들의 물질은 헨치의 관절염 환자를 치료할 것이 분명했다. 직접 환자에 투여해서 효과를 보고 싶을 정도였다. 하지만 양이 부족했다. 0.1킬로그램의 쥐와 70킬로그램의 사람은 먹는 양도 다르다. 하루 이틀 먹고 완치될 것이 아니라면 충분히 많은 양이 필요했다. 하지만 그럴 만큼의 양은 없었다. 기적의 약이 있으면 뭐 하겠는가. 구할 수가 없는데.

그런데 앞서 설명한 나치의 연구에 대한 소문이 돌았고, 미국 정부가 개입했으며, 전쟁이 끝난 후 머크 사가 연구를 계속 진행해 화합물 E를 무려 9그램이나 만들게 된 것이다. 비록 이 과정에서 7년의 시간이 흘렀지만 헨치의 관절염 치료제 개발에 대한 의지는 여전했다. 그리고 머크 사에서도 적응증을 찾고 있었다. 헨

그림51 켄들(왼쪽)과 헨치가 함
께 실험하고 있다.

치는 켄들을 통해 머크 사의 화합물 샘플 5그램을 받는 데 성공했다. 환자에게 어느 정도의 양을 줘야 할지는 모르지만, 이 정도면 직접 효과를 보기에 충분한 양이라고 판단한 헨치는 결국 결심을 했다. 환자에게 직접 투여하기로 한 것이다.

오늘날 환자에게 약을 투여하려면 동물실험이나 기나긴 임상시험을 거쳐야 한다. 하지만 1948년 당시에는 이런 절차가 특별히 규정되지 않았다. 약간의 동물실험을 거쳐 효과가 기대되면 그냥 환자에게 투여하는 식이었다. 이런 식으로 희생된 사람이 얼마나 많았을지 상상이 가지만 그때는 그랬다. 헨치도 일단 적합한 환자를 찾을 수 있었다.

'G부인Mrs. G'이라는 익명의 환자는 29세로 비교적 젊었음에도 불구하고 지난 5년간 관절염 통증에서 벗어난 적이 없었다. 메이오 클리닉에 입원했을 때는 혼자서 거동하지 못할 정도였다. 이 환자를 위해 헨치는 그간 연구했던 방법을 모두 동원했지만 방법이 없었다. G부인은 이런 상황을 알았음에도 불구하고 집으로 돌아가지 않았다. 실험적인 신약이라도 상관없으니 나을 때까지 병원에 남겠다고 선언한 상태였다. 그렇다면 이제 남은 것은 화합물 E였다.

스테로이드 인류

1948년 9월 21일, 역사적인 관절염 치료가 이루어졌다. 오전에 처음 G부인에게 투여한 화합물 E의 양은 50밀리그램. 그리고 오후에 같은 양을 한 번 더 투여했다. 변화는 없었다. 하긴. 약 먹었다고 그날 나을 리는 없다. 5년을 끌어온 병이지 않은가. 그런데 다음 날 다시 50밀리그램씩 두 번을 투여하자 신호가 왔다. 통증이 개선됐다는 환자의 반응이 나온 것이다. 이틀 만에 개선됐다고? 그리고 사흘째 되던 날 G부인은 별다른 통증을 느끼지 않고 혼자서 다른 환자의 병실을 방문했다. 일주일째 되던 날에는 3년만에 보호자의 도움 없이 쇼핑을 할 수 있었다. 기적이라고밖에 말할 수 없었다.

의료진은 이 결과에 흥분했다. 그래도 한 번의 실험으로 모든 것을 결론 내릴 순 없었다. 두 명의 환자를 더 치료했고, 화합물이 떨어지자 머크 사에 다시 화합물을 요청했다. 이듬해 4월까지 그들이 치료한 환자는 14명. 관절염에 대해서만큼은 모두 극적인 개선이 이루어졌다. 완벽한 실험 설계를 위해 실험군과 대조군으로 나눈 실험에서도 마찬가지였다. 화합물 E를 투여한 군과 비교를 위해 콜레스테롤을 투여한 군에서 확연하게 다른 결과가 나타났다. 이 놀라운 결과는 드디어 관련 학회에 보고됐다. 그리고 학회에 초대된《뉴욕타임스》의 과학 전문 기자가 이 사실을 대서특필하면서 세계적으로 센세이션을 일으켰다. '화합물 E'는 어느덧 임시 네이밍에서 벗어나 '코르티손'으로 불리고 있었다. 화합물도 똘똘해야 이름이 생긴다. 이 모든 것이 1년 만에 일어난 대변화였다.

1년이 더 지나자 코르티손을 둘러싼 환경은 더욱 빠르게 변했다. 미국과 유럽의 병원에서 환자들이 코르티손을 찾았고, 의사들은 제약 회사의 영업 사원에게 이 기적의 신약을 부탁하고 있었다. 회사에 가짜 코르티손을 공급하겠다며 사기를 치는 사람들도 있었다. 운 좋게 코르티손으로 치료를 받은 환자들은 지긋지긋한 관절염에서 잠시

그림52 라울 뒤피Raoul Dufy 의 작품 〈코르티손〉, 1950년 작. 그림 하단에 'La Cortisone'이라 는 글자가 보인다.

나마 해방되기도 했다. 한 화가는 코르티손 주사를 맞은 후 통증 없이 손을 쓸 수 있게 되자 작품을 그려 〈코르티손La Cortisone〉이라 는 이름을 붙였다. 그리고 헨치에게 선물로 보냈다. 이 그림은 지 금까지도 메이오 클리닉에 남아 있다.

1950년 노벨생리의학상은 코르티손을 위한 무대였다. 임상시 험을 수행한 지 불과 2년 그리고 학계에 보고한 지 불과 1년 반 만 에 코르티손을 개발한 세 사람, 즉 헨치, 켄들, 라이히슈타인이 상 을 받은 것이다. 화학이나 생리의학 분야에서 개발된 후 이렇게 단기간에 노벨상을 받은 사례는 내가 아는 한 1922년에 발표되고 이듬해 수상한 인슐린을 제외하고는 없다. 여기에는 인류의 복지 에 기여하라는 앞으로의 기대가 담겨 있었음이 틀림없다.

하지만 코르티손에 대한 기대가 성급했다는 사실이 드러나는 데는 오랜 시간이 걸리지 않았다.

신기루

✳

부작용 때문이었다. G부인이 하루에 투여받은 코르티손의 양은 100밀리그램이었다. 오늘날 코르티손보다 개선된 약물인 프레드 니솔론의 1일 최대 사용량이 60밀리그램이다. 보통은 30밀리그 램 또는 그 이하로 쓴다. 더 위험한 약물을 세 배 이상 사용했으니 부작용이 나타나는 것도 이상하지 않다. 헨치는 왜 하필 100밀리 그램을 투여했을까? 이에 대해 명확히 밝혀진 바는 없다.

　그러면 구체적으로 어떤 부작용이 있었을까? G부인은 코르티 손을 하루 100밀리그램씩 6개월 동안 맞을 예정이었지만 한 달 만에 심각한 부작용이 나타났다. 우선 얼굴이 부었다. 코르티손 계열 스테로이드의 대표적인 부작용이다. 코르티손은 염증을 줄 이지만 동시에 몸속 미네랄 양을 보존하는 역할도 한다. 그래서 코르티손이 늘어나면 체내의 염분이 늘고 삼투압 유지를 위해 물 도 잘 빠져나가지 않게 된다. 결과적으로 얼굴이 붓는다. '쿠싱증 후군Cushing's syndrome'이라고 하는 이 부작용이 G부인을 제일 먼 저 괴롭혔다.

　다음으로 정서적인 변화가 따라왔다. 우울증과 환희가 교차하

더니 정신 질환 증상이 나타났다. 결국 그녀는 정신병동으로 옮겨졌고 서서히 코르티손의 양을 줄인 후 퇴원했다. 이후로는 다시 메이오 클리닉을 방문하지 않았고 코르티손 주사도 거부했다. G부인은 치료를 받은 지 6년 후인 1954년 부신피질 호르몬 관련 합병증으로 사망했다. 이후 G부인이라는 익명은 '가드너 부인Mrs. Gardner'이라는 실명으로 바뀌어 지금까지 기록되고 있다.

가드너 부인만 그랬을까? 가드너 부인에 이어서 치료를 받았던 다른 초기 환자들도 유사한 증상을 보였다. 그렇다면 허무하다. 가드너 부인이 부작용 없이 코르티손의 혜택을 누린 기간은 대략 한 달도 채 되지 않았다. 그 후로는 부작용과 싸우며 조기에 치료를 멈췄는데 만약 계속 사용했다면 더 위험했을 것이 분명하다. 오늘날 가장 대표적인 코르티손 부작용은 골다공증이다. 기전은 불명확하지만, 코르티손 같은 부신피질 호르몬 계열의 약물을 오래도록 복용한 사람들은 골다공증을 호소한다. 그래서 뼈를 튼튼하게 할 수 있는 다른 약이나 음식을 함께 복용하게끔 한다. 코르티손을 처음 선보인 당시에는 당연히 이런 복약 지도 가이드라인이 없었다.

장기 복용 시의 단점은 또 있다. 남성 호르몬을 투여했을 때 고환이 축소하는 것과 유사한 과정이다. 우리 뇌는 외부에서 호르몬을 과량 넣어주면 자체적인 생산을 멈춘다. 무려 100밀리그램이나 되는 물질을 처음 계획대로 6개월간 투여했다면 부신은 아무런 기능도 하지 못한 채 완벽하게 망가졌을 것이고, 평생 약을 먹

스테로이드 인류

어야만 했을 것이 분명하다. 오늘날 관련 약을 고용량으로 복용해야 할 경우에는 이러한 피드백을 고려해 단기간 투여를 원칙으로 한다. 장기간 코르티손 계열 약물을 복용해야 할 경우에도 어느 정도 원칙이 있다. 물론 이런 가이드라인 없이 복용했던 당시의 환자들은 관련 부작용을 모두 감내해야 했다.

당뇨병도 나타난다. 코르티손 유래 스테로이드를 장기간 복용하면 세포가 인슐린에 반응하는 민감도가 떨어진다. 즉 같은 인슐린이라도 당을 세포 속으로 넣어주는 힘이 떨어지게 되므로 혈당이 올라가고 당뇨가 발생한다. 눈도 문제다. 1년 이상 관련 약을 복용했을 때 백내장과 녹내장이 발병하는 사례가 많다. 백내장이나 녹내장은 치료하기가 무척 까다로운 병이라서 많은 환자들을 힘들게 한다.

스테로이드가 이렇게 무섭다. 테스토스테론, 에스트론, 프로게스테론 같은 성호르몬이 위험하듯이 부신에서 나오는 코르티손 또한 위험한 것은 매한가지다. 약이 독이고 독이 약이다. 효과가 강력한 만큼 독성도 강력하다. '양날의 검two-edged swords'이라는 표현이 딱 맞는데 당시 유명 학회지에서 코르티손을 가리켜 쓴 표현이다. 일시적으로 관절염에는 도움 되지만, 장기적으로 환자에게 도움 될지는 알 수 없는 상황을 적절히 나타낸 말이다.

1952년 코르티손은 기적의 약이라는 타이틀을 내려놓았다. 부작용까지 감안한다면, 기존에 사용하던 아스피린과 같은 염증 치료제에 비해 특별한 장점이 없다는 조사 결과가 나왔기 때문이

다. 효과가 뛰어나도 독성이 강하면 쓸 수 없는 노릇이다. 코르티
손을 연구한 초기의 학자들은 코르티손의 한계를 인정해야 한다
며 이러한 조사 결과를 받아들였다. 딱 한 사람만 빼고. 헨치였다.
그는 잘못된 결론이라며 반발했다. 의견을 달리한 초기의 학자들
을 배신자로 규정하며 학계와 담을 쌓기도 했다. 하지만 과학에
배신이 어디 있겠는가. 과학은 믿음의 영역이 아니라 관찰의 영역
이다. 보이는 결과를 인정하고 개선해야 더 나은 미래가 온다.

　헨치는 짧았던 영광의 순간을 뒤로하고 학계와 거리를 두었다.
은퇴한 나이는 61세. 노벨상을 받은 지 불과 7년이 지난 1957년이
었다. 많은 노벨상 수상자들이 은퇴 후에도 후속 연구를 하는 데
비해, 그는 관련 연구를 완전히 접고, 『셜록 홈스』 소설을 읽으면
서 짬짬이 황열병의 역사를 정리하는 작업에 시간을 보냈다. 하지
만 그마저도 마무리하지 않았다. 황열병도 아메리카 대륙의 역사
를 바꾼 질병이다. 대륙 횡단 철도나 골드러시, 쿠바의 독립, 나폴
레옹의 아이티 원정 실패, 파나마 운하 개통 등을 이야기할 때 빠
지지 않고 등장하는 단골 주제다. 그럼에도 중간중간 연결이 되지
않는 순간들이 있다. 이럴 때마다 '헨치가 관련 자료를 정리했다
면 얼마나 좋았을까?' 하고 생각하게 된다.

　헨치는 1965년 자메이카에서 휴가를 보내던 중 폐렴으로 사망
했다. 향년 69세였다.

대량 생산이라는 난관

헨치의 반발에 일견 이해되는 대목도 있다. 그는 노벨상을 받는 자리에서 자신이 개발한 코르티손을 실험 단계 의약품으로 소개했다. 코르티손이 완성형이 아니라 앞으로 개선의 여지가 많이 남아 있는 물질이라는 말이다. 복용법을 정립하거나 유도체를 개발해 더 좋은 물질로 만드는 그런 과정을 뜻한다. 하지만 코르티손의 명예가 떨어지던 순간에 이런 연구는 거의 이뤄지지 못했다. 코르티손이 부족했기 때문이다. 부작용 못지않게 코르티손의 초기 개발을 괴롭혔던 두 번째 한계, 공급량 부족 문제를 이야기할 차례다.

코르티손이 개발되어 환자들에게 갓 공급됐을 때 1그램 가격은 1,000달러였다. 원화로 환산하면 130만 원가량이다. 지금 우리가 타서 마시는 커피믹스 한 봉지의 무게가 대략 12그램이다. 커피믹스 한 봉지 정도의 양이 1,500만 원에 달하는 셈이다. 이 가격은 당시 돈이다. 70년이 넘게 지난 지금의 물가를 고려하면 가격은 훨씬 더 올라갈 것이다.

그런데 1그램이라고 해봤자 초기 용법에 따라 하루에 100밀리그램(0.1그램)씩 투여하면 열흘밖에 못 쓴다. 열흘 만에 완치하는 관절염 환자는 없다. 결국 가격을 감안하면 코르티손을 오랜 기간 복용하는 것이 불가능하다는 결론이 나온다. 개인적 의견이긴 한데, 당시 코르티손이 비쌌던 것이 다행이라고 본다. 값이 쌌다면 얼마나 많은 환자들이 과량 복용, 장기 복용으로 죽어갔을지 나는 상상조차 못 하겠다.

코르티손이 비쌌던 이유는 만들기 어렵기 때문이었다. 부신을 통해 추출하는 방법은 이미 한계를 보였다. 그래서 화학적으로 합성을 했는데 이 방법도 쉬운 것은 아니라고 앞서 설명했다. 임상 시험에 필요한 양은 공급할 수 있었다. 하지만 전 세계에 팔 정도의 양을 생산하는 것은 완전히 다른 차원의 문제였다. 지금도 마찬가지다. 신약 개발 팀은 가능한 한 빨리 만들어 효과를 보고 특허를 확보하기 위한 전략을 세운다. 반면 생산 팀은 가능한 한 싸게 만들어 대량으로 공급하기 위한 전략을 세운다. 두 팀의 입장이 다를 수밖에 없다.

사람들은 대량 생산을 위해 여러 가지 방법을 고민했다. 우선 동물의 부신 외에 다른 종에서 코르티손을 많이 확보하려는 전략이 있었다. 세상에 코르티손을 만드는 종이 동물뿐이겠는가. 식물도 스테로이드를 만든다. 마침 중앙아프리카에 코르티손을 많이 함유한 식물이 있다는 소문이 돌았다. 제약 회사에서는 당장 이 식물을 채취하기 위해 탐험대를 꾸렸다. 코르티손 원정대. 사실로 확인되고 종자를 구할 수 있다면 다른 곳에서 재배하면 될 일이었다. 지금도 아편을 재배해 모르핀을 얻어 내고 있지 않은가. 하지만 중앙아프리카에서 그런 식물은 발견되지 않았다.

코르티손 공급 문제가 풀릴 기미를 보이지 않자 학자들은 다른 방법을 찾기 시작했다. 가령 코르티손을 더 많이 생성할 수 있는 체내의 다른 인자를 넣어주는 방식이 시도됐다. 부신피질자극호르몬Adrenocorticotropic Hormone, ACTH이라고 부르는 호르몬은 당시에도 조잡하긴 했지만 상대적으로 쉽게 확보할 수 있었다. 체내 코르티손 생산을 지시하는 물질을 넣어준다면 환자의 체내에서 코르티손이 많이 생겨날 것이 분명했다. 어느 정도 성과도 거뒀다. 그래도 역시 한계는 있었다. 예를 들어 부신피질자극호르몬은 정제하기가 어려웠다. 샘플마다 순도가 달라 환자가 보이는 결과도 전부 달랐다. 이러면 치료 효과를 예측하기 어렵다. 또한 정맥주사로 넣어줬는데 적정 농도를 유지하기 위해 16~24시간 동안 일정 속도로 투여해야 했다. 당시 보호자나 환자 모두 감당하기 힘든 치료법이었다. 무엇보다 부신피질자극호르몬은 코르티손 외의 다른 호르몬들도 많이 생산해서 환자를 힘들게 했다. 부신에서 생산하는 호르몬에 코르티손만 있을 리는 없다. 여러모로 한계가 있는 방법이었다.

인슐린을 넣어주는 경우도 있었다. 인슐린은 혈당을 떨어뜨리는데 이러한 상태는 신체에 스트레스로 인식된다. 이를 정상화하기 위해 코르티손이 분비될 것으로 예상한 것이다. 하지만 72명의 환자에게 인슐린을 투여했을 때 특별한 치료 효과를 확인할 수는 없었다. 더 큰 스트레스를 주기 위해 전기 충격을 가하기도 했다. 스트레스라고 하기엔 차고 넘치는 이 가혹한 조건은 다행히 아무런 효과가 없었고 다시 시도되지도 않았다.

다른 스테로이드를 사용하는 것도 아쉽게 실패했다. 코르티손이 아니라면 비교적 쉽게 추출 가능한 스테로이드가 여럿 있었다. 하지만 이런 스테로이드는 효과가 없었다. 꼭 코르티손이어야 했다. 화학적 방법으로 만드는 것 외에는 별다른 방법이 없었다. 어느덧 코르티손은 제약 업계의 유니콘 같은 존재가 되어가고 있었다. 수많은 제약 회사가 1940년대 중반 프로게스테론 합성법 개발로 일군 신텍스 사의 성공 신화를 코르티손으로 재현하고 싶어 했다. '코르티손 전쟁'이 시작됐다.

코르티손 전쟁

✳

잠깐만 화학 이야기를 하려고 한다. 코르티손을 화학적으로 만들기 어려운 이유는 딱 하나다. 11번 탄소 위치에 산소를 도입하기 어렵기 때문이다. 당시 사람들이 확보한 출발물질은 프로게스테론이었다. 신텍스 사가 대량 생산법을 개발한 덕분에 대부분의 화학자들은 이 물질에서 코르티손을 합성하려고 했다. 값이 쌌기 때문이다. 예나 지금이나, 장사나 화학이나 본질은 비슷하다. 값싼 것을 귀한 것으로 만든다.

그런데 프로게스테론의 11번 탄소는 산소와 연결되어 있지 않다. 코르티손은 그 자리에 산소가 있다. 결국 화학적으로 언젠가는 프로게스테론의 11번 탄소에 산소를 연결해야 코르티손이 된다는 말이다. 그런데 이 과정이 무척이나 어렵다. 수소를 없애고

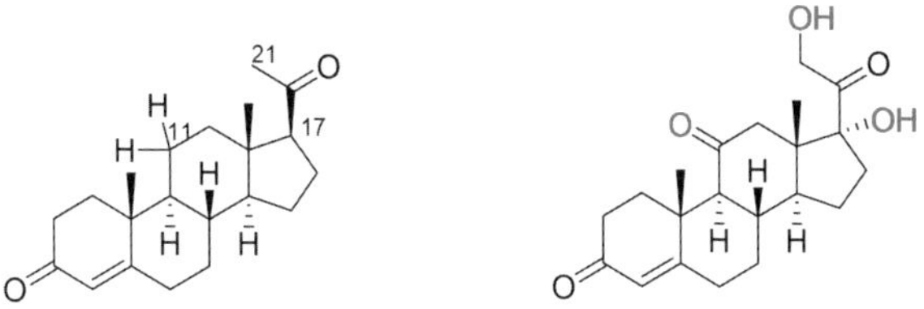

그림53 **프로게스테론과 코르티손의 구조. 프로게스테론의 11, 17, 21번 탄소 위치에는 산소가 없지만 코르티손에는 있다. 이 중 11번 위치의 산소 도입이 화학적으로는 극도로 어렵다.**

산소를 연결하는 과정을 말 그대로 산화oxidation라 한다. 강철이 산소와 만나 산화하고 녹이 스는 것처럼 탄소 역시 산소와 만날 때 산화가 자연스럽게 일어난다. 물론 강철이 녹슬면 가치가 사라지겠지만, 탄소에 산화가 일어나면 가치 있는 물질이 나올 수도 있다. 적절하게 잘 조절된 산화 과정이라면 말이다.

여기서 문제가 발생한다. 프로게스테론이 탄소를 21개나 가지고 있기 때문이다. 21개의 탄소 중에서 정확히 11번 위치의 탄소에만 산소를 도입하는 것은 확률적으로 5퍼센트가 안 된다. 이는 물론 수학적 계산이다. 화학적으로는 0에 가까운 확률이다. 11번 탄소는 반응성이 거의 없는 탄소이기 때문에 다른 탄소부터 산화되고 거의 마지막 즈음에나 반응할 것이 분명하다. 화합물이 아주 커서 눈에 보이고 핀셋으로 산소를 집어서 넣어주면 좋겠지만 현재 기술로도 분자를 보는 것조차 불가능하다. 당연히 조작도 못한다. 1950년대에는 극도로 어려운 미션이었다는 말이다.

결국 당대 화학자들은 프로게스테론에서 코르티손을 만드는 것이 불가능하다고 판단했다. 11번 자리에 화학 반응을 통해 산소를 넣는 것에 한계를 느꼈기 때문이다. 대신 11번 자리에 산소가 들어 있는 다른 출발물질을 찾기 시작했다. 확보하기가 어렵고 가격이 다소 비쌀 수 있지만 그래도 프로게스테론으로 맨땅에 헤딩하는 것보다는 나았다.

코르티손 합성에 뛰어든 회사 중 두각을 나타낸 곳은 단연 신텍스 사였다. 당시 칼 제라시가 이끌던 신텍스 사의 연구 팀은 이미 프로게스테론 대량 생산 외에도 관련 스테로이드 생산으로 명성을 떨치고 있었다. 그리고 야심에 찬 제라시는 코르티손의 기적을 알게 되면서 이 물질에도 관심을 보였다. 만들고 싶었다. 화학자들에겐 약간 비슷한 성향이 있다. 어려운 화합물이 있으면 그냥 만들고 싶다. 산을 보면 올라가고 싶은 그런 성향이다.

만들고 싶다고 누구나 만들지는 못한다. 그런데 제라시는 달랐다. 그는 천재였다. 제라시는 11번 자리에 이미 산소가 들어 있는 식물성 스테로이드를 대량으로 추출한 후 약간의 변형을 가해 다음 그림(그림54)의 출발물질을 확보했다. 생각해 보면 간단한 전략이다. 사람이 못 만들면 식물이 만드는 물질을 이용하면 된다. 이미 식물은 자체적으로 효소를 이용해 원하는 탄소만 선택적으로 산화시키고 있었다. 그렇게 해서 가치 있는 물질을 다양하게, 그리고 효과적으로 만들어 내고 있었다. 멕시코의 마에서 디오스게

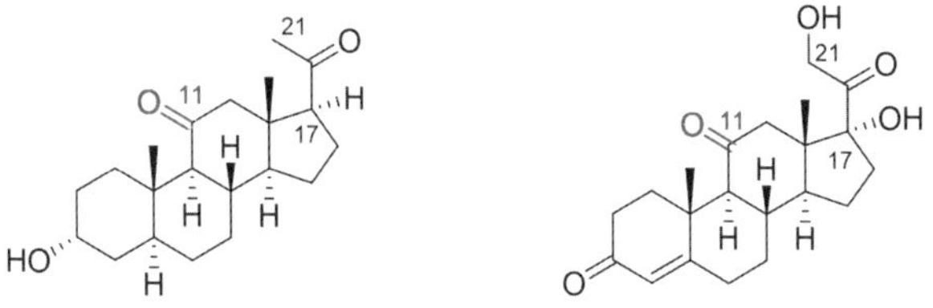

식물 유래 출발물질　　　　코르티손

그림54　신텍스 사가 선택한 출발물질과 코르티손의 구조. 코르티손 합성의 최대 난관이던 11번 자리의 산소가 출발물질에 이미 포함되어 있다. 출발물질을 잘 고르는 것이 이처럼 중요하다.

닌을 추출하고 프로게스테론을 만들었던 경험이 도움 되지 않았을까 헤아려 본다.

얼마 후 출발물질을 코르티손으로 전환하는 과정도 완료된다. 전환 과정은 그럭저럭 만들어 낼 수 있는 반응들이었다. 가령 17번 탄소나 21번 탄소는 반응성이 높아서 화학적으로 산소를 넣는 작업도 수월했다. 이로써 제라시는 식물성 스테로이드를 대량으로 확보해 코르티손으로 전환하는 경로를 개척하게 됐다.

이전까지는 머크 사의 코르티손 합성법이 가장 뛰어났다. 36단계였다. 그런데 거의 절반에 가까운 합성 단계 만에, 훨씬 더 확보하기 쉬운 식물성 스테로이드에서 출발하는 방법을 신텍스 사에서 개발했다. 이미 프로게스테론이라는 확실한 '캐시카우'를 가진 신텍스 사의 판매용 카탈로그에 기적의 치료제 코르티손이 추가됐고 앞날도 더욱 창창해졌다. 때는 1951년 6월, 켄들과 헨치가 코르티손으로 노벨상을 받은 지 6개월 지난 시점이자 코르티손이 기적의 신약으로 각광받던 시절이었다.

그리고 한 달 후인 1951년 7월, 신텍스 사에 솔깃한 전화가 한 통 걸려 왔다.

자연의 힘

✳

당시 신텍스 사에 걸려 오는 대부분의 전화는 코르티손 제조나 관련 계약에 관한 것이었다. 그런데 미국 제약 회사인 업존Upjohn에서 온 연락은 사뭇 달랐다. 프로게스테론을 10톤 주문하겠다는 요청이었다. 10톤이라면 그냥 생각해도 충분히 많은 양이다. 실제로도 그랬다. 신텍스 사가 한 번도 들어보지 못할 정도의 대량 구매였다. 판매가는 1그램당 0.48달러. 당시 프로게스테론의 시장 가격인 1그램당 2달러보다 많이 후려치긴 했지만 주문량이 '넘사벽'이면 가격도 깎아주는 법이다. 신텍스 사의 부사장이자 제라시의 화학 부문 전임자였던 조지 로젠크란츠는 이 전화를 받고 흔쾌히 계약서에 사인했다.

업존 사에서는 프로게스테론으로 도대체 무엇을 하고 싶었던 걸까? 그들의 속내를 알게 될 때까지는 그리 오랜 시간이 걸리지 않았다. 업존 사에서 프로게스테론을 이용해 코르티손을 합성하는 방법을 발표한 것이다. 이상하다. 일반적인 화학 반응으로는

프로게스테론의 11번 탄소에
산소를 넣는 방법이 불가능하
다고 하지 않았던가. 천하의 제
라시도 이걸 못 해서 결국 식물
성 스테로이드를 이용해 합성
을 완결해야 했다. 그래도 천재
소리 듣고 있었다. 그런데 업
존 사의 연구원들이 이걸 해냈
다고?

그림55　업존 사의 연구원이 다양한
미생물을 적용한 코르티손 합성 반응
결과를 확인하고 있다.

　곧이어 방법이 밝혀졌다. 발효였다. 발효는 큰 틀에서 산화와
유사하다. 곰팡이에 존재하는 발효 효소들은 다른 화합물을 산화
시킨다. 일반적인 산화제로는 할 수 없는 반응을 식물의 효소들은
아무렇지 않게 해낸다고 했었다. 곰팡이의 효소라고 못 할 것도
없지 않은가. 업존 사의 연구원들은 프로게스테론을 소량씩 덜어
각종 곰팡이와 섞고 교반시켰다. 물론 곰팡이가 잘 생존할 수 있
도록 영양분을 넣는 일도 잊지 않았다. 그리고 오랜 시행착오 끝
에 특정한 곰팡이를 이용해 프로게스테론의 11번 탄소를 선택적
으로 산화시키는 데 성공했다. 한마디로 플라스크에 곰팡이와 출
발물질 프로게스테론을 넣고 반응시킨 것이다. 곰팡이가 가진 효
소가 프로게스테론을 적절하게 산화시키길 기대하면서. 그리고
그 조건을 찾아낸 것이다.

　불가능할 것으로 판단했던 이 반응의 수득률은 거의 100퍼센

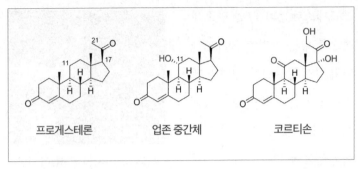

그림56 　프로게스테론과 업존 사의 중간체 구조. 곰팡이는 프로게스테론을 한 단계만에 업존 사의 중간체로 전환한다.

트에 가까웠다. 아무리 화학 기술이 발달한다 해도 효소를 능가하기는 어려운가 보다. 물론 이 합성법을 확립한 연구원들도 대단하다. 어쨌든 이 기술 덕분에 업존 사는 갑자기 프로게스테론이 대량으로 필요해진 터였다. 그래서 논문을 발표하기 전, 신텍스 사에 전화해서 대량으로 구매한 것이다. 아무것도 모르던 신텍스 사는 코르티손 전쟁에서 밀리는 동시에 원료물질인 프로게스테론마저 싸게 팔아버린 선택을 한 셈이었다. 갑자기 걸려 오는 전화가 이렇게나 위험하다.

　업존 사에서 프로게스테론의 11번 탄소 자리에 산소를 도입하는 데 성공하고 그렇게 귀한 '업존 중간체'를 기적적으로 만들었다고 해서 곧바로 코르티손 합성이 완료된 것은 물론 아니었다. 하지만 11번 탄소 자리에 일단 산소가 도입되는 순간, 해당 탄소는 반응성이 생겨서 추가적인 수식이 가능해진다. 지난 100년간 화학자들이 익힌 화학 원리와 기술을 적용한다면 일반적인 시약

스테로이드 인류

들만 가지고도 가능한 일이다. 한 차
례 혁신을 하고 난 후에 남은 일은 간
단한 마무리 작업뿐이었다. 업존 사가
프로게스테론에서 코르티손을 합성
하는 데 필요한 단계는 10여 단계밖
에 되지 않았다. 머크 사 최초 합성법
의 3분의 1 정도밖에 되지 않았고, 출
발물질도 확보가 용이해진 프로게스
테론이었다. 당대 화학계를 뜨겁게 달
군 코르티손 전쟁은 이렇게 업존 사의
승리로 막을 내렸다.

그림57　2019년 미국화학회
에서 업존 사의 혁신을 기념
해서 수여한 상.

　업존 사가 승리했다고는 해도 다른 회사들도 성과가 없는 것은
아니었다. 코르티손을 합성하려는 과정에서 수많은 관련 화학 기
술이 개발됐기 때문이다. 스테로이드 화합물의 구조를 바꾸는 작
업에 대한 기초 지식이 쌓이게 된 셈이다. 이러한 기초는 후속 화
합물 개발의 원천기술이 된다. 따지고 보면 코르티손 전쟁이 활발
히 벌어진 기간은 불과 3년 남짓이었다. 1949년 4월 헨치의 메이
오 클리닉에서 코르티손의 관절염 개선 효과를 공식적으로 발표
하고 나서 1952년 초 업존 사의 합성법이 논문으로 발표되기까지
의 기간이다. 하지만 이 짧은 3년 동안 화학계는 말 그대로 소리
없는 전쟁을 치렀고, 대부분의 전쟁이 그러하듯 눈부신 기술 발전
을 남겼다.

신텍스 사와 업존 사 사이에 벌어진 코르티손 전쟁은 오늘날 화학계 연구 현장의 축소판이기도 하다. 가령 아무런 반응성도 없는 탄소에 산소를 도입하는 반응은 시약을 개발하거나, 기질의 반응 규칙을 이해하거나, 효소와 비슷한 물질을 만드는 등의 방법으로 혁신을 이루고 있다. 이런 결과들은 《네이처》나 《사이언스》 또는 최고 수준으로 인정받고 있는 미국과 유럽의 화학회지에 실리곤 한다. 그리고 많은 학자들이 이 분야에서 성공을 거두기 위해 치열하게 노력하고 있다. 그때의 전쟁이 형태만 바뀌어서 지금도 이어지고 있다.

미국 대통령을 치료한 염증 약

✳

과학이든 전쟁이든 경쟁에 따른 승자와 패자는 있다. 코르티손 전쟁의 승자는 당연히 업존 사. 패자는 나머지 회사일 것이다. 그런데 1952년이 되자 정작 승자인 업존 사에서도 마냥 기뻐할 수만은 없었다. 불과 2년 만에 기적의 약이라고 칭송받던 코르티손의 입지가 상당히 약해졌기 때문이었다. 부작용이 나타났고 학자들은 코르티손이 정말 기적의 약이 맞는지 의심하기 시작했다. 코르티손을 뛰어넘는 다른 물질이 필요한 때였다.

첫 번째 진보는 프레드니손prednisone이었다. 업존 사의 승리를 부러워하던 경쟁 제약 회사인 셰링 사에서 제대로 날린 역전포이기도 했다. 셰링 사의 연구 팀은 1955년 업존 사의 방법을 응용했다. 다만 차별점은 있었다. 업존 사에서 코르티손을 만들기 위해 곰팡이를 썼다면 셰링 사에서는 코르티손을 다른 물질로 전환하고자 곰팡이를 사용한 것이다. 이렇게 해서 생긴 물질은 코르티손과 상당히 유사하지만 구조적으로 약간 차이가 있었다. 비슷한 방식으로 프레드니솔론prednisolone도 개발됐다. 두 물질은 체내에서 상호 전환되고 체내 활성도 유사하다. 먹어서 흡수되는 정도를 감안해 지금은 프레드니솔론을 조금 더 많이 쓰고 있다. 그런데 프레드니솔론만 이때 나온 것이 아니다.

프레드니솔론을 만들어 낸 기술력으로 연이어서 더 우수한 염증 치료제들이 속속 개발됐다. 가령 트리암시놀론 아세토니드triamcinolone acetonide는 오라메디 연고의 주성분이다. 입안에 생긴 염증을 치료해 주는 목적이다. 이때 침이나 물에 씻겨 내려가면 효과가 반감될 것이다. 그 전에 최대한 빠르게 입속 피부에 스며들게 할 필요가 있다. 그래서 피부에 국소적으로 잘 스며들도록 프레드니솔론의 구조를 개선해서 쓰고 있다.

덱사메타손은 프레드니솔론보다 염증 억제 효과가 30배 이상 개선된 약물이다. 원조격인 코르티손이나 프레드니솔론에 비해 얼굴 붓는 정도가 덜하다. 주사나 알약, 피부 패치 등 다양한 방법으로 체내 흡수가 가능해서 여러 가지 형태로 사용되는 합성 부신피질 호르몬 유사체가 덱사메타손이다. 효과가 워낙 강력해서 알약 하나에 덱사메타손의 양이 0.75밀리그램에 불과하다. 1밀리그

4 진화의 산물, 만병을 다스리다

277

램도 안 되는 양으로 효과를 낸다는 말이다. 코르티손을 처음 넣어줄 때 50밀리그램씩 두 번 넣어주던 것을 감안하면 그 차이가 더욱 확연하게 느껴진다.

다만 염증 억제 효과가 나타난다고 해서 반드시 영약은 아니다. 염증이 과도할 때 질병이 나타나고 이를 다스리기 위해 부신 피질 호르몬을 약으로 쓰곤 하지만, 기본적으로 염증은 우리 몸을 지키는 기초적인 보호 기제다. 그래서 염증을 현저하게 억제하면 우리 몸이 위험해진다. 굳이 비유하자면 일선 경찰이 사라진 마을이다. 언제 사건이 터질지 모른다.

특히 감염에 취약하다. 그래서 덱사메타손을 복용할 때 감염 위험이 높아지고 그만큼 더 주의를 준다. 그런데 역설적으로 감염이 심할 때 덱사메타손을 써야 하는 경우도 있다. 이 무슨 복잡한 상황일까? 예를 들면 이렇다. 특정한 병원체에 감염되어 증상이 악화된 환자를 가정해 보자. 이 환자를 괴롭히는 근본적인 원인은 병원체지만 직접적으로 이 환자를 힘들게 하는 것은 폐 등에서 나타나는 염증이다. 염증이 몸을 지키기 위해 분연히 일어선 것이지만 의욕만으로 병원체를 이기지는 못한다. 오히려 환자의 몸을 힘들게만 할 뿐이다. 이럴 때 염증을 가라앉히기 위해 덱사메타손 같은 스테로이드를 쓸 수 있다. 그러면 감염은 어떻게 할까? 감염을 일으킨 원인 병원체에 대해서는 그에 맞는 조치를 따로 취한다. 물론 추가 감염이 일어날 수도 있고 환자의 상태가 갑자기 악화될 수도 있다. 그러므로 이런 상황에서 덱사메타손을 쓸 때는 의료진의 집중 관리를 받도록 한다.

2020년 10월 2일 도널드 트럼프 미국 대통령이 코로나19에 걸렸다. 자국 지도자의 코로나 확진에 미국이 난리가 난 것은 당연한 일. 더군다나 트럼프는 그때 73세의 고령이었다. 의료진은 그에게 최상의 치료를 제공했는데 여기에는 쉽게 구할 수 없던 항체 치료제와 렘데시비르Remdesivir 같은 당시의 신약들이 포함되어 있었다. 그런데 이런 고가의 물질 외에 투여됐던 의약품 중에 덱사메타손이 있었다. 코로나19로 인해 염증 자체가 생명에 지장을 줄 경우 투여할 수 있다는 세계보건기구World Health Organization의 권고 사항에 따른 결정이었다. 트럼프 외에도 중증 환자의 증상을 완화하기 위해 사용하도록 한다. 다만 중증 환자 외에는 치료 효과가 입증되지 않았다. 즉 의료진의 관리하에 감염증 환자에게 투여할 수 있게 하는 것이다.

천식 치료에도 관련 의약품이 사용된다. 천식은 만성 기도 질환으로서 호흡곤란, 천명, 기침 등의 증상을 특징으로 한다. 만성 기침 정도로 쉽게 생각할 수 있지만 원인 또한 다양하다. 지난 100년 가까이 이 질환에 대해 연구해 온 결과 알레르기 현상이나 유전, 감염, 음식, 염증 등 다양한 '방아쇠 인자'에 따라 천식이 나타나는 것으로 보고 있다. 2019년 세계보건기구 발표에 따르면 전 세계 천식 환자는 약 2억 6,000만 명, 사망자는 45만 명에 이른다. 생각보다 많다.

대부분은 잘 완치되지 않는다. 생각보다 증상 억제가 안 돼서

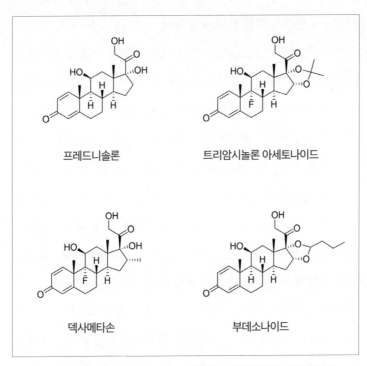

프레드니솔론

트리암시놀론 아세토나이드

덱사메타손

부데소나이드

그림58 염증 치료에 특화된 스테로이드 의약품의 구조. 복잡하고 또 비슷하다.

오래도록 고통을 호소하는 경우도 많다. 그래도 오랜 기간 연구가 이루어졌기에 여러 종류의 의약품이 개발되어 있다. 천식 치료제의 대부분은 기도를 넓히는 약이다. 기도의 평활근은 자율신경계의 조절을 받는다. 자율신경계는 말 그대로 자율적으로 움직이는 신경이라 우리가 의식적으로 팔다리를 움직이듯이 확장시킬 수 없다. 하지만 관련 의약품은 자율신경계 조절에 관여해 증상 개선에 도움을 준다.

교감신경계 흥분제인 아드레날린 같은 약은 1900년대 초반부터 사용한 천식 치료제다. 다만 아드레날린은 심장 등에 작용하는 부작용도 만만치 않아 지금은 기관지에 좀 더 선택적으로 작용하는 확장제를 사용한다. 하지만 한 가지 약으로만 효과를 볼 수는 없다. 최근에는 기관지에 쌓인 염증을 치료해서 기관지를 넓히는 접근법도 널리 시행되고 있다. 복도에 쌓인 지저분한 쓰레기들을 치우는 작업이다. 염증을 줄이려면 스테로이드를 쓰면 된다. 그래서 이때는 국소적으로 기관지에만 작용하는 스테로이드 제제를 쓴다. 부신피질 스테로이드를 흡입하는 방식이다.

부데소나이드budesonide는 천식 치료에 사용하는 흡입형 스테로이드의 대표적인 물질이다. 1970년대에 개발된 이 약 또한 기본 모핵은 프레드니솔론이다. 기관지로 흡입해서 직접 작용하고 바로 배설되어 전신적인 부작용이 없도록 설계됐다.

희귀 질환 치료제

✳

스테로이드의 염증 치료 효과는 이처럼 널리 알려진 질환에만 국한되지 않는다. 희귀 질환에도 희망이 되고 있다. 뒤셴 근이영양증Duchenne Muscular Dystrophy, DMD이라는 질병을 보자. 이 질병은 유전 질환이다. 성염색체 중 X염색체의 이상으로 나타나는 열성 유전 질환이다. XX염색체를 가진 딸과 달리, 아들은 XY염색체를 가지므로 어머니에게 유전자 이상을 물려받을 경우 바로 문제가 된다.

유전자는 단백질을 만들어 내는 설계도다. 따라서 설계도에 이상이 생기면 잘못된 단백질을 만들어 내고 그 결과 제대로 기능하지 못하게 된다. 뒤센 근이영양증과 관련된 단백질은 디스트로핀dystrophin이라는 단백질이다. 디스트로핀은 근육을 지탱하는 역할을 하는데 유전자 이상으로 인해 이 단백질에 문제가 생기면 근육을 제대로 구성하지 못하므로 심각한 문제가 발생한다. 운동기능이 떨어질 뿐만 아니라 멀쩡히 서 있기도 어렵다. 특징적으로 관찰할 수 있는 것은 나이에 비해 상대적으로 굵어진 종아리. 굵어지긴 하지만 제대로 힘을 쓰지는 못한다. 근육으로 보이지만 지방이 많으며, 증상이 심해지면 도리어 종아리가 얇아진다. 지적 장애가 나타나기도 한다. 5세 전후로 발병해서 10세 즈음해서는 걸을 수 없는 경우가 많다. 50세를 넘겨 언론에 보도된 앤드루 테일러Andrew Taylor 씨의 사례가 있지만, 많은 경우 30세 전후로 사망하는 무서운 질병이기도 하다. 인종에 따라 다르지만 대략 10만 명당 6~7명 정도 발병하는 희귀 질환이다.

이 질병은 1830년대에 처음 알려졌다. 이 무서운 병에 이름이 붙은 때는 그로부터 30여 년이 지난 1860년대 초반. 프랑스 의사 뒤센Guillaume-Benjamin-Amand Duchenne이 이름을 붙였다. 뒤센은 자신이 진료한 일곱 살짜리 뒤센 근이영양증 환자 조제프 사라진Joseph Sarrazin의 사진을 찍어 남긴 것으로도 유명하다. 지금 같아선 개인 정보나 소아 인권 등의 문제로 공개할 생각조차 하

지 못할 사진이다. 하지만 역
설적으로 이러한 사진은 관련
질환을 연구하는 데 귀중한
자료가 된다.

뒤센이 이 질병에 자기 이
름을 붙이고 책으로 공개한
후 사례가 쌓이기 시작했다.
근본 원인에 대한 연구는 쉽

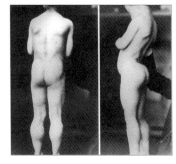

그림59 뒤센이 1862년 공개한 뒤센
근이영양증 환자 조제프의 사진.

지 않았다. 당연하다. 유전병인데 방법이 없었다. 1860년대라면
체코의 수도사 멘델Gregor Mendel이 완두콩을 이용해 그 유명한 유
전 법칙을 정리하고 논문으로 발표했지만, 기껏해야 매끈한 콩 재
배 기술이 나왔다고 사람들이 시큰둥해하던 시기였다. 누울 자리
보고 발을 뻗어야 하고, 비벼댈 언덕이 있어야 비비는 법. 19세기
과학자들에게 많은 것을 바라지 말자.

20세기 과학자들은 달랐다. 유전학과 생화학 등으로 무장해 이
희귀 질환의 원인을 파악했고 어떤 유전자에 이상이 생겨서 나타
나는지도 파악했다. 그렇다면 이제 고칠 수도 있을 테다. 하지만
유전자 교정 작업이 만만한 일이 아니지 않은가 세포 내 핵 안에
깊숙이 자리 잡은 채 필요할 때만 잠깐 나와 이중나선을 풀고 정
보를 전달한 후 다시 핵 속으로 유유히 사라져 버리는 유전자를
제어하는 것은 무척이나 어려운 일이었다.

21세기 과학자들은 또 달랐다. 최신 생명공학 기술과 유전자

제조 기법으로 무장한 이 시대의 과학자들은 DNA를 건드리는 대신 RNA를 목표로 치료제를 연구했고 이 전략은 성공을 거뒀다. 이제 우리는 뒤셴 근이영양증이란 질환의 치료제를 가지고 있다. 2023년 6월 22일, 미국 식품의약품안전처는 제약 회사 사렙타 테라퓨틱스Sarepta Therapeutics가 개발한 뒤셴 근이영양증 치료제 엘레비디스Elevidys를 승인했다. 유전자의 기능을 교정하는 약물이 마침내 개발됐고 환자들은 희망에 부풀었다.

문제는 가격이다. 엘레비디스 1회 치료에 드는 가격은 320만 달러, 원화로 대략 40억 원 정도 한다. 보험으로 처리한다고 해도 터무니없는 고가의 의약품이다. 이걸 맞으라는 말일까? 약이 없어서 죽는 거야 어쩔 수 없다 쳐도 돈이 없어서 죽는 것은 생각해 볼 문제다. 그렇다고 고생 끝에 신약을 개발한 회사에 공짜로 팔라고 할 수는 없는 노릇이다. 안 그래도 비싼 보험료가 더 올라가길 바라는 사람도 없을 테니 이 문제는 정말로 어려운 문제다.

가장 안타까운 사람은 환자와 그 가족이다. 다행히 곧이어 이 사람들에게 희망이 될 소식이 전해졌다. 뒤셴 근이영양증 개선제가 새로이 승인을 받은 것이다. 아감리Agamree라는 이름의 이 약물은 질병을 근본적으로 치료하지는 못한다. 하지만 증상을 개선해 환자의 수명을 연장하고 삶의 질을 개선한다. 아감리가 승인된 때는 2023년 10월 26일. 고가의 치료제 엘레비디스가 승인되고 네 달이 지났을 무렵이다.

아감리의 성분은 뭘까? 바모롤론vamorolone이라는 이름의 스테

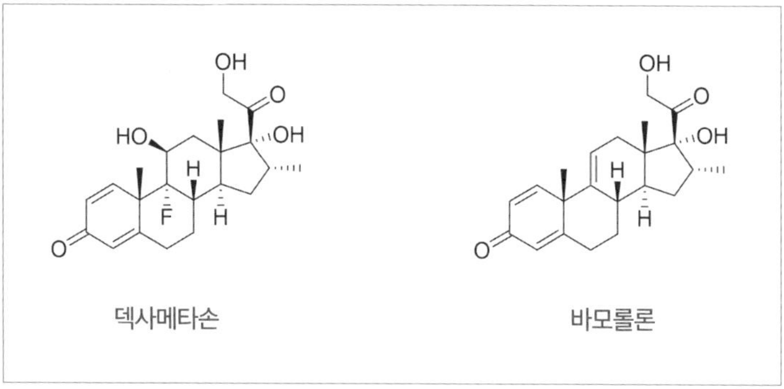

그림60　바모롤론의 구조. 덱사메타손과 상당히 유사함을 알 수 있다.

로이드 화합물이다. 무려 1960년대부터 알려진 이 약은 덱사메타손과 구조적으로 유사하며 염증을 개선하는 데 탁월한 능력을 지녔다. 그런데 염증 치료가 뒤센 근이영양증 환자에게 도움이 될까? 이는 경험적으로 입증된 바다. 근육 손상으로 인해 염증이 나타나고 이 과정에서 환자의 증상이 더욱 악화된다. 일단 염증만 줄여줘도 환자는 그럭저럭 버틸 수 있다. 염증 치료에 스테로이드만 한 물질은 없다. 신이 주신 선물 스테로이드를 이 희귀병 환자들은 증상 개선제로 사용해 오고 있었다. 그런데 프레드니솔론이나 덱사메타손 등의 스테로이드제는 평생 복용하기에 부작용이 너무 많다. 그래서 2000년대 초반부터 장기간 사용에 적합한 스테로이드를 연구했는데 드디어 바모롤론이 승인을 받은 것이다.

　바모롤론의 가격은 아직 결정되지 않았다. 화합물이야 오래전부터 알려졌지만 최근에 임상시험을 수행해 승인되었으므로 가격도 새로이 책정해야 한다. 이 약도 그렇게 싸게 팔릴 것 같지는 않다. 평생 먹어야 하는 바모롤론과 1회 치료로 완치되는 엘레비디스를 직접 비교하는 것도 무리다. 어쨌든 환자 입장에서 선택지가 늘어난다는 것은 여러모로 바람직한 일이다. 스테로이드가 또 한 번 사람들에게 도움을 주고 있다.

알 수 없는 일들

✳

코로나 감염, 천식, 뒤셴 근이영양증 등을 예로 들어 설명했지만, 이 외에도 스테로이드가 사용되는 예는 무수히 많다. 가령 피부염을 보자. 감염이나 유전적 요인 또는 알레르기 등의 다양한 원인으로 피부에 염증이 나타나는 경우가 있다. 아토피 환자를 직접적으로 괴롭히는 것도 피부염이다. 아토피가 아니라도 여드름이 심할 경우 피부과에서 연고를 처방받곤 하는데 이때 증상에 따라 스테로이드 연고를 쓰는 경우가 많다. 이때는 코르티손이나 프레드니솔론 같은 합성 부신피질 호르몬제가 주를 이룬다. 결국 염증을 가라앉히는 것이 목적이기 때문이다.

　궤양성 대장염 같은 염증성 장 질환에도 스테로이드는 큰 도움이 된다. 소화기관에 따라 염증이 나타나 환자를 괴롭히는 이 질병은 자가면역질환으로 의심받고 있지만 정확한 기전은 알려져 있지 않다. 어쨌든 직접적으로 환자의 삶을 힘들게 하는 증상은 장내의 염증이다. 수시로 화장실을 가는 것부터 시작해서 혈변이 나오고 계속 복통을 느끼며 사회생활을 힘들게 한다. 이런 환자들에게도 간단한 소염제부터 사용하지만 증상이 심해질 경우 스테로이드를 복용하도록 권하고 있다.

이처럼 염증이 주를 이루는 질환에는 대부분 스테로이드를 사용한다. 아직 우리 인류가 염증 조절에 스테로이드 이상의 방법을 찾지 못했기 때문이다. 하지만 스테로이드가 가지는 위험성 역시 간과할 수 없다. 그래서 대부분의 스테로이드계 항염증제는 전문약으로 분류하고 있다. 일반의약품으로 처방전 없이 구매할 수 있는 아스피린이나 부루펜 등의 비스테로이드성 소염진통제와는 여러모로 차별화된다.

화끈하게 강한 약부터 사용하던 시절이 있었다. 간단한 기관지염이나 감기에도 스테로이드를 쓰던 시절이었다. 아무래도 아픈 사람 입장에서는 장기적인 부작용보다는 당장의 불편함에 더 신경 쓰게 된다. 그러다 보니 당장 증상을 개선할 수 있는 스테로이드가 마치 비방처럼 약국이나 병원에서 쓰이곤 했었다. 특히 처방전이 공개되지 않던 의약분업 이전에 이런 일이 흔했던지라 항생제와 함께 스테로이드는 약물 남용의 대명사로 각인됐다.

스테로이드 남용은 비단 우리나라만의 문제는 아니다. 《뉴욕타임스》는 2020년 기사를 통해, 미국에서 급성 호흡기 감염 환자에게 스테로이드를 투여한 사례가 최근 10년 사이 두 배로 증가한 점을 들어 스테로이드를 남용한다고 우려했다. 덴마크의 연구에서도 스테로이드 주사를 맞은 사람들의 당뇨병이나 골다공증 위

그림61 폐 질환자에게 스테로이드를 사용하는 행태를 꼬집은《뉴욕타임스》만평.

험이 높아졌다. 여러모로 신경이 쓰이는 대목이다.

코르티손 이야기로 마무리하려 한다. 코르티손의 초기 용량을 100밀리그램으로 정한 것, 적응증을 관절염으로 정한 것, 부작용을 제대로 평가받기 전에 덜컥 노벨상을 받아버린 것은 지금 생각해 보면 한 편의 드라마다. 물론 이 과정에서 임상시험으로 죽은 사람들을 생각하면 웃으면서 볼 드라마는 절대 아니다. 하지만 이런 일련의 과정이 있었기 때문에 코르티손 전쟁이 펼쳐졌고 관련 약이 개발됐으며 이후 적절한 용법을 찾아가면서 오늘에 이를 수 있었다. 2020년대를 살고 있는 지금, 우리가 사용하고 있는 염증 조절 스테로이드는 대부분 1970년대 이전에 찾아낸 물질이다.

그렇다고 해서 50년간 진보가 없었다는 말은 아니다. 다양한 적응증을 찾아내고 효과와 부작용을 연구하고 사용법을 교육하는 등의 행위는 저절로 되는 일이 아니다. 그리고 베일에 싸여 있던 스테로이드의 염증 조절 기전도 조금씩 밝혀지고 있다. 너무 많은 체내 단백질이나 신호 전달 경로가 관여해서 쉽사리 파악하기 힘들 정도이고 또 앞으로 밝혀야 할 것도 많지만 그 옛날처럼 멋모르고 쓰는 시절은 아니니 허탈해하지 않았으면 한다.

스테로이드 인류

부신 추출물에서 화합물 E를 특정하고 대량 생산에 성공해서 코르티손으로 개발한 역사는 앞서 확인했다. 그러면 부신 추출물의 나머지는 아무런 역할도 안 했던 걸까? 나머지 물질들은 모두 우리 몸이 코르티손을 만드는 과정에서 나온 부산물일 뿐이라는 말일까? 그럴 리는 없다. 수십만 년을 진화해 온 우리 몸이 그렇게 허투루 체내 자원과 효소, 에너지를 낭비할 일이 없지 않은가. 우리 몸이 뭔가를 만들어 낼 때는 대부분 의미가 있기 마련이다. 몸은 위대하다.

1940년대 중반 코르티손을 대량으로 생산하기 전, 그나마 분리하는 방법이 어느 정도 알려졌을 때의 일이다. 부신 추출물에서 코르티손을 분리하고 나면 여액이 남는다. 그런데 코르티손이 빠진 이 여액에서도 꽤 의미 있는 생리활성이 관찰됐다. 바로 체내 미네랄을 조절하는 역할이다.

돌이켜 보면 부신의 주요한 역할은 신장과 함께 체내 삼투압을 조절하는 것이다. 몸에 물이 너무 많으면 혈압이 상승할 수 있고 전해질 농도가 낮아져 문제가 된다. 누군가는 물의 양을 조절해야 하는데 보통 신장이 그 역할을 한다. 전해질을 배설하거나 재흡수

함으로써 삼투압의 원리로 물도 함께 조절하는 식이다.

부신이 만들어 내는 슈퍼스타 호르몬인 코르티손도 미네랄 농도에 큰 영향을 미친다. 보통 코르티손이 분비되면 특정 신호 전달 체계를 통해 미네랄을 보존하라는 신호가 배설계로 전달된다. 우리 몸에 위기가 왔으니 이를 대비해 귀한 미네랄을 버리지 말고 아껴두라는 말이다. 이 신호에 따라 배설계는 빠져나가던 미네랄을 재흡수한다. 이렇게 들어오는 미네랄은 대부분 염화나트륨이다. 한마디로 소금이다. 우리는 생명의 필수품 소금을 이렇게 알뜰하게 사용한다.

코르티손을 약으로 개발하면서 염증 개선 효과와 함께 미네랄 조절 효과도 부각됐다. 그 결과가 바로 눈에 보이기 때문이다. 관절염 치료제로 코르티손을 넣었더니 일주일 만에 얼굴이 빵빵해졌다. 전문적으로는 쿠싱증후군, 직관적인 의미로 '달덩이얼굴moon face'이라고 부르는 부작용이다.

당연히 원치 않는 부작용이다. 그래서 코르티손을 의약품으로 연구하면서 미네랄에 미치는 영향을 최소화하고자 했고 앞서 언급한 많은 약들이 개발됐다. 덱사메타손처럼 염증 개선 효과를 극대화하면서 미네랄 조절 효과를 최소화하는 형태의 물질들이다. 우리가 염증에 주목하는 사이 미네랄 보존 효과는 어느덧 건드리지 말아야 할 천덕꾸러기가 되어가고 있었다.

하지만 미네랄을 보존하는 것도 당연히 중요한 역할이다. 앞서도 말했듯이 우리 몸이 미네랄을 조절하는 시스템과 호르몬을 구비한 것은 이 과정이 생명 유지에 필수적이기 때문이다. 염증만 선택적으로 개선하는 물질도 좋지만 미네랄을 선택적으로 조절하는 효과도 도움이 된다. 이 효과가 바로 1940년대 중반, 코르티손을 제거한 부신 추출물에서 나타나고 있었다.

코르티손의 염증 개선 효과가 워낙 탁월해서 학계와 세상을 강타했지만, 코르티손을 제외하더라도 아직 부신 추출물 속에 보물이 남아 있음에 틀림없었다. 조잡하긴 하지만 이름도 붙였다. 일렉트로코르틴Electrocortin. 본문에서 언급했듯이 코르틴은 코르티손을 제대로 정제하기 전에 조잡한 추출물 형태로 팔던 시절의 상품명이다. 어쨌든 코르틴이 분리와 정제를 거쳐 코르티손으로 진화하지 않았던가. 일렉트로코르틴이라는 조잡한 형태의 추출물도 누군가의 손길이 와닿는다면 또 다른 보물로 변신할 가능성이 농후했다.

영국과 미국 등지의 많은 학자들이 달려든 이 보물찾기에서 최종적으로 승리를 거둔 사람은 앞서 언급한 스위스의 화학자 라이히슈타인이다. 1950년 켄들, 헨치와 함께 노벨상을 수상한 후에도 은퇴하지 않고 열심히 연구했던 그는 1954년 부신 추출물에서 미네랄을 조절하는 물질을 정제하고 구조까지 밝혀내 조용히 학계에 보고했다. 이 분야가 으레 그렇듯 500킬로그램의 부신을 소에서 얻고 167그램의 화합물로 우선 정제한 후 최종적으로 22밀리그램의 물질을 추출했다. 단계가 바뀔 때마다 단위도 바뀌는 추출 과정은 효율성만 따지면 극악의 방법이다. 하지만 이 과정을 통해 목표를 확인하게 되면 이후 화학자들의 합성을 통해 보다 쉬운 방법으로 해당 물질을 확보할 수 있게 된다. 학계의 검증을 마친 이 물질은 어느덧 일렉트로코르틴이라는 이름이 아닌, 훨씬 더 학술적이고 직관적인 의미의 알도스테론aldosterone이라는 이름으로 불리게 됐다.

알도스테론은 여러모로 관심의 대상이었다. 코르티손과 구조가 유사하지만 그래도 살짝 다른 구석이 있었다. 그 구조가 불안정해서 세 가지 형태로 존재하는 물질이었다. 연구자들이 분리하기 힘들었던 이유가 여기에 있었다. 그래도 세상에 영원한 비밀은 없는 법. 라이히슈타인과 그의 연구 팀은 각종 단서를 조합하고 최신 기법으로 무장해 알도스테론을 찾아냈다.

알도스테론이 나온 이후 이에 기반해 미네랄을 조절하는 물질들도 개발됐다. 알도스테론은 코르티손처럼 미네랄 보존 효과를 가지지만 이 효과에 기대어 얼굴을 빵빵하게 부풀리고 싶은 사람은 별로 없을 것이다. 얼굴만 붓는다면 그나마 낫다. 몸에 물이 많아지면 혈압도 높아진다. 특히 1960년대 이후 고혈압 같은 성인병이 세상을 습격하면서 고혈압 치료제에 대한 수요가 높아져만 갔다. 따라서 세상에 필요한 물질은 알도스테론의 효과를 올리는 약이 아니라 알도스테론의 효과를 방해하는 물질, 즉 알도스테론 수용체 길항제였다.

1957년, 알도스테론이 세상에 나온 지 불과 3년 만에 제약 회사 서를 사의 연구원들이 이런 물질을 보고했다. 서를 사라면 프

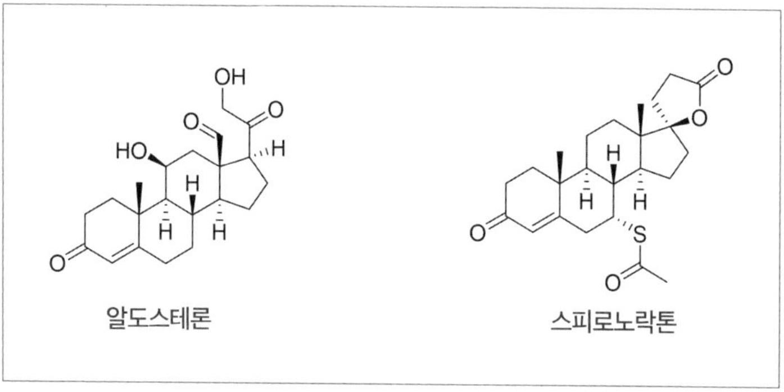

그림62 알도스테론과 스피로노락톤의 구조

로게스테론을 연구해 최초의 피임약 에노비드를 출시한 바로 그 제약 회사다. 프로게스테론에 한창 꽂혀 있던 이 회사 연구 팀은 프로게스테론이 약하긴 해도 조금이나마 알도스테론의 효과를 방해한다는 사실에 착안했다. 마침 피임약 연구를 수행하며 관련 구조를 바꾸는 데도 자신감이 있었다. 연구 팀은 여러 구조를 만들어 미네랄 배출 효과를 확인했고 최종적으로 스피로노락톤spironolactone이라는 물질을 개발했다. 스피로노락톤은 미네랄을 재흡수하지 않고 내보내 버리므로 몸에서 물이 빠져나간다. 우리는 이런 물질을 이뇨제라 부른다. 고혈압 환자에게 이뇨제라는 새로운 옵션이 생겨난 것이다.

오늘날 세상에는 수많은 이뇨제가 있다. 카페인 같은 기호 식품을 제외하더라도 약국에서만 구입 가능한 전문적인 이뇨제들이 즐비하다. 그런데 대부분의 이뇨제에는 칼륨 이온이 빠져나가는 부작용이 있다. 나트륨 이온을 배설해야 하는데 마지막에 살짝 어굿나 나트륨 이온 대신 칼륨 이온이 빠져나가는 식이다. 칼륨 이온도 너무 많이 빠지면 위험하다. 심장 박동 이상이 따라와서 죽을 수도 있다. 그래서 이뇨제를 써야 하는데도 저칼륨혈증이 우려되어 쓰지 못하는 경우가 있다. 이럴 때 스피로노락톤이 도움을 준다. 이 약은 이뇨 효과 자체는 크지 않지만 칼륨 이온을 보전하면서 물을 배설하는 특징이 있다. 따라서 다른 이뇨제와 함께 복용하는 경우가 많다. 고혈압이나 울혈성 심부전, 부종 등에 주로 쓴다.

또한 프로게스테론에서 유래한 데서 알 수 있듯이 남성 호르몬에 길항하는 역할을 한다. 부신 추출물에서 나온 데서 알 수 있듯이 염증도 조금은 줄여준다. 남성 호르몬이나 염증은 피부 트러블, 특히 여드름의 주요 원인이다. 따라서 여드름 치료에 도움이 될 것이라는 예상이 많았는데 2023년 6월 영국에서 실제로 효과가 있다는 임상시험 결과가 나왔다. 스테로이드의 활성이 워낙 강력하다 보니 관련된 물질도 여러모로 좋은 결과가 나온다. 그래도 그만큼 위험한 물질이라는 사실을 염두에 두기 바란다. 세상에 완벽한 약은 없으니까.

스테로이드 외부

의약품을 연구하다 보면 시대에 따라 트렌드가 있음을 알게 된다. 가령 300년 전에는 식물을 갈거나 우려서 사용했다면 200년 전에는 그 식물에서 나오는 주성분을 뽑아서 사용하려 했다. 100년이 더 지나서는 동물에서 나오는 물질에도 관심을 보이기 시작했다. 아드레날린이나 인슐린 등이 이때 나와서 세상을 바꿨다.

지금은 어느 시대에 있을까? 과거에는 100년 단위로 흐름을 구분했지만 지금은 10년 단위로 평가해도 모자랄 정도다. 가령 한때 화학자들이 천연물 구조를 바꿔 의약품을 개발하던 시대가 있었다면 2000년대 들어서는 표적 치료제 연구가 주를 이루었다. 생물학자들이 질병의 약점이 될 만한 치명적 단백질을 찾아내면 화학자들과 함께 이 단백질을 저해할 수 있는 물질을 찾는 방식이다. 지금은 또 어떤가. 이제는 생물의약품이 대세를 이룬다. 2018년에 면역 항암제가 노벨상을 받았고, 2020년에는 유전자 가위가 노벨상을 받았다. 치료 비용이 수십억 원에 달하는 세포 치료법이나 개인 맞춤형 정밀의학이 임상에 적용되는 세상이다.

이런 관점에서 스테로이드는 과거의 약이다. 염증을 조절한다고는 하지만 정확하게 어떤 기전을 거치는지, 어떤 단백질을 저해하는지를 알아내는 것부터 무척이나 어렵다. 목표 단백질부터 찾고 약을 만드는 현재의 트렌드에서 많이 벗어나 있다. 화학 구조 변형도 쉽지 않다. 무엇보다도 건드리는 생체 내 기제가 너무 많다. 테스토스테론은 근육을 만들지만 전립선도 키우고, 뜬금없이 머리카락도 빠지게 한다. 코르티손은 염증을 줄이지만 체내 미네랄의 양을 늘려서 얼굴을 퉁퉁 붓게 만든다. 그 와중에 뼈는 또 약해진다. 더 난감한 사실은 테스토스테론과 코르티손의 구조가 기본적으로 유사하다는 점이다. 화학 구조가 약간 바뀐 것만으로 체내 작용은 완전히 달라진다. 효능제가 차단제로 바뀌는 것도 한순간이다. 활성은 또 엄청나게 높아서 티끌만 한 양으로 사람을 죽였다 살렸다 한다. 이처럼 복잡한 물질을 연구하는 것은 쉽지가 않다. 스테로이드가 연구개발의 중심이 되던 시절이 분명히 있었지만 어쨌든 그것은 과거의 일이다.

하지만 환자들에게 스테로이드는 현재의 약이다. 이 책에서 살펴보았듯이 탈모, 전립선 비대증, 근육 손실, 유방암, 골다공증, 난임, 전립선암, 관절염, 대장염, 천식, 피부염 등 다양한 질환의 치료에 사용하고 있다. 피임약이나 성충동 약물치료 같은 특수한 목적으로 스테로이드를 접할 수도 있다. 남성 갱년기 증상 개선에도 도움이 된다. 때로는 원하지 않는 장기나 조직에 부작용으로 작용해 사람들을 좌절시키긴 하지만 분명 스테로이드는 유용하다. 분자량 300 내외의 작은 물질이 보이는 마법은 현재 의사와 환자 모두에게 희망이 되고 있다.

스테로이드는 미래의 약이 될 수 있을까? 불가능한 일도 아니다. 과학 발전 속도가 빨라지는 지금이라면 그 시기는 더 앞당겨질 수 있다. 실제로 2022년 3월 18일 미국 식품의약품안전처는 '가낙솔론ganaxolone'이라는 스테로이드 의약품을 희귀병 치료제로 새로이 승인했다. '즈탈미Ztalmy'라는 상품명으로 시판되는 이 약은 유전 질환을 가진 뇌전증 환자의 치료 목적으로 사용된다. 이듬해인 2023년 8월 4일에는 '주라놀론zuranolone'이라는 스테로이드 의약품이 새로이 승인됐다. 이 경우에는 산후우울증을 치료하기 위한 목적이다. 스테로이드는 참 여러 가지로 효과가 있다. 악마의 재능 그 자체다.

이 악마의 재능을 길들이려는 노력은 지금도 진행 중이다. 약물학자는 스테로이드의 작용 기전을 조금 더 밝혀내고, 약화학자는 우수한 스테로이드 유사체를 만들고 있다. 약제학자들의 활약으로 몸속 아픈 부위에만 스테로이드를 보내는 일도 조금씩 가능해지고 있다. 이 물질을 절실히 필요로 하는 사람들도 많은 만큼 관련 연구도 활발하게 진행 중인데, 이런 진보들이 쌓이면 스테로이드가 미래의 약이 될 수 있을 것이다.

———— ✳ ————

미래의 약이라고 거창하게 이야기했지만, 우리 몸은 원래 테스토스테론이나 에스트라디올, 프로게스테론, 코르티손과 같은 스테로이드를 만들어 내고 있었다. 이런 것을 보면 인체는 위대하기 그지없다. 우리가 스테로이드를 생산하고 활용하게 된 계기는 생존과 직접적으로 연결되는 이유였을 것이다. 인류가 아직 지구를 지배하지 못하던 시절, 근육과 출산은 생존에 직접적인 영향을 끼쳤을 가능성이 크다. 우람한 근육과 날렵한 몸놀림이 직접적인 경쟁력이 되고, 출산이 노동력과 자산으로 이어지던 그런 시대였다. 수렵, 농경, 어쩌면 근대 산업혁명 시절까지도 이런 경쟁력은 꽤 유용하게 작용했으리라 짐작해 본다.

지금의 우리는 제법 다른 시절을 살고 있다. 테스토스테론으로 근육을 키우는 것보다는 그로 인해 대머리 되는 것을 더 경계하는 세상이다. 아이를 길러 함께 농사지으러 가는 시대도 아니고, 미취학 아동을 굴뚝 청소부로 일시키는 환경도 아니다. 임신과 출산마저도 조절하는 시대를 우리는 살고 있다. 과학은 빠르게 발전하고 사회는 빠르게 진보한다. 수십만 년에 걸쳐 누적된 신체의 진화를 아랑곳하지 않고 우리는 급속도로 변화한다. 그만큼 스테로이드도 다른 의미로 다가올 수밖에 없다. 그 과정에서 스테로이드의 마법과 같은 효과가 어느덧 부담스럽고 불편한 부작용이 되기도 한다. 진화와 진보의 미스매치다. 커다란 간극이다.

이 간극을 메우기 위해, 즉 스테로이드의 정체를 밝히고 안전한 의약품으로 개발하기 위해 학자들이 얼마나 노력했는지는 지금까지 충분히 이야기했다. 마지막으로 언급하고 싶은 것은 사용자들에게 드리는 당부다. 지금껏 인류가 개발한 약 중에 부작용이 없는 약은 하나도 없다. 스테로이드 의약품도 마찬가지다. 어느

정도 독성을 개선하고 용법을 찾아냈을 뿐이다. 제대로 사용하면
더할 나위 없이 뛰어난 약이지만, 방심하는 순간 건강을 갉아먹는
독으로 돌변하는 위험한 물질이니 전문가가 제시한 가이드라인
에 맞춰서 사용하길 바란다. 그게 어렵다면 스테로이드 의약품이
위험한 약이라는 사실 하나만이라도 기억했으면 싶다. 그것이 한
때나마 신의 물질이었던, 속절없이 타락했다가 보란 듯이 부활한
이 경이로운 약을 길들이는 유일한 방법이기 때문이다.

　여러분의 앞날에 건강이 늘 함께하길 바란다.

그림 출처

2   D. Schultheiss, J. Denil, U. Jonas. (1997). Rejuvenation in the
      early 20th century. 《*Andrologia*》, 29(6), 351-355. doi: 10.1111/
      j.1439-0272.1997.tb00329.x

3   L. L. Stanley. (1922). 《*Endocrinology*》6(6), 787-794. doi:
      org/10.1210/endo-6-6-787

5   University of Chicago Photographic Archive, [apf1-02959] ,
      Huggins, Charles B., University of Chicago Library.
      https://storage.lib.uchicago.edu/ucpa/series1/derivatives_
      series1/apf1-02959r.jpg

6   (1988년 09월 27일). 《조선일보》, (p. 1).

7   GMV Bodybuilding.
      https://ko.hunterschool.org/body-building/untold-story-most-
      shocking-death-history-bodybuilding

8   https://www.discogs.com/release/4500281-Pure-Food-And-
      Drug-Act-Choice-Cuts

12   Juan Guzmán, The Pennsylvania State University Archives.
      https://naukas.com/2014/02/06/cabeza-de-negro/

13   International Historic Chemical Landmarks, (1999). The "Marker
      Degradation" and Creation of the Mexican Steroid Hormone

Industry 1938-1945. American Chemical Society.

https://www.acs.org/education/whatischemistry/landmarks/

progesteronesynthesis.html

15   Ibid.

16   Ibid.

20   F.M. Howarth, (1888). 《*Life Magazine*》.

https://artsci.case.edu/dittrick/online-exhibits/history-of-

birth-control/contraception-in-america-1800-1900/anthony-

comstocks-influence/

21   Wikimedia Commons.

https://commons.wikimedia.org/wiki/File:The_Woman_Rebel_

issue1.jpg

22   Wikimedia Commons.

https://commons.wikimedia.org/wiki/File:Margaret_

Sanger%E2%80%99s_arrest_at_Brownsville_Clinic.jpg

23   D'Illin & Jacom, (1904). McCormick family photos and graphic

materials circa 1842-1966, Wisconsin Historical Society.

https://www.wisconsinhistory.org/Records/Image/IM11073

24   Wikimedia Commons.

https://commons.wikimedia.org/wiki/File:Suffragists_Mrs._

Stanley_McCormick_and_Mrs._Charles_Parker,_April_22,_1913.

jpg

27   (1962). Bottle containing oral contraceptive Enovid, Retrieved

from the Library of Congress.

https://www.loc.gov/item/2001699965/

29   Chicago Architecture Center.

https://www.architecture.org/tours/detail/graceland-cemetery-women-of-influence/

30   Jeffery Seeman. (2012). Gilbert Stork: in his own words and in the musings of his friends. 《Angewandte Chemie International Edition》, 51(12), 3012-3023. doi: 10.1002/anie.201200033

33   Wikimedia Commons.
      https://commons.wikimedia.org/wiki/File:William_Stewart_Halsted,_Surgical_papers_Wellcome_L0004968.jpg

37   DES Action.
      https://www.vice.com/en/article/zmbvp9/des-daughters-the-devastating-effects-of-a-1940s-wonder-pill-haunt-women-generations-later

43   Michael E. Jung, Samedy Ouk, Dongwon Yoo, Charles L. Sawyers, Charlie Chen, Chris Tran & John Wongvipat. (2010). Structure–Activity Relationship for Thiohydantoin Androgen Receptor Antagonists for Castration-Resistant Prostate Cancer (CRPC), 《Journal of Medicinal Chemistry》, 53(7), 2779-2796. doi: 10.1021/jm901488g

45   Bank of England.
      https://www.bankofengland.co.uk/banknotes/polymer-50-pound-note

49   Kendall E. C, (1919). Isolation of the iodine compound which occurs in the thyroid: First paper. 《Journal of Biological Chemistry》, 39(1), 125-147. doi.org/10.1016/s0021-9258(18)87324-0

50   Roche Historical Archive.

스테로이드 인류

https://assets.roche.com/f/176343/x/d58a77c2d8/histb2016_
e.pdf

51 Mayo Foundation for Medical Education and Research.

55 Upjohn.
https://www.acs.org/education/whatischemistry/landmarks/
upjohn-steroid-medicines.html

57 American Chemical Society.
https://www.acs.org/education/whatischemistry/landmarks/
upjohn-steroid-medicines.html

59 Kenneth L. Tyler. Origins and early descriptions of "Duchenne
muscular ystrophy" Muscle & Nerve 2003, 28(4), 402-422. doi:
org/10.1002/mus.10435

61 Gracia Lam. (2020, Dec 28). The Risks of Using Steroids for
Respiratory Infections. 《New York Times》.

그림출처

참고문헌

들어가며

- Paula T. Beall. (1984). Clomiphene Protects Against Osteoporosis in the Mature Ovariectomized Rat. 《Calcif Tissue International》, 36, 123-125. doi.org/10.1007/BF02405304
- David W. Russell. (1992). Cholesterol biosynthesis and metabolism. 《Cardiovascular Drug and Therapy》, 6, 103-110. doi.org/10.1007/BF00054556

21세기 불로초

- Charles-Édouard Brown-Séquard. (1889). Note on the effects produced on man by subcutaneous injections of a liquid obtained from the testicles of animals. 《Lancet》, 134(3438), 105-107.
- Andrea J Cussons et al. (2002). Brown-Séquard revisited: a lesson from history on the placebo effect of androgen treatment. 《Medical Journal of Australia》, 177(11), 678-679.
- Abraham Morgentaler et al. (2020). The history of testoterone and the evolution of its therapeutic potential. 《Sexual Medicine Reviews》, 8(2), 286-296.

스테로이드 인류

- Erica R. Freeman et al. (2001). A Brief history of testosterone. 《*Journal of Urology*》, 165(2), 371-373.

- Eberhard Nieschlag et al. (2019). The history of discovery, synthesis and development of testosterone for clinical use. 《*European Journal of Endocrinology*》, 180(6), R201-R212.

- D. Schultheiss, J. Denil, U. Jonas. (1997). Rejuvenation in the early 20th century. 《*Andrologia*》, 29(6), 351-355. doi: 10.1111/j.1439-0272.1997.tb00329.x

- L. L. Stanley. (1922). An analysis of one thousand testicular substance implantations. 《*Endocrinology*》, 6(6), 787-794.

- 김지예. [자가진단 시리즈] 착한암? 한국인에서 악성도 높은 '전립선암'. (2021년 11월 24일). 《헬스인뉴스》.

- Charles Huggins. (1966, Dec 13). Endocrine-induced regression of cancers. Nobel Lecture.

- J Imperato-McGinley et al. (1974). Steroid 5α-reductase deficiency in man: An inherited form of male pseudohermaphroditism. 《*Science*》, 186(4170), 1213-1215.

- Scott E. Lukas. (1993). Current perspectives on anabolic-androgenic steroid abuse. 《*Trends in Pharmacological Sciences*》, 14(2), 61-68.

- Charles E. Yesalis et al. (1995). Anabolic-androgenic steroids. 《*Sports Medicine*》, 19(5), 326-340.

- 김양균. 스테로이드 성분 검출 한독화장품 '연세뼈건강 콘드로이친', 판매 중단·회수. (2023년 7월 21일). 《지디넷코리아》.

- H. Kopera. (1985). The history of anabolic steroids and a review of clinical experience with anabolic steroids. 《*Acta Endocrinologica*》, 110(3), 11-18.

참고문헌

- Justin Peters. The man behind the juice. (2005, Feb 18). Slate.

- Michale S. Bahrke et al. (1990). Psychological and behavioural effects of endogenous testosterone levels and anabolic-androgenic steroids among males. 《Sports Medicine》, 10(3), 303-337.

- 최강. (2021). 『도핑의 과학』. 동녘사이언스.

- Schwarzenegger Has No Regrets About Steroid Use. (2006, Jan 6). 《ABC News》.

- Liz Neporent. (2015, Mar 26) Why legendary bodybuilder who died with almost zero body fat lives on. 《ABC News》.

- 김성태. 내년 7월부터 스테로이드 등 의약품 불법 구매자도 과태료 100만원. (2021년 10월 19일). 《서울경제》.

- 근육 키우려고 '불법 스테로이드' 손대는 사람들. (2021년 5월 6일). 《쿠키뉴스》.

- 이기명. 단백질 보충제서 스테로이드 성분 검출… 어떤 제품? (2019년 12월 23일). 《한국경제》.

- Philipp Solbach et al. (2015). Testosterone-receptor positive hepatocellular carcinoma in a 29-year old bodybuilder with a history of anabolic androgenic steroid abuse: a case report. 《BMC Gastroenterology》, 15:60.

- 고현길 외. (2020). 동화 남성화스테로이드 유사체 남용 후 발생한 중증 지속 황달. 《Korean Journal Gastroenterology》, 76(3), 167-170.

- Ana Isabel Hernández-Guerra et al. (2019). Sudden cardiac death in anabolic androgenic steroids abuse: case report and literature review. 《Forensic Sciences Research》, 4(3), 267-273.

- Harrison G. Pope, Jr, et al. (2021). Review article: Anabolic-Androgenic steroids, violence, and crime: Two cases and literature

스테로이드 인류

review. 《American Journal on Addictions》, 30(5), 423-432.

- Victor Conte on Marion Jones' 'Poor Choices'. (2009, Feb 9). 《ABC News》.

- Don H. Catlin et al. (2004). Tetrahydrogestrinone: discovery, synthesis, and detection in urine. 《Rapid Communications in Mass Spectrometry》, 18(12), 1245-1249.

- 문두건. (2020). 남성호르몬 보충요법 가이드라인의 발달사 및 최신 경향. 《비뇨의학 Urology Digest》, 1(1), 28-34.

- 이헌구. 남성 갱년기 '테스토스테론' 치료 효과 재조명 받나. (2020년 1월 20일). 《팜뉴스》.

- The extraordinary case of the Guevedoces. (2015, Sep 20). BBC.

- 이동섭. (2020). 남성호르몬 보충요법의 안정성에 대한 고찰, 《비뇨의학 Urology Digest》, 1(4), 69-72.

신에 도전한 물질

- Vladimir Marko. (2018). From aspirin to viagra, Springer.

- Emily Langer. George Rosenkranz, a creator of the birth control pill, dies at 102, Obituary, (2019, June 24). 《Washington post》.

- 도널드 커시 & 오기 오거스. (2019). 『인류의 운명을 바꾼 약의 탐험가들』. (고호관 역). 세종서적. (원본 출판 2017).

- An international historic chemical landmark. (1999). The "Marker degradation" and creation of the mexican steroid hormone industry 1938-1945. American Chemical Society.

- Gian Carlo Di Renzo et al. (2020). Progesterone: History, facts, and artifacts. 《Best Practice & research. Clinical Obstetrics &

Gynaecology》, 69, 2-12. doi: 10.1016/j.bpobgyn.2020.07.012

• 칼 제라시. (1995). 『인생을 배팅하는 사람은 포커를 하지 않는다』. (태평 양의약연구소, 역). 오롬시스템. (원본 출판 1992).

• Dorothy Wardell. (1980). Margaret Sanger: Birth control's successful revolutionary. 《American Journal of Public Health》, 70(7), 736-742. doi: 10.2105/ajph.70.7.736

• 마거릿 생어. (2023). 『마거릿 생어의 여성과 새로운 인류』. (김용준 역). 동 아시아. (원본 출판 1920)

• [위대한결단 ― 사이러스 맥코믹] 미국 농민의 해방자. (2008년 7월 11일). 《중소기업뉴스》,

• Gilbert Stork et al. (2017). Synthetic Study toward Total Synthesis of (±)-Germine: Synthesis of (±)-4-Methylenegermine. 《*Organic Letters*》, 19(19), 5150-5153. doi: 10.1021/acs.orglett.7b02434

• Yinliang Guo et al. (2023). Enantioselective Total Synthesis of (−)-Zygadenine. 《*Journal of the American Chemical Society*》, 145(37), 20202-20207. doi: 10.1021/jacs.3c08039

화학적 거세

• 2021 국가암등록통계. (2023년 12월 28일). 중앙암등록본부.

• 이금숙. 여성암 1위 유방암, '이 증상' 꼭 알아두세요. (2021년 8월 12일). 《헬스조선》.

• 박지욱. 처절하고 끔찍했던 유방암 수술 역사. (2018년 10월 23일). 《사이 언스타임즈》.

• George T. Beatson. (2012). On the treatment of inoperable cases of carcinoma of the mamma: Suggestions for a new method of treatment. With illustrative cases. Anonymous, *Transactions of the Medico-Chirurgical Society of Edinburgh, Volume 15*, (pp. 153-179). Ulan Press.

• Richard J. Santen et al. (2019). History of Estrogen: Its purification, structure, synthesis, biologic action, and clinical implications. 《*Endocrinology*》, 160(3), 605-625. doi: 10.1210/en.2018-00529

• Edward A. Doisy. (1976). An autobiography. 《*Annual Review of Biochemistry*》, 45, 1-12. doi.org/10.1146/annurev. bi.45.070176.000245

• Evan Simpson et al. (2015). Celebrating 75 years of oestradiol. 《*Journal of Molecular Endocrinology*》, 55(3), T1-T20. doi.org/10.1530/JME-15-0128

• Bernhard Zondek. (1934). Oestrogenic hormone in the urine of the stallion. 《*Nature*》, 133, 494.

• Susan E. Bell. (1990). Sociological perspectives on the medicalization of menopause. 《*Annals of the New York Academy of Sciences*》, 592(1), 173-178. doi.org/10.1111/j.1749-6632.1990.tb30325.x

• Sarina Schrager et al. (2004). Diethylstilbestrol exposure. 《*American Family Physician*》, 69(10), 2395-2400.

• V. Craig Jordan. (2003). Tamoxifen: A most unlikely pioneering medicine. 《*Nature Reviews Drug Discovery*》, 2(3), 205-213. doi: 10.1038/nrd1031

• V. Craig Jordan. (2020). Serendipity in the search for "morning-after pills" led to clomiphene for the induction of ovulation. 《*F&B Science*》, 1(1), 3-13. doi:10.1016/j.xfss.2020.07.002

• A. Vermeulen, et al. (2002). Estradiol in elderly men. 《*The Aging*

Male》, 5(2), 98-102. doi.org/10.1080/tam.5.2.98.102

- 사이먼 싱. (2009). 『사이먼 싱의 암호의 과학』. (이원근 역). 영림카디널.
  (원본 출판 1999)

- 홍상욱. 거세 학살 안락사 인종차별⋯ 맹목적 과학숭배가 낳은 재앙.
  (2005년 6월 16일). 《한겨레》.

- Charles L. Scott et al. (2003). Castration of sex offenders: Prisoners'
  right versus public safety. 《*Journal of the American Academy of
  Psychiatry and the Law*》, 31(4), 502-509.

- Robert M. Foote. (1944). Diethylstilbestrol in the management of
  psychopathological states in males. 《*The Journal of Nervous and
  Mental Disease*》, 99, 928-935. doi:10.1097/00005053-194406000-
  00006

- Gregory K. Lehne et al. (2000). The first case of paraphilia treated
  with depo-provera: 40-Year outcome. 《*Journal of Sex Education and
  Therapy*》, 25(4), 213-220. doi.org/10.1080/01614576.2000.11074353

- 화학적 거세법 및 진술녹화법 개정을 위한 공청회. (2011년 6월 16일).

- 채혜선. 전자발찌 차고도 친딸 성폭행한 '인면수심' 아버지의 변명은.
  (2017년 8월 31일). 《중앙일보》,

- Candace Rondeaux. (2006, Jul 5). Can Castration Be a Solution for Sex
  Offenders? Man Who Mutilated Himself in Jail Thinks So, but Debate
  on Its Effectiveness Continues in Va., Elsewhere. 《*The Washington
  Post*》.

- 전준홍. [알고보니] '성충동 약물치료' 재범률 0% 믿을 만한가. (2021년
  9월 17일). MBC뉴스.

- Joseph W. Baker et al. (1967). Synthesis and bacteriostatic activity of
  some nitrotrifluoromethylanilides. 《*Journal of Medicinal Chemistry*》,

10(1), 93-99. doi.org/10.1021/jm00313a020

- E. David Crawford et al. (2018). Androgen receptor targeted treatments of prostate cancer: 35 Years of progress with antiandrogens. 《Journal of Urology》, 200(5), 956-966. doi. org/10.1016/j.juro.2018.04.083

- Rudolph Neri et al. (1972). A biological profile of a nonsteroidal antiandrogen, SCH 13521 (4'-nitro-3'-Trifluoromethylisobutyranilide). 《Endocrionolgy》, 91(2), 427-437. doi.org/10.1210/endo-91-2-427

- 박건형. 1조원 대박친 新藥박사 "이번엔 한국서 기적 만들 것". (2016년 5월 24일). 《조선비즈》.

- Michael E. Jung et al. (2010). Structure-activity relationship for thiohydantoin androgen receptor antagonists for castration-resistant prostate cancer (CRPC). 《Journal of Medicinal Chemistry》, 53(7), 2779-2796. doi.org/10.1021/jm901488g

- Craig A. Marhefka et al. (2004). Design, synthesis, and biological characterization of metabolically stable selective androgen receptor modulators. 《Journal of Medicinal Chemistry》, 47(4), 993-998. doi. org/10.1021/jm030336u

- 고현길 외. (2020). 동화 남성화스테로이드 유사체 남용 후 발생한 중증 지속 황달. 《Korean Journal Gastroenterology》, 76(3), 167-170. doi. org/10.4166/kjg.2020.76.3.167

- Bernard Haendler et al. (2012). Recent developments in antiandrogens and selective androgen receptor modulators. 《Molecular and Cellular Endocrinology》, 352(1-2), 79-91. doi. org/10.1016/j.mce.2011.06.002

- Christopher M. Burns. (2016). The history of cortisone discovery and development. 《*Rheumatic Diseases Clinics of North America*》, 42(1), 1-14. doi: 10.1016/j.rdc.2015.08.001

- Hetenyi G Jr. (1997). Cortisone therapy: A challenge to academic medicine in 1949-1952. 《*Perspectives in Biology and Medicine*》, 40(3), 426-439. doi: 10.1353/pbm.1997.0006

- Graham Patrick. (2013). History of cortisone and related compounds. In: eLS. John Wiley & Sons, Ltd: Chichester, 1-5. doi. org/10.1002/9780470015902.a0003627.pub2

- 최선. 약물요법 ─ 올바른 스테로이드 약물 사용법. (2015년 11월 30일). 약학정보원.

- 최창환 외. (2017). 궤양성 대장염 치료 가이드라인 개정판. 《Korean Journal Gastroenterology》, 69(1), 1-28. doi.org/10.4166/ kjg.2017.69.1.1

- 주윤지. [코로나19 치료제 집중] 美 트럼프 대통령 코로나19 치료 타임 라인. (2020년 10월 7일). 《메디칼업저버》.

- 한국 천식진료지침 2021. (2021). 대한천식알레르기학회.

- 의약화학 편집위원회. (2019). 『의약화학』(제6판). 신일서적.

- Kenneth L. Tyler. (2003). Origins and early descriptions of "Duchenne muscular dystrophy". 《*Muscle & Nerve*》, 28(4), 402-422. doi. org/10.1002/mus.10435

- https://www.fda.gov/vaccines-blood-biologics/tissue-tissue-products/elevidys

- 이충만. 뒤센 근이영양증 완치제 탄생⋯ 1회 투약 비용 약 41억 원. (2023년 6월 26일). 《헬스코리아뉴스》.

- 정종호. 美 캐털리스트 '아감리'(바모롤론) 경구 현탁액제 뒤셴근이영양증 치료제 FDA 승인. (2023년 10월 27일). 《헬스오》.
- Jane E. Brody. (2020, Dec 28). The Risks of Using Steroids for Respiratory Infections. 《New York Times》.
- 한성간. 이뇨제 스피로노락톤, 여드름 개선. (2023년 6월 19일). 《데일리메디》.

스테로이드 인류
기적과 죽음의 연대기

© 백승만, 2025, Printed in Seoul, Korea

초판 1쇄 펴낸날	2025년 3월 19일
초판 2쇄 펴낸날	2025년 5월 2일
지은이	백승만
펴낸이	한성봉
편집	김선형
콘텐츠제작	안상준
디자인	최세정
마케팅	박신용·오주형·박민지·이예지
경영지원	국지연·송인경
펴낸곳	히포크라테스
등록	2022년 10월 5일 제2022-000102호
주소	서울 중구 필동로8길 73 [예장동 1-42] 동아시아빌딩
페이스북	www.facebook.com/dongasiabooks
전자우편	dongasiabook@naver.com
블로그	blog.naver.com/dongasiabook
인스타그램	www.instargram.com/dongasiabook
전화	02) 757-9724, 5
팩스	02) 757-9726

ISBN	979-11-93690-10-9 03900

※ 히포크라테스는 동아시아 출판사의 의치약·생명과학 브랜드입니다.
※ 잘못된 책은 구입하신 서점에서 바꿔드립니다.

만든 사람들

총괄 진행	김선형
책임 편집	전인수
크로스 교열	안상준
디자인	페이퍼컷 장상호